FONDATION EUGÈNE PIOT

LES ARTS
A LA COUR DES PAPES
INNOCENT VIII, ALEXANDRE VI, PIE III
(1484-1503)

RECUEIL DE DOCUMENTS INÉDITS OU PEU CONNUS

PUBLIÉ

SOUS LES AUSPICES DE L'ACADÉMIE DES INSCRIPTIONS ET BELLES-LETTRES

Par Eugène MÜNTZ

MEMBRE DE L'INSTITUT
CONSERVATEUR DES COLLECTIONS DE L'ÉCOLE DES BEAUX-ARTS

Ouvrage accompagné de 10 planches tirées à part et de 94 gravures dans le texte.

PARIS
ERNEST LEROUX, ÉDITEUR
28, RUE BONAPARTE, 28

1898

LES ARTS

A LA COUR DES PAPES

INNOCENT VIII, ALEXANDRE VI, PIE III

(1484-1503)

ANGERS, IMP. DE A. BURDIN, 4, RUE GARNIER.

ROME A LA FIN DU XVe SIÈCLE, *d'après des dessins de la Bibliothèque de l'Escurial.*
LE FORUM DE NERVA. — LE « PONS FABRICIUS (PONTE QUATTRO CAPI) ».

(Photographies de M. le Dr Ficker)

FONDATION EUGÈNE PIOT

LES ARTS

A LA COUR DES PAPES

INNOCENT VIII, ALEXANDRE VI, PIE III

(1484-1503)

RECUEIL DE DOCUMENTS INÉDITS OU PEU CONNUS

PUBLIÉ

SOUS LES AUSPICES DE L'ACADÉMIE DES INSCRIPTIONS ET BELLES-LETTRES

PAR Eugène MÜNTZ

MEMBRE DE L'INSTITUT
CONSERVATEUR DES COLLECTIONS DE L'ÉCOLE DES BEAUX-ARTS

Ouvrage accompagné de 10 planches tirées à part et de 94 gravures dans le texte.

PARIS
ERNEST LEROUX, ÉDITEUR
28, RUE BONAPARTE, 28

1898

PRÉFACE

I

L'histoire de l'art romain à la fin du xve siècle et pendant tout le siècle suivant n'a pas provoqué jusqu'ici les patientes recherches auxquelles le passé de l'Ombrie ou de la Toscane, de Venise ou de Bologne, doit d'avoir été éclairé d'une si vive lumière. La Ville Éternelle le cède à cet égard, non seulement au foyer scientifique qui s'appelle Florence, mais encore à ses modestes émules, Pérouse, Sienne et Orvieto, dont les annales artistiques ont été révisées avec tant de succès de nos jours [1].

Et cependant aucune cité n'a exercé une influence plus directe sur le renouvellement des doctrines d'art ; aucune ne s'est montrée plus hospitalière aux chefs d'École, de quelque région qu'ils vinssent. Nulle part ailleurs on n'a vu éclore, cinq ou six générations

---

[1]. Il suffit de rappeler ici les *Documenti per la storia dell'Arte Senese* de Gaetano Milanesi (Sienne, 1854-1858), *Il Duomo di Orvieto*, de M. Luzi (Florence, 1868) et de M. Frati (Rome, 1891) ainsi que la longue série de documents inédits publiés par le *Giornale di Erudizione artistica* de Pérouse.

durant, un nombre plus surprenant de chefs-d'œuvre. En vain, on chercherait à diminuer l'intérêt du sujet en objectant que cette floraison n'avait rien de national ; qu'elle était factice et due à la seule intervention d'artistes étrangers. Un fait est constant : Rome a été, à partir du milieu du xv° siècle, le théâtre d'une activité sans pareille ; les instruments de cette activité fussent-ils venus, sans exception aucune, du dehors, Rome ne leur a pas moins donné l'unité et la cohésion.

Le principal obstacle aux recherches de ce genre a été la difficulté de pénétrer dans les dépôts de documents que conserve Rome, surtout dans les Archives Secrètes du Saint-Siège, dans celles du Chapitre de Saint-Pierre et de la Fabrique de Saint-Pierre, ainsi que dans celles des grandes familles romaines. Ce n'est pas qu'on n'ait mis au jour, à diverses reprises, des fragments empruntés à ces collections ; mais les conditions mêmes dans lesquelles on les avait obtenus étaient de nature à décourager les plus intrépides. Fea, qui publiait en 1822 ses Notices inédites sur Raphaël, Bramante, les San Gallo, n'avait même pas pu consulter les registres originaux ; il avait dû se contenter de la copie de ces pièces exécutée sous Alexandre VII et déposée à la Bibliothèque Chigi[1]. Plus récemment, il fut donné à un autre Romain de franchir le seuil des Archives Secrètes, mais ce ne fut qu'à la dérobée qu'il put faire quelques extraits[2]. Albert de Zahn, le dernier des érudits qui ait été admis dans les Archives Secrètes, avant qu'elles eussent été si libéralement

---

1. *Notizie intorno Raffaele Sanzio da Urbino...*
2. Amati : *Archivio Storico Italiano*. 1866.

ouvertes à l'étude par le Souverain Pontife régnant, n'a eu à sa disposition qu'un nombre limité de matériaux et, il faut bien l'ajouter, les matériaux les moins intéressants[1].

La création, au « Campo Marzo », d'un vaste dépôt dans lequel le gouvernement italien, après la prise de possession de Rome, réunit, sous le nom d'Archives d'État, les archives provenant de l'ancien Ministère des Finances pontificales, et une foule d'autres fonds, marque une nouvelle étape dans ces études. Le premier, M. Léon Clédat, aujourd'hui professeur à la Faculté des Lettres de Lyon, a signalé l'intérêt de ces documents[2]. On sait, d'autre part, combien de notices précieuses en a tirées le regretté commandeur Antonio Bertolotti, depuis directeur des Archives de Mantoue[3].

---

1. *Archivio Storico Italiano*, 1867; tiré à part sous le titre de *Notizie artistiche tratte dall' Archivio Secreto Vaticano*.

2. *Les Archives italiennes à Rome* : Bibliothèque de l'École des Chartes, t. XXXVI.

3. *Benvenuto Cellini e gli orefici lombardi ed altri a Roma*. Milan, 1875. — *Federigo Zuccari*. Pérouse, 1876. — *Guglielmo della Porta, scultore milanese*. Milan, 1876. — *Tommaso della Porta, scultore milanese e vari artisti lombardi*. Ibid. — *Esportazioni di Oggetti di belle arti nella Liguria, Lunigiana, Sardegna e Corsica*. Gênes, 1876. — *Gian Domenico Angelini, pittore perugino e suoi scolari*. Pérouse, 1876. — *Agostino Tasso e suoi scolari e compagni pittore*. Id., 1876. — *Giacomo Antonio Moro, Gaspare Mola e Gaspare Morone-Mola incisori alla Zecca di Roma*. Milan, 1877. — *Artisti subalpini in Roma*. Turin, 1877. — Id. Appendice. Turin, 1879. — Id. Mantoue, 1884. — *Spesarie segrete e pubbliche di Papa Paolo III*. Modène, 1878. — *Inventaire de la chapelle papale sous Paul III en 1547*. Tours, 1879. — *Bartolomeo Marliano archeologo nel secolo XVI*. Modène, 1879. — *Artisti siciliani a Roma*. Palerme, 1879. — *Artisti lombardi a Roma*. 2 vol. Milan, 1881. — *Giunte agli Artisti lombardi in Roma*. Milan, 1883. — *Artisti belgi ed olandesi a Roma nei secoli XVI e XVII*. Florence, 1880. — *Artisti urbinati in Roma*. Urbin, 1881. — *Artisti modenesi, parmensi e della Lunigiana in Roma (XV°-XVII° s.)*. Modène, 1882. — *Artisti veneti in Roma*. Venise, 1884. — *Artisti bolognesi, ferraresi ed alcuni altri del già Stato Pontificio in Roma*. Bologne, 1885.

4 PRÉFACE

J'y ai puisé, de mon côté, les éléments de nombreuses publications, dont j'indique en note les principales[1].

Les Archives du Saint-Siège et les Archives d'État, telles sont, je l'ai déjà indiqué, les sources principales que j'ai mises à contribution. Mais, en outre de lacunes fâcheuses, la sécheresse inhérente à ces innombrables pièces de comptabilité me forçait de chercher ailleurs des renseignements plus complets, je devrais dire, plus vivants. Les Archives de la Basilique du Vatican (propriété du Chapitre de Saint-Pierre, celles de la Fabrique de Saint-Pierre, les bibliothèques publiques ou privées de Rome m'en ont fourni en abondance. C'est ainsi, pour ne citer qu'un exemple, qu'il m'a été possible de reconstituer beaucoup d'édifices détruits depuis, en me servant des notes manuscrites de Jacques Grimaldi, l'antiquaire romain auquel nous devons la description de tant de chefs-d'œuvre détruits par le faux goût des derniers siècles. J'ai été moins heureux dans les Archives du Capitole : pour l'époque dont je

— *Artisti francesi in Roma.* Mantoue, 1886. — *Artisti svizzeri in Roma.* Bellinzona, 1886. — M. Bertolotti a en outre publié de nombreux documents sur l'art dans l'*Archivio storico, artistico, archeologico e letterario della città e provincia di Roma*, de M. Gori (Rome, 1875-1883), et dans une foule d'autres recueils.

1. *Les Peintures de Melozzo da Forli et de ses contemporains à la Bibliothèque du Vatican d'après les registres de Platina*, extr. de la *Gazette des Beaux-Arts*. Paris, 1875. — *Les Arts à la cour des Papes. Martin V. — Sixte IV.* Paris, 1878-1882 (*Bibliothèque des Écoles françaises d'Athènes et de Rome*). — *Les Arts à la cour des Papes. Nouvelles Recherches sur les Pontificats de Martin V, d'Eugène IV, de Nicolas V, de Calixte III.* Rome, 1884-1889. — *L'Atelier monétaire de Rome*, Extr. de la *Revue numismatique*. Paris, 1884. — *Les Antiquités de la ville de Rome aux XIVe, XVe et XVIe siècles*. Paris, 1886. — *La Bibliothèque du Vatican au XVIe siècle*. Paris, 1886. — *La Bibliothèque du Vatican au XVe siècle* (en collaboration avec M. Paul Fabre). Paris, 1887. — Voy. en outre mon *Histoire de l'Art pendant la Renaissance*, t. I-III.

m'occupe, elles ne m'ont été que d'un faible secours. Quant aux Archives d'État de Florence, je leur dois cinq registres des plus précieux, relatifs aux pontificats de Léon X et Clément VII. Je citerai enfin les chroniques et les diaires, les biographies des papes et les mémoires contemporains, imprimés ou non, que j'ai également mis à contribution : grâce à tous ces documents, mes Régestes de l'art romain à l'époque de la Renaissance ne seront pas, je m'en flatte, trop incomplets.

Conformément au programme adopté dans mes précédents volumes, je réimprime, à côté des documents inédits, des pièces rares ou peu connues, de manière à offrir un tableau aussi complet que possible de l'activité qui a régné à la cour de chaque pape. Pour le même motif, je reproduis ici, en ce qui concerne le pontificat d'Innocent VIII, un certain nombre de notices que j'avais été obligé de publier dans divers recueils spéciaux, afin de prendre date et d'affirmer mes droits de priorité.

II

Dès l'abord, s'imposait à moi la nécessité de borner mon sujet, pour peu que j'eusse le désir de mener à fin l'entreprise. Il s'agissait en effet, même en ne franchissant pas le milieu du xvie siècle, de dépouiller au moins cinq cents registres in-folio, dont plusieurs comptent 5 à 600 pages. A ce dépouillement, des plus fastidieux, en raison du mélange continu des dépenses les plus hétérogènes, venait s'ajouter le travail, non moins considérable, de la transcription. Dans de certains registres il fallait copier le quart ou le tiers du volume ; pour les inventaires, la copie intégrale était indispensable et plusieurs de ces inventaires ne remplissent pas moins de cent pages d'une écriture compacte !

Dans ces conditions il eût été impossible de reproduire *in extenso* les documents mis à contribution : ce ne serait pas un volume qu'il eût fallu consacrer aux pontificats d'Innocent VIII, d'Alexandre VI et de Pie III, ce serait pour le moins une demi-douzaine de volumes. Néanmoins, alors même que j'ai été forcé de me borner à un extrait ou à une analyse, je me suis appliqué à reproduire, dans la mesure du possible, les termes mêmes de l'original. Ce système me paraît préférable à celui qu'ont suivi mes regrettés amis Alexandre Pinchart, dans ses *Archives des arts, sciences et lettres*, et Antonio Bertolotti, dans ses précieuses publications sur les artistes étrangers fixés à Rome : il importe, en effet, que le lecteur soit mis à même de contrôler directement l'interprétation donnée par l'éditeur. Et puis, il est telle mention de détail dont l'importance peut échapper à l'éditeur et qui sera toute une révélation pour un lecteur spécialement préparé.

En face de l'étendue de ma tâche j'ai pris le parti de m'arrêter au pontificat de Paul III, dont la mort (1549) partage le siècle en deux parties égales, en même temps qu'elle sert, au point de vue où je me suis placé, à délimiter deux époques. Elle correspond en effet au moment où disparaissent les derniers disciples de Raphaël et avec eux les grandes et saines traditions,

Désormais la dégénérescence est complète et générale ; rien ne s'oppose plus au progrès du mauvais goût ; la longue agonie de l'art italien commence. Le palais Farnèse, la plus belle création de Paul III, marque la fin de la Renaissance et c'est par des notices relatives à ce splendide monument, que se terminera mon travail.

Avant de procéder à la transcription même des documents, il était nécessaire de séparer ceux d'entre eux qui avaient réellement trait à des artistes de ceux qui ne concernaient que de simples artisans ou manœuvres. La distinction entre les uns et les autres n'est pas facile à établir, lorsqu'il s'agit du xve et même d'une partie du xvie siècle. C'est ainsi que, derrière le « magister lignaminis », le « lignarius », le « carpentarius », le « falegname », comme derrière le « murator » ou le « maestro di muro », se cache souvent un architecte célèbre ; de même que des sculpteurs de mérite reçoivent souvent le titre et remplissent le rôle de simples « scarpellini » ou « lapicidæ ». De crainte de laisser échapper quelque maître important, j'ai pris le parti de noter tous les passages où est mentionnée une des professions indiquées ci-dessus. Le surcroît de travail que m'a occasionné cette détermination a été largement compensé : rien qu'en rapprochant les noms que me fournissaient les Archives de ceux auxquels Vasari a donné place dans son recueil de biographies, je n'ai pas tardé à découvrir que les « scarpellini » Meo et Giuliano étaient identiques à Meo del Caprino, l'architecte de la cathédrale de Turin, et à Giuliano da San Gallo, l'illustre architecte florentin ; bref que bon nombre de ces artisans, en apparence si humbles, comptaient parmi les gloires de la Renaissance.

Pour certaines professions, telles que la ferronnerie, le doute n'était guère possible. Aussi ai-je cru pouvoir négliger tous les « fabri, ferrarii » ou « clavarii », excepté quand le contexte même prouvait qu'ils s'étaient occupés d'une œuvre d'art proprement dite.

III

Dans mon désir de donner un texte aussi exact et aussi correct que possible, j'ai scrupuleusement respecté l'orthographe des originaux et ne me suis permis que des changements sans importance, tels que la substitution de l'*æ* à l'*e* cédillé, du *j* à l'*i*, de l'*u* au *v*. Comme la ponctuation fait presque partout défaut, je ne l'ai rétablie que là où elle était indispensable pour l'intelligence du texte. En ce qui concerne, par contre, les abréviations, je ne les ai conservées qu'autant que la lecture en était douteuse et crois m'être conformé en cela aux règles de la vraie paléographie. Partout ailleurs je les ai résolues et transcrites en toutes lettres. Enfin, toutes les fois que le déchiffrement d'un mot ne m'a pas semblé d'une certitude absolue, je l'ai fait suivre d'un point d'interrogation; aimant mieux pécher par excès de défiance que par une assurance trop grande. Au besoin, j'ai rapproché ces mots des termes analogues que me fournissait le *Glossaire* de Ducange.

Il est à peine nécessaire d'ajouter que j'ai laissé de

côté les formules placées au commencement et à la fin de chaque mandat. Elles sont à peu près toutes identiques et n'auraient servi qu'à grossir inutilement mon travail. Quant aux phrases oiseuses supprimées dans le corps même des documents, j'en ai marqué la place par des points.

J'en viens au classement que j'ai cru devoir adopter pour cette masse considérable d'extraits, dont le chiffre total s'élève à plus de dix mille.

Plusieurs systèmes étaient en présence. Je pouvais adopter l'ordre chronologique comme règle absolue, ainsi que l'avaient fait d'illustres modèles : Gaye dans son *Carteggio*, le marquis de Laborde dans ses *Ducs de Bourgogne*, Gaetano Milanesi (avec quelques restrictions) dans ses *Documenti per la storia dell' Arte Senese*. Mais il m'aurait fallu, dans ce cas, morceler à l'infini les matériaux, déjà si fragmentaires, que j'avais rassemblés et renoncer à toute idée de composition.

Le système opposé, le classement par noms d'artistes, offrait des inconvénients plus grands encore ; il m'obligeait à disséminer en une foule d'endroits les notices qui se rapportaient au même monument, et puis, où classer les pièces dans lesquelles le nom de l'artiste manquait !

Le système mixte, auquel je me suis arrêté, me paraît le mieux répondre à la réalité des choses : en effet, il permet de grouper les documents d'après leurs affinités naturelles. L'ordre chronologique y prévaut, en ce sens que j'ai divisé mon travail en un certain nombre de livres correspondant chacun à un pontificat et que j'ai donné place dans chacun de ces livres à toutes les notices relatives à un même pape. Mais dans ces chapitres, pris isolément, j'ai tenu compte des matières, et non plus des dates. Avant tout, il m'a paru indispensable de grouper autour d'un monument déterminé les diverses dépenses auxquelles il avait donné lieu, de manière à permettre au lecteur d'embrasser d'un coup d'œil l'histoire de ces vastes foyers d'activité artistique qui s'appellent la Basilique de Saint-Pierre, le Palais du Vatican, le Palais du Capitole, etc. Ainsi, que l'on se reporte successivement aux règnes d'Innocent VIII, d'Alexandre VI, de Pie III, on y trouvera, sous la rubrique *Vatican*, par exemple, les comptes de tous les travaux d'architecture, de sculpture, de peinture sur verre et autres, qui y ont été exécutés sous chacun de ces papes.

Que le lecteur ne soit pas surpris de la diversité des dates ss rapportant aux mêmes paiements. Cette anomalie — simplement apparente — tient à ce qu'une série de registres mentionne la date à laquelle le mandat est ordonnancé ou remis au titulaire, et une autre la date à laquelle a lieu le versement. Il peut arriver que plusieurs mois séparent ces deux opérations.

Il arrive également à tout instant que la somme indiquée à la fin d'un mandat ne soit pas la même que celle qui est mentionnée dans le corps même du document. Cette anomalie aussi n'est qu'apparente : elle provient de ce que le comptable compte tantôt par florins de la Chambre apostolique, tantôt par florins larges ou florins petits et *vice versa*.

L'énumération des monuments mêmes a toujours lieu dans un ordre déterminé. Je commence invariablement par la Basilique de Saint-Pierre et le Palais du Vatican (I), pour passer en second lieu aux églises de Rome, rangées dans l'ordre alphabétique (II), puis aux édifices, non consacrés au culte, rangés dans le même ordre (III), et enfin aux constructions diverses (IV).

Les œuvres d'art qui ne se rattachent pas d'une manière intime à un monument d'architecture, et qui ont en quelque sorte le caractère de meubles, se trouvent réparties, pour chaque pontificat, dans les sections suivantes : I. Sculpture; II. Peinture ; III. Orfèvrerie; IV. Tapisserie et Broderie; V. Objets de haute curiosité ; VI. Divers.

Enfin j'ai placé au commencement et à la fin de chaque pontificat, sous la rubrique : Couronnement — Funérailles, — les dépenses relatives à ces cérémonies. On sait quelle place importante l'art y occupe.

Je crois avoir réussi, grâce à ce groupement : 1° à donner une idée suffisamment nette de l'état des arts à la cour de chaque pape; 2° à faciliter la composition de monographies consacrées aux principaux édifices de la Ville Éternelle ; 3° à montrer le développement de l'art et des industries d'art aux diverses périodes de la Renaissance romaine. Quant aux artistes pris individuellement, des tables détaillées, placées à la fin de chaque volume, permettront de réunir sans effort les éléments de leur biographie.

Il me reste à expliquer ici les abréviations dont je me suis servi pour les renvois.

Tous les documents qui ne sont suivis d'aucune indication de provenance sont tirés des Archives d'État de Rome. Tels sont les volumes des Mandats (M.), de la Trésorerie Secrète (T. S.), les comptes de la sacristie de l'église de Saint-Augustin (Sagr. S. Agostino), etc.

Les lettres A. S. V. signifient : Archives Secrètes du Vatican[1].

Quant aux autres dépôts, ils sont chaque fois mentionnés *in extenso*.

Il y aurait de l'ingratitude à ne pas rappeler ici le concours dévoué que m'ont prêté, pour la transcription ou l'analyse des documents conservés aux Archives du Vatican, le professeur Giovanni Gatti, dom Pietro Wentzel et le professeur Alfredo Monaci. Grâce à eux, j'ai pu puiser largement dans un dépôt, qui n'a été véritablement accessible qu'après mon départ de l'École de Rome, à une époque où mes devoirs professionnels m'enchaînaient à Paris. La compétence de ces habiles paléographes est assez universellement reconnue pour que j'aie pu me croire dispensé de collationner leurs copies, contrairement à la règle que je me suis invariablement imposée pour les documents provenant des Archives d'État.

1. On sait qu'en 1892 ou 1893 on a transporté du Latran au Vatican environ 2,300 volumes de regestes, allant de 1400 à 1830 environ, et environ 7,400 volumes de « Supplicationes », se rapportant à la même période. Quant au fonds des « Cameralia », ou des « Introitus et Exitus », qui nous intéresserait particulièrement, il n'a pas été augmenté à cette occasion. (Communication du R. P. Ehrle.)

INNOCENT VIII

29 août 1484 — 25 juillet 1492

NOTICE PRÉLIMINAIRE

A première vue, le pontificat d'Innocent VIII paraît des plus effacés, même en se plaçant au point de vue très spécial que nous avons mission d'étudier ici. Cependant, malgré bien des faiblesses, malgré une certaine lourdeur d'esprit, ce pape a fait preuve d'un goût véritable pour les créations monumentales, et d'une énergie peu commune pour la réalisation de ses projets. On a beau dire que nulle religion ne comporte un déploiement d'œuvres d'art aussi considérable que le catholicisme; que, bon gré mal gré, les Papes étaient forcés de s'adresser aux arts somptuaires : pour ma part, je ne puis me défendre d'un sentiment d'admiration pour des princes qui, au milieu des minuties de l'étiquette, et parmi tant de fonctions absorbantes, savaient conserver la liberté de leur esprit, suivre les grandes affaires, en même temps qu'étendre leur sollicitude aux moindres détails de l'exécution d'une fresque, d'un bas-relief, d'un joyau.

Jean-Baptiste Cibo, le futur Innocent VIII, était né à Gênes en 1432. Il appartenait à une famille distinguée (son père avait rempli, en 1455, l'office de sénateur de Rome et, au temps du roi René, celui de vice-roi de Naples) et parvint de bonne heure aux dignités ecclésiastiques. Il reçut la pourpre cardinalice, en 1473; onze ans plus tard, âgé de cinquante-deux ans seulement, il monta sur le trône de Saint-Pierre, grâce à l'appui de Julien della Rovere, le tout-puissant neveu de Sixte IV; grâce aussi, affirme-t-on, à des promesses et des engagements qui n'étaient pas d'une correction absolue [1].

Le cardinal Cibo avait, en montant sur le trône, une progéniture plus nombreuse qu'il ne convenait à un membre du Sacré Collège. Néanmoins, abstraction faite de cette irrégularité, il sut se défendre des excès de népotisme qui ont jeté une tache indélébile sur la mémoire de Sixte IV : s'il s'efforça d'établir avantageusement ses enfants (il dut faire bien des concessions pour assurer le mariage de son fils Franceschetto avec la fille de Laurent le Magnifique), il ne convoita pas pour eux la possession de provinces entières, comme l'avait fait son génial et insatiable prédécesseur.

Un fait à son honneur, c'est la rareté des nominations dans le Sacré Collège (il est vrai qu'il avait pris à cet égard des engagements formels dans le conclave qui précéda son élection) : il ne fit qu'une seule promotion de cardinaux, et cela seulement après cinq années de pontificat, en 1489. En résumé, c'était une nature faible, mais honnête.

Un écrivain ecclésiastique de notre pays, l'abbé Christophe, porte un jugement, somme toute, équitable sur Innocent VIII quand il dit qu'il possédait les qualités de l'homme de bien, et qu'il avait aussi les vertus qu'on aime à retrouver dans le prêtre. Il voulait sincèrement le bien, ajoute l'abbé Christophe, et il l'aurait toujours fait, s'il ne lui en eût coûté de le vouloir. Mais son caractère servait mal la rectitude de ses intentions. Il

---

1. Avant son élévation, le cardinal Cibo habitait le palais de San Lorenzo in Damaso; il le céda, dans la suite, au cardinal d'Aragon (Infessura, p. 172).

fléchissait devant les obstacles, cédait à la crainte et se laissait dominer par les influences. La suavité de ses manières, son indulgence, sa facilité à oublier les torts, en avaient fait l'idole de ceux qui approchaient de sa personne, et jamais le trépas d'aucun pontife n'inspira à la cour romaine plus de regrets que le sien. Mais les qualités, qui font les délices de la famille, se changent en défauts, dans la pratique du gouvernement, quand elles ne sont point soutenues par cette sévérité juste et ferme qui sait réprimer à propos.

Si la vénalité et la corruption arrivèrent, sous ce pontificat, à leurs dernières limites, de même que le manque de sécurité, ce n'est pas tant au pape qu'il faut imputer ces désordres qu'à l'esprit même de la population romaine, à ces factions exécrables, s'incarnant l'une dans les Orsini, l'autre dans les Colonna. Ce qui prouve au surplus combien la Renaissance fut étrangère à ces excès, c'est qu'aucune des familles romaines n'eut moins de part que ces deux-là au mouvement intellectuel du xve siècle. Je ne crains pas d'affirmer que ce sont les traditions de fureur et de barbarie, inhérentes au peuple romain du moyen-âge, qui ont jeté leur ombre sur les derniers pontificats du xve siècle[2].

Malgré les difficultés intestines, malgré la guerre aussi longue qu'acharnée avec le roi de Naples, Innocent VIII, à peine monté sur le trône, fit reprendre activement les travaux inaugurés par

---

1. *Histoire de la Papauté pendant le* XVe *siècle*, t. II, p. 364-365. Lyon, 1863. — Rio, contrairement à son habitude, a caractérisé avec assez d'impartialité l'attitude d'Innocent VIII vis-à-vis de l'art (*De l'Art chrétien*, t. II, p. 86-100). — Il n'y a pas jusqu'à cette mauvaise langue d'Infessura qui ne rende justice à ses vertus (p. 172-173, 177, 220, 279). Il est vrai qu'il ne tarde pas à se livrer à ses invectives habituelles, imité en cela par un poète-courtisan, au service des Sforza, Bellincioni (*Le Rime*, éd. de Bologne; 1876, p. 139-140), et surtout par les écrivains napolitains. Mais on sait ce qu'il faut penser de ces diatribes politiques.

2. Les récits d'Infessura et de Burchard nous édifient sur la férocité de la populace romaine, sa rapacité (combats livrés, par exemple, lors des cérémonies pontificales pour s'approprier les ornements et meubles qu'on lui abandonnait), la violence de ses haines. — Dans le court espace de temps qui s'écoula entre la maladie d'Innocent VIII et le couronnement d'Alexandre VI, Rome fut témoin de 220 assassinats ! (Pastor, *Geschichte der Päpste*, t. III, p. 286).

Sixte IV. Est-il nécessaire d'ajouter qu'en dépit de sa bonne volonté, il fut impuissant à leur donner la même cohésion et le même éclat que son illustre prédécesseur : le parallèle est écrasant. Mais nous avons le devoir ici de considérer son pontificat en lui-même. Or un examen approfondi des entreprises d'Innocent VIII nous apprend que si ce pape avait un penchant excessif pour les joyaux (le Génois se reconnaît bien à ce trait!), s'il fit tour à tour preuve de parcimonie et de prodigalité, il rendit à l'art, dans une sphère restreinte, quelques services des plus importants. On trouvera plus loin des détails sur les additions qu'il fit au Palais du Vatican, sur la construction de la villa du Belvédère, sur celle de la fontaine de la place de Saint-Pierre, de l'église « Santa Maria in via Lata », de la villa de la Magliana, etc. Eu égard à la sculpture, son nom est indissolublement lié à celui de Pollajuolo. Et comment refuser une marque d'attention, pour ne pas dire de sympathie, au prince qui réunit, sur les bords du Tibre, des maîtres tels que le Pérugin et Pinturicchio, Mantegna et Filippino Lippi !

Parmi les industries somptuaires, l'orfèvrerie et la broderie, si intimement liées aux cérémonies de la cour de Rome, jetèrent un vif éclat. Pour les autres branches de l'art, Rome — il faut le confesser — resta en retard sur la plupart des autres villes d'Italie : on n'y trouvait ni fours de majoliques[1] ou de verreries, ni métiers de haute lisse, ni ateliers de mosaïques.

Des fêtes aussi nombreuses que brillantes témoignèrent du goût d'Innocent VIII pour la magnificence. Rappelons seulement l'entrée de Djem, que le cardinal d'Aubusson, grand maître de Rhodes, venait de remettre entre les mains du pape (13 mars 1489), les fêtes célébrées pour la prise de Grenade, l'entrée du cardinal de Médicis (22 mars 1492), celle de Ferdinand, prince de Capoue (27 mai 1492), la translation de la sainte Lance (31 mai 1492).

1. M. Molinier estime que le pavage en faïence d'une des chapelles de Sainte-Marie du Peuple a été exécuté sur commande, soit à Urbin, soit à Castel-Durante (*La Céramique italienne au XV*e *siècle*, p. 71-72).

MÉDAILLES D'INNOCENT VIII, DE TEODORINA CIBO, DE PERETTA USODIMARE,
D'ASCANIO SFORZA ET DE BART. DELLA ROVERE

Si nous considérons une des faces les plus profanes de l'art — le théâtre, — ici encore, le pontificat d'Innocent VIII marque le point de départ d'une évolution capitale. Depuis un temps immémorial, la Confraternité du Gonfalon représentait chaque année un mystère dans le Colisée, le vendredi saint, usage consacré en 1490 par une autorisation spéciale d'Innocent VIII[1]. Désormais, il ne s'agit plus de représentations sacrées, mais de représentations soit classiques, soit de circonstance. Vers 1488, Tommaso Inghirami, alors âgé de dix-huit ans, joua l'*Hippolyte* de Sénèque et remporta un tel succès dans le rôle de Phèdre qu'il en garda le surnom[2]. La prise de Grenade fut le signal de représentations plus caractéristiques encore. A cette occasion, le cardinal Raphaël Riario chargea le secrétaire des brefs, C. Verardi de Césène, de composer en latin une pièce de circonstance, l'*Histoire Bétique*, qu'il fit jouer dans son propre palais. On célébra d'abord des offices solennels d'actions de grâces; puis on organisa des jeux à tous les carrefours de la ville, une chasse aux taureaux, des combats de cavaliers, un assaut militaire figurant la prise de Grenade, des processions, des pompes triomphales, des feux d'artifice, enfin une représentation dramatique. La pièce de Verardi fut accueillie, s'il faut en croire l'auteur, par le sénat et le peuple avec un tel silence et une telle attention, elle fut suivie d'applaudissements si chaleureux, que tous avouaient n'avoir depuis longtemps rien vu ni rien entendu d'aussi agréable[3].

L'exemple du cardinal Riario ne tarda pas à être suivi par le cardinal Mendoza (voy. ci-après).

Les sciences et les lettres attiraient moins Innocent VIII. Quoique l'Université romaine continuât, pendant son pontificat,

---

1. Adinolfi, *Laterano e Via Maggiore*, p. 158-159. Rome, 1857 : « concessum [...] posse in dicto Coliseo facere representationes, et devotiones Christi, et sanctorum suorum... »

2. Chassant, *Des Essais dramatiques imités de l'Antiquité au XIVe et au XVe siècle*, p. 133-134. Paris, 1852. — Voy. aussi le t. III de mes *Arts à la Cour des Papes*, p. 54-55.

3. Chassant, p. 135.

à compter une série de professeurs distingués et à attirer de nombreux élèves étrangers[1]; quoiqu'il protégeât ou employât une série d'écrivains savants ou élégants — Politien, Ermolao Barbaro, Pontano, Tito Vespasiano Strozzi, P. Marsus, le médecin Zerbi, l'humaniste J. Fuchsmagen, Gasp. Biondo, Andrea de Trébisonde, Giac. de Volterra, G. P. Arrivabene, Sig. dei Conti, Giov. Lorenzi[2], — il était loin de ressentir pour ces études l'ardente sympathie de Sixte IV.

Il le prouva entre autres par son indifférence vis-à-vis de la Vaticane, qui avait pris, sous son prédécesseur, un si magnifique développement. On trouvera, dans le travail que j'ai publié avec M. Paul Fabre, le texte des rares documents qui concernent les acquisitions faites pendant ce pontificat[3]. La commande confiée en 1485 au miniaturiste Joachinus (identique soit à Giovacchino di Giovanni de Sienne, soit à Giovacchino de Gigantibus, qui travailla pour le roi Ferdinand de Naples) ne semble pas avoir été des plus importantes : cet artiste ne reçut, en effet, de ce chef qu'une somme de 24 ducats.

Constatons du moins que, dans le choix de ses médecins, Innocent VIII fit preuve d'une certaine indépendance : il employa entre autres un juif.

Il n'est pas surprenant que la typographie romaine, si prospère

---

1. Voy. Renazzi, *Storia dell'Università degli Studj di Roma*. Rome, 1803.
2. Voy. Serdonati, p. 83, et Pastor, t. III, p. 237-238. — En 1485, Jean de Dalberg, évêque de Worms, et fondateur de la bibliothèque de Heidelberg, eut l'honneur de prononcer devant Innocent VIII une harangue en latin; il avait pour compagnon de voyage Agricola. — En 1486, Rodolphe Lange et Hermann Busch firent leur apparition dans la Ville Éternelle. — Puis ce fut le tour de Conrad Celtes (Gregorovius, t. VII, p. 695).
3. *La Bibliothèque du Vatican au XVᵉ siècle*, p. 307-310. Paris, 1887. — En 1547, Innocent VIII était représenté, dans le trésor de la chapelle papale du Vatican, par deux manuscrits dont voici la description : « Un Libro delle Benedizioni, coperto di veluto verde, nelle miniature l'arme d'Innocentio ottavo, con quattro scutetti d'argento e quattro fibbie d'argento. — Il Messale, con l'arme d'Innocentio (VIII), dove sono 10 messe, coperto di broccato in fili bianchi, con cocchie d'archimia indorata e due fibbie indorate » (Barbier de Montault, *Œuvres complètes*, t. I, p. 325, 328).

naguère, souffrit de l'indifférence générale et déclinât rapidement. Relevons, à l'actif de l'imprimeur « Andreas Fritag de Argentina », qui s'établit à Rome vers la fin du règne d'Innocent VIII (1492-1496), son édition du *Compotus cum commento* [1].

Marque d'A. Fritag.

La xylographie, à son tour, qui n'avait d'ailleurs jamais brillé à Rome d'un éclat bien vif, périclita au temps d'Innocent VIII. Seul, Jean-Philippe de Lignamine, médecin, littérateur et imprimeur à ses heures de loisir, prit à cœur de relever l'illustration de ses volumes. Son édition des *Opuscula* de Ph. de Barberiis offre des figures de *Sibylles* et de *Prophètes* d'un dessin très satisfaisant, dans la manière de D. Ghirlandajo [2].

Les souvenirs de l'antiquité païenne avaient le privilège d'inquiéter, d'effrayer, l'esprit timoré d'Innocent VIII. Malgré la pression de son entourage, l'enrichissement des collections pontificales le laissa absolument indifférent. Le Musée du Capitole ne s'accrut que de deux morceaux intéressants : le sarcophage trouvé en 1485 sur la voie Appienne, avec la momie de jeune fille, et les fragments d'une statue colossale trouvée près de la basilique de Constantin [3]. A l'occasion de la découverte de la momie en question, dans laquelle on crut reconnaître la fille de Cicéron, et qui attira, comme en pèlerinage, Rome entière, Innocent VIII fit même preuve d'une singulière intolérance : il donna l'ordre d'ensevelir ces restes, de nuit, en dehors de la porte du Pincio, dans un terrain vague [4].

1. Voy. Audiffredi, *Catalogus historico-criticus Romanarum editionum sæculi XV*. Rome, 1783. — Kristeller, *Die italienische Drucker und Verlegerzeichen bis 1525*, n° 151. Strasbourg, 1893.
2. Lippmann, *Der italienische Holzschnitt im XV Jahrhundert*, p. 8. Berlin, 1885.
3. Voy. le savant mémoire de M. Michaelis : *Storia della Collezione Capitolina di Antichità fino all'inaugurazione del Museo nel 1734*, p. 18-19. Rome, 1891. Cf. Infessura, p. 180-182.
4. Infessura, p. 139. — Toute une littérature, comme on dit en Allemagne, s'est formée autour de cette découverte. Voy. Pastor, t. III, p. 239-240.

La cour pontificale n'imitait pas le rigorisme du pape. Dès lors, les reliques de l'antiquité tendaient à détrôner les chefs-d'œuvre nouveaux. Elles occupaient une place d'honneur dans les palais des prélats ou des grands seigneurs, dans les maisons des bourgeois, les ateliers des artistes. Et pendant qu'Innocent VIII négligeait ces trésors, Laurent le Magnifique mettait en coupe réglée, non seulement les ruines de la Ville Éternelle, mais encore celles d'Ostie. En 1488, il acquit entre autres trois « belli faunetti in una basetta di marmo, cinti tutti a tre da una grande serpe [1]. »

Est-il nécessaire de rappeler quel essor les études archéologiques prirent à ce moment à Rome, principalement grâce à l'initiative de Pomponio Leto, le fondateur de l'Académie romaine! Leto était plus qu'un humaniste, je veux dire un païen, qui s'efforçait de faire revivre, dans sa maison du Quirinal, jusqu'aux mœurs, jusqu'aux croyances de Rome antique [2].

Avant de clore cette esquisse sur Innocent VIII, je dois donner quelques détails sur ses portraits. Son iconographie comprend, en documents contemporains, ses deux statues funéraires par Pollajuolo; ses médailles, d'une grande précision; puis quelques tableaux, dessins ou gravures trop peu importants pour être énumérés ici; ils nous montrent une physionomie régulière, mais assez terne, avec quelque chose de froid et de compassé [3].

De toutes les armoiries pontificales du XVᵉ siècle, celles

---

1. Gaye, *Carteggio*, t. I, p. 285-286. — *Les Précurseurs de la Renaissance*, p. 185. — *Les Collections des Médicis au XVᵉ siècle*, p. 57. — En 1488, ou découvrit près des remparts d'Ostie les restes d'un navire antique garni de clous en bronze (Gaye, *Carteggio*, t. I, p. 298).

2. Voy. Burckhardt, *Die Cultur der Renaissance*. — Gregorovius, t. VII, p. 679-690. — *Les Arts à la Cour des Papes*, t. III, p. 16. — G.-B. de Rossi, *Note di Topografia romana, raccolte dalla bocca di Pomponio Leto e Testo Pomponiano della Notitia regionum urbis Romae*. Rome, 1882.

3. Dans les *Accuratæ Effigies Pontificum maximorum*, traduites d'après Panvinio par Jean Fischart, et publiées, en 1573, à Strasbourg, chez B. Jobin (d'Urbain VI à Grégoire XIII), le portrait d'Innocent VIII (de profil, à mi-corps, les mains jointes) manque de toute sincérité.

d'Innocent VIII sont les plus compliquées. Nous voilà loin des motifs si nets et si décoratifs, tels que les clefs de Nicolas V, le taureau de Calixte III et d'Alexandre VI, les croissants de Pie II, le lion rampant de Paul II, le chêne de Sixte IV ! Innocent VIII portait : de gueules, à la bande échiquetée d'argent et de sable; au chef d'argent, à la croix de gueules.

Pour emblème, Innocent VIII adopta un paon faisant la roue (voulait-il dire par là que « l'homme loyal ne craint pas d'être vu, et qu'il se soumet aux regards du public, qu'expriment les yeux de la queue du paon »?); pour devise, il fit choix de ces trois mots français : « Leaulté passe tout [1]. »

La famille même d'Innocent VIII ne joua qu'un rôle secondaire en tant que protectrice des arts [2].

Son fils Franceschetto Cibo (1449-1519), comte d'Anguillara et de Cervetri, tige des princes et ducs de Massa-Carrara, et époux de Madeleine de Médicis, la fille de Laurent le Magnifique, se signala plutôt par un mélange de cupidité et de dépenses folles que par des fondations d'art (en une nuit, il perdit 14,000 ducats) [3].

Lorenzo Cibo, le neveu du pape (revêtu de la pourpre cardinalice en 1489, † 1503), éleva, dans la Basilique de Saint-Pierre, la chapelle destinée à renfermer le Saint-Sacrement, et une autre chapelle à Sainte-Marie du Peuple. Ce prélat s'installa au palais de Saint-Marc, en 1491, après la mort du cardinal Barbo.

La fille du pape, Teodora, connue par sa belle médaille (Armand, t. II, p. 571; voy. notre planche hors texte), épousa

---

[1]. Barbier de Montault, Œuvres complètes, t. III, p. 379.
[2]. Sur les enfants d'Innocent VIII, voy. Infessura (p. 173), Gennarelli (éd. du Diarium de Burchard, p. 195-197), Staffetti (Il cardinale Innocenzo Cybo. Florence, 1894), et Pastor (t. III, p. 175).
[3]. Infessura, p. 251. — Franceschetto possédait un nombre respectable de villes et de châteaux forts. C'est ainsi qu'en 1493 il céda d'un coup, aux Orsini, pour 40,000 ducats d'or, les châteaux de Cervetri, de Monterano, de Viano, d'Anguillara, le « casale della Rota », une partie d'Ischia et les bains de Stigliano (Archivio della Società romana di Storia patria, t. X, p. 269). — Cf. Pastor, p. 255.

Gerardo Usodimare de Gênes, qui remplit des charges financières importantes à la cour de son beau-père[1].

Ce fut aux parents des prédécesseurs d'Innocent VIII, aux Borgia, aux Piccolomini, aux Barbo et aux Zeno, aux della Rovere, aux Basso et aux Riario, qu'incombèrent principalement la direction du goût et l'encouragement des artistes.

Le luxe avait atteint à des proportions rares chez les membres du Sacré Collège. Dans le conclave qui précéda l'élection d'Innocent VIII, les cardinaux n'avaient-ils pas stipulé que ceux d'entre eux qui ne jouiraient pas d'un revenu de 4,000 florins recevraient de la Chambre apostolique une indemnité de 100 florins par mois[2] !

Le train de maison d'un cardinal représentait donc une dépense de 200,000 francs, au bas mot.

Le neveu de Calixte III, le cardinal Rodrigue Borgia, le futur Alexandre VI, habitait un superbe palais entre le pont Saint-Ange et le « Campo dei Fiori »[3]. Il se signala par d'importants travaux exécutés dans l'abbaye de Subiaco.

---

1. Infessura, p. 176. — Le Musée de Berlin possède un beau buste en marbre de la même princesse (autrefois à la villa Albani), avec l'inscription : « Theodorina Cibo. Inno VIII. P. M. F. Singul. Exempli Matrona Formaeq. dignitate conspicua ». Cet ouvrage, autrefois attribué à Andrea Sansovino, est aujourd'hui revendiqué en faveur de J. Cristoforo Romano. (Bode et de Tschudi, *Beschreibung der Bildwerke der christlichen Epoche*; Berlin, 1888, p. 68. — Bode, *Die italienische Plastik*, 1891, p. 159.)

2. Pastor, p. 170.

3. Une lettre d'Asc. Sforza à son frère Ludovic le More (octobre 1484) nous permet de jeter un coup d'œil dans les appartements de Rodr. Borgia : « La casa era apparata molto superbemente et haveva la prima sala tutta ornata de tapezarie historiate in cercho et dreto. Ad la sala uno altro salotto circondato tutto de altra tapazaria [sic] molto bella con tapedi iu terra ben correspondenti ali altri ornamenti con uno lecto et cap[o]celo tutto parato de raso cremesile et qui haveva una credenza tutta piena de vasi di argento et oro, molto ben lavorati, ultra li altri piati, scudelle et altri vaselli che erano in grandissimo numero et cosa molto bella da vedere; et subsequente ad questo li erano due altre camere, l'una parata de nobilissimi razi et tapedi in terra con uno altro lecto et cap[o]celo de veluto Alexandrino et l'altra molto più ornata de le pre-

Le cardinal François Piccolomini, neveu de Pie II, et pape sous le nom de Pie III, s'était fait construire un palais magnifique, près du « Campo dei Fiori », entre la « Via pontificia » et le théâtre de Pompée : « in magnificis ædibus, non magis ad dignitatem cardinalatus, quam ad sacerdotalem frugalitatem a se constructis »[1]. Ce palais abrita, jusque vers 1502, le groupe des *Trois Grâces*, aujourd'hui au musée de la cathédrale de Sienne. Son emplacement est occupé de nos jours par l'église Sant'-Andrea della Valle.

François Piccolomini prit soin de faire exécuter d'avance son effigie sépulcrale : il s'y fit représenter en costume sacerdotal, mitre en tête, les mains jointes[2].

Le principal représentant de la famille de Paul II, Marco Barbo († 1491), cardinal du titre de Saint-Marc, continua la construction du palais commencé par son oncle. C'était un grand clerc en matière de cérémonial, mais c'était aussi une nature droite et élevée. Il faut lire dans les *Diaria* d'Infessura sa belle réponse au cardinal della Rovere qui lui proposait de le faire élire s'il voulait céder son palais au cardinal d'Aragon : « si hoc fecisset, non esset canonice, uti decet, electus. Item quia domus sua est fortior castro Sancti Angeli, et si hoc fecisset fuisset forte causa disturbationis urbis et totius fidei christianæ, quia posset de facili ibi rex (le roi de Naples) venire et facere se dominum Urbis, » etc.[3]

Un autre neveu de Paul II, Jean Michiel, évêque de Porto et cardinal du titre de Saint-Ange († 1503), fit construire le palais de San-Marcello[4].

dicte con uno altro lecto coperto de brochato d'oro et la coperta fodrata de sibilline et franze d'oro tanto ornato quanto fusse possibile, con una tavola in mezo coperta de veluto Alexandrino et scrane ornatissime ben correspondente a le altre cose » (Pastor, t. III, p. 810).

1. Albertini, *Opusculum de Mirabilibus novæ urbis Romæ* ; éd. Schmarsow, p. 23. Heilbronn, 1886.
2. Gravée apud Sarti et Settele, pl. L.
3. Burchard, *Diarium*, éd. Thuasne, t. I, p. 181, 182 et *passim*; Infessura, p. 170.
4. (1486) « in turri cardinalis Sancti Angeli, quam in Monte Pincio construxit » (Infessura, p. 210).

La famille, si vivace, de Sixte IV avait pour représentants les cardinaux Giuliano della Rovere, Hieronimo Basso della Rovere, Domenico della Rovere, Raffaele Riario[1].

Julien della Rovere, le futur Jules II, avait entrepris et consommé de si grandes choses au temps de Sixte IV qu'il eût pu, à la rigueur, se reposer sur ses lauriers dans son superbe palais des Saint-Apôtres. Mais cette nature fougueuse avait horreur de l'inaction. Il consacra tous ses soins à la mise en état et à l'embellissement de l'important château d'Ostie, dont il crut faire un refuge inexpugnable. Les travaux, poursuivis activement pendant le règne d'Innocent VIII, étaient achevés, ou peu s'en faut, au début de celui d'Alexandre VI.

Dès lors, Julien apportait autant d'emportement que d'ardeur dans la protection accordée aux artistes et dans la recherche des œuvres d'art. En 1488, il entra en lutte ouverte avec Laurent le Magnifique, qui voulait enlever de Rome quelques fragments antiques[2]. En 1491, il écrivit aux députés du dôme d'Orvieto pour les prier ou plutôt pour leur enjoindre de ne pas molester le Pérugin, qui travaillait alors pour lui, probablement au château d'Ostie[3].

Le cardinal Raphaël Riario, le bâtisseur du palais de la Chancellerie, habita, jusqu'en 1496, le palais de Saint-Apollinaire, qui avait été fondé par le cardinal Guillaume d'Estouteville, et où il eut lui-même pour successeurs ses parents les cardinaux Jérôme Basso et Léonard Grosso della Rovere, évêque d'Agen, qui prirent plaisir à orner cette demeure (Albertini). Raphaël s'est en outre acquis des titres à la reconnaissance de la postérité par les encouragements qu'il prodigua au théâtre. Il chargea l'Académie de Pomponio Leto d'organiser des représentations, tantôt au fort Saint-Ange, tantôt au Forum, tantôt dans son propre palais, et obtint d'Innocent VIII qu'il y assistât. Une preuve de

---

1. Pour les fondations entreprises par ces prélats pendant le pontificat de Sixte IV, voy. *Les Arts à la Cour des Papes*, t. III, p. 30-39, 55.

2. Gaye, *Carteggio*, t. I, p. 185.

3. Bicchierai, *Alcuni Documenti artistici non mai stampati*, p. 17. — Cf. Fumi, *Il Duomo di Orvieto e i suoi Ristauri*, p. 400.

ARMOIRIES DES MEMBRES DU COLLÈGE DES CARDINAUX

PENDANT LE PONTIFICAT D'INNOCENT VIII

D'après le recueil de Panvinio (1557).

Rod. Borgia.

PROMOTION DE CALIXTE III

Fr. Piccolomini.

PROMOTION DE PIE II

O. Caraffa.   Marc Barbo.   La Balue.

Bat. Zeno.   J. Michiel.

PROMOTIONS DE PAUL II

ARMOIRIES DES MEMBRES DU COLLÈGE DES CARDINAUX
PENDANT LE PONTIFICAT D'INNOCENT VIII
(Suite)

Julien della Rovere.

Nardini.

P. G. de Mendoza.

G. Arcimboldo.

Ph. Hugonet.

G. Costa.   Charles de Bourbon.

P. de Foix.

Hier. Basso.

G. Rangoni.

P. Foscari.

Jean d'Aragon.

R. Riario.

D. della Rovere.

PROMOTIONS DE SIXTE IV

ARMOIRIES DES MEMBRES DU COLLÈGE DES CARDINAUX
PENDANT LE PONTIFICAT D'INNOCENT VIII
(Fin)

P. Fregoso.

J.-B. Savelli.

I. Colonna.

J. de Conti.

I. Margarit.

J. Sclafenati.

J.-B. Orsini.

Asc. Sforza.

PROMOTIONS DE SIXTE IV (*Fin*)

L. Cibo.

Ardicin della Porta.

A. Pallavicini.

A. d'Espinai.

P. d'Aubusson.

M. Gherardo.

J. de Médicis.

F. Sanseverino.

PROMOTIONS D'INNOCENT VIII

l'intérêt du cardinal pour les études archéologiques nous est fournie par Jean Sulpitius de Veroli ; cet érudit lui dédia son édition — la première connue (1486) — de Vitruve[1].

Dominique della Rovere, appelé le cardinal de Saint-Clément († 1501), qui, sous le pontificat précédent, avait enrichi Rome de divers édifices — le palais Scossa-Cavalli, etc.[2] — fit construire, sous Innocent VIII, la chapelle qui porte son nom à Sainte-Marie du Peuple. Le peintre auquel il confia la décoration n'était autre que Pinturicchio. A Turin, Dominique fit élever, en 1492, par Baccio Pontelli, la façade de la cathédrale ; à Montefiascone, il fit restaurer la cathédrale.

Le cardinal Jérôme Basso della Rovere, évêque de Macerata-Recanati-Lorette, de 1476 à 1507, date de sa mort, a eu la gloire de présider aux travaux entrepris dans le sanctuaire de la dernière de ces villes par Giuliano et Benedetto da Majano, et par Giuliano da San-Gallo[3].

Un autre neveu de Sixte IV, le farouche Jérôme Riario, comte d'Imola et de Forli, et sa femme, la non moins fougueuse Catherine Sforza, quittèrent Rome après la mort de leur oncle pour se fixer dans leurs États, emmenant avec eux le grand peintre Melozzo.

Barthélemy della Rovere, frère de Julien et évêque de Ferrare, de 1474 à 1494 ou 1495[4], semble avoir principalement résidé dans son diocèse : c'est là, très certainement, que Sperandio exécuta la médaille qui nous fait connaître les traits de ce prélat.

Parmi les cardinaux n'appartenant pas à des familles papales, le Mécène le plus insigne fut Olivier Caraffa de Naples († 1511). Ce prélat s'est immortalisé par deux créations, dont l'une, toutefois, appartient au pontificat de Jules II : la décoration de la

---

1. Poleni, *Exercitationes Vitruvianæ primæ*. Padoue, p. 1739, p. 5 et suiv. — Nous reproduisons plus loin le texte de cette dédicace.
2. Voy. Ferri, *L'Architettura in Roma*, p. 21. — *Les Arts à la Cour des Papes*, t. III, p. 37-38.
3. Vogel, *De Ecclesiis Recanatensi et Lauretana*. Recanati, 1858-1859.
4. Gams hésite entre les deux dates : *Series Episcoporum*, p. 695.

chapelle de Saint-Thomas d'Aquin, à la Minerve, qu'il confia à Filippino Lippi, et la construction du cloître de Santa-Maria della Pace (1504), une des œuvres les plus pures de la seconde manière de Bramante. L'autel de l'Annonciation, dans la chapelle en question, se compose d'un élégant encadrement sculpté, avec des pilastres historiés : au centre, une peinture de Fil. Lippi, représentant l'ange qui apparaît à la Vierge, le lis à la main, et saint Dominique qui présente à la Vierge le donateur[1].

Pour son usage personnel, Caraffa fit construire, sur le Quirinal, une villa « cum vinea et hortulo et aliis locis multis, picturis et epitaphiis exornatis cum epigramm. multis » (Albertini).

Le souvenir de Caraffa est en outre lié à celui de la fameuse statue de Pasquin : en 1501 ce prélat fit relever et placer sur un socle le marbre antique[2].

Les traits de ce prélat, ami des arts, à qui sa ville natale doit également de précieuses fondations, nous ont été conservés par le Pérugin, dans l'*Assomption de la Vierge* du Musée de Naples (le cardinal y est représenté à genoux, à côté de saint Janvier), et par l'auteur de la statue agenouillée, dans la crypte de la cathédrale de la même ville.

Le cardinal Jean de Médicis n'avait pas de palais à lui; il habitait, près de l'église Saint-Eustache, un palais appartenant aux Ottieri. En 1505 seulement, il fit l'acquisition de cet immeuble, qui reçut dans la suite le nom de Palais Madame. C'est là qu'il installa, en 1508, la bibliothèque de son père, qu'il venait de racheter aux moines de Saint-Marc de Florence, ainsi que des statues et des peintures[3]. Dans la suite, le cardinal se fit aménager une « vigne » près de l'église Sainte-Agathe.

---

1. Gravé dans les *Chefs-d'œuvre de la Sculpture religieuse à Rome* de Mgr Barbier de Montault, pl. XIX-XX.
2. Gnoli, *Le Origini di maestro Pasquino*, Rome, 1890, p. 13.
3. « Domus rev. Joannis de Medicis, Flor. primarii, Diaconi Card. est apud Alexandrinas et Neronianas Thermas, non longe ab ecclesia Sancti Eustachii, in qua sunt nonnullæ portæ marmoreæ mixtæ cum pulcherrima bibliotheca statuis et picturis exornata » (Albertini, *Opusculum De Mirabilibus novæ urbis Romæ*, éd. Schmarsow, p. 27).

Passons rapidement en revue les autres membres du Sacré Collège fixés à Rome.

Ascanio Sforza, frère de Ludovic le More (créé cardinal en 1484), demeurait près de l'hôpital des Allemands[1].

Lors de l'arrivée du prince de Capoue, Ascanio se distingua par la richesse du festin qu'il lui offrit : on n'aurait pas pu faire davantage pour le roi de France ou n'importe quel autre monarque[2].

Le cardinal d'Aragon († 1485) avait son palais près de San-Lorenzo in Lucina[3].

Frédéric Sanseverino, créé, en 1489, cardinal du titre de Saint-Théodore, était installé dans une villa voisine de l'église de Sainte-Agathe et remarquable par ses « viridaria perpulchra » (Albertini).

Antonietto Pallavicini († 1507), cardinal du titre de Sainte-Praxède, habitait près de cette basilique. Il se fit élever, à Sainte-Marie du Peuple, le tombeau que l'on voit encore. Son souvenir se rattache également à une image de la Vierge renfermée dans un cadre en marbre sculpté, qui, de la chapelle de Saint-Antoine, fondée par ce prélat, a été transportée dans les Grottes vaticanes[4].

J.-J. Schiafenata, cardinal du titre de Sainte-Cécile, près de Saint-Étienne le Rond († 1497), est représenté par son mausolée, dans l'église Saint-Augustin.

Le cardinal Ardicino della Porta, de Novare († 1493), se faisait remarquer par son humilité plus que par sa magnificence. Le tombeau de ce saint personnage se trouve dans les Grottes du Vatican[5].

Un seul cardinal français, Jean La Balue († 1491), faisait figure à Rome. Il se signalait par sa cupidité (il laissa en mourant une

---

1. Gregorovius, *Storia della città di Roma*, t. VIII, p. 350.
2. Infessura, p. 273-274.
3. Infessura, p. 186.
4. Sarti et Settele, *Ad Philippi Laurentii Dionysii opus de Vaticanis Cryptis appendix*; Rome, 1840; p. 57, pl. XII.
5. Sarti et Settele, pl. LXVIII.

centaine de mille ducats) non moins que par sa violence : c'est ainsi qu'en 1486, en plein consistoire, il traita le cardinal Borgia de « marranus et filius meretricis ». Il est vrai que celui-ci l'avait traité d' « ebrius ». Son palais était un repaire de spadassins[1]. L'esprit de la Renaissance aurait-il, d'aventure, été pour quelque chose dans ces mœurs? Personne, on le sait, n'y était plus étranger que La Balue.

De loin en loin, La Balue se chargeait de quelque commission du domaine de l'art. Nous l'apprenons par la lettre qu'il adressa, le 4 mars 1490, au roi Charles VIII : « Sire, lui dit-il, vous m'avez escript par Monsieur de Faucon que je vous face paindre Rome. Je la vous envoieray le plus brief que fère ce pourra. Je la fays fère en manière que vous la puissiez entendre comme si vous estiez sur le lieu[2]. »

Plus féconds furent les efforts d'un autre prélat français, Guillaume de Périer, auditeur de la Rote (mort en 1500, à l'âge de quatre-vingts ans). Périer enrichit les basiliques romaines de toute une série d'autels en marbre, élégamment sculptés : 1490, l'autel des Saints-Étienne et Laurent, qui, de la basilique de Saint-Laurent hors les murs, a été transporté dans celle de Sainte-Agnès; 1492, un autel au Latran; 1494, un autel à Saint-Pierre et un autre à Saint-Paul hors les murs; 1497, l'autel de la Vierge à Sainte-Marie du Peuple[3]. En 1491, Périer chargea le célèbre peintre romain Antonazzo de décorer la chapelle de Pierre Altissen, secrétaire d'Innocent VIII († 1490), à Sainte-Marie de la Paix. Antonazzo devait y peindre, au prix de 60 ducats d'or, la *Transfiguration*, la Vierge tenant l'Enfant Jésus, entre saint Sébastien, saint Julien, Allisen et Périer[4].

Un autre de nos compatriotes, Régnault Duchamp, massier pontifical, nous est connu par son tombeau, élevé à « San Sal-

---

1. Infessura, p. 202 (cf. p. 203), p. 217-218 (cf. p. 236, 252). — Voy. aussi la monographie de M. Forgeot, *Jean la Balue*; Paris, 1895; p. 150-151.
2. *La Renaissance au temps de Charles VIII*, p. 479.
3. Infessura, p. 273-274.
4. Forcella, *Le Iscrizioni delle Chiese di Roma*, t. I, p. 328, 330; t. VI, p. 51, t. VIII, p. 26; t. XII, p. 14. — Barbier de Montault, *Les Chefs-d'œuvre*, pl. CV.
5. Corvisieri, *Il Buonarroti*, 1869, p. 162-165.

vatore in Thermis » (1485). Le défunt est représenté couché tenant à la main la masse d'armes pontificale[1].

Accordons aussi un souvenir à Jean Villiers de la Groslaye, abbé de Saint-Denis, dont le rôle en tant que Mécène ne s'affirma toutefois que sous Alexandre VI.

Quant à Thomas James, évêque de Saint-Pol de Léon, puis de Dol, et gouverneur du fort Saint-Ange, son activité semble s'être surtout exercée au temps de Sixte IV[2].

Le cardinal Pierre Gonsalve de Mendoza, archevêque de Tolède et primat des Espagnes († 1495), ne s'intéressait que de loin aux choses romaines. Ce fut lui qui fit restaurer à Santa Croce in Gerusalemme (1492). A cette occasion, on découvrit l'inscription de la vraie croix au milieu de l'arc de la tribune. Mendoza fit en outre organiser à Rome, en 1492, une représentation ayant pour titre « Ferdinandus servatus » (Ferdinand le Catholique venait en effet d'échapper, à Barcelone, aux coups d'un assassin). Cet événement fournit le sujet d'un fort mauvais drame fantastique à C. Verardi, qui en traça le plan et le fit mettre en vers par son neveu, Marcellin Verardi. La pièce, décorée du nom de tragi-comédie, fut jouée devant le pape et un grand nombre de cardinaux et d'évêques[3].

Georges Costa, surnommé le cardinal de Portugal († 1508), habitait le palais de San-Lorenzo in Lucina, près de l'arc de Domitien, d'où le nom de « arco di Portogallo », donné à ce monument[4]. Ce prélat fonda, en 1489, l'autel de Sainte-Catheline, à Sainte-Marie du Peuple[5].

1. Barbier de Montault, *Les Chefs-d'œuvre*, pl. CXXXIV.
2. *La Renaissance au temps de Charles VIII*, p. 479-480.
3. Chassant, *Des Essais dramatiques*, p. 140.
4. Albertini, éd. Schmarsow, p. 25.
5. Gravé dans *Les Chefs-d'œuvre de la Sculpture religieuse à Rome*, de Mgr Barbier de Montault, pl. CXXXVIII. — Les cardinaux qui disparurent sous ce pontificat furent : Phil. Hugonet (1484), Stefano Nardini (1484), J. Molès (1484), P. Foscari (1485), Jean d'Aragon (1485), Th. Boucher (1486), Gab. Raugoni (1486), Arcimboldi et Charles de Bourbon (1488).

Parmi les souverains étrangers fixés à Rome, la reine Charlotte de Chypre († 1487) tient le premier rang[1].

Prisonnier comme il l'était, le frère de Bajazet, le malheureux Djem, ne pouvait être qu'un objet de curiosité pour les Romains ainsi que pour les étrangers; il lui était interdit de jouer le rôle de Mécène[2].

Ce fut sous le règne d'Innocent VIII également que le futur prince des Mécènes romains, Agostino Chigi, s'établit sur les bords du Tibre. Il s'y fixa en 1485 et ne les quitta plus désormais[3].

Le train de vie de tous ces prélats ou grands seigneurs n'est pas difficile à restituer. Un luxe raffiné s'y mêlait à des divertissements bruyants : à des banquets dignes de l'ancienne Rome, à des ameublements somptueux, faisaient pendant des exercices violents; la chasse passionnait plus d'un membre du Sacré Collège. Les représentations théâtrales pouvaient, somme toute, passer pour les moins profanes de ces fêtes.

Nous attachons-nous à la physionomie des rues, Rome était alors ce qu'elle a été, dans ses lignes générales, jusqu'à ces dernières années : une agglomération de vastes terrains vagues, jalonnés par quelques ruines, de palais grandioses, qui avaient peine à s'isoler (tel le palais de Saint-Marc, édifié par Paul II), et de ruelles tortueuses. Un grand nombre de demeures avaient, à coup sûr, gardé leur tournure de forteresse : des mâchicoulis, des créneaux, en couronnaient le faîte. Heureusement des cortèges somptueux venaient à tout instant animer et embellir un cadre, somme toute, encore si sévère.

---

1. Voy. *Li Nuptiali*, de M. A. Altieri, éd. Narducci, p. xxxvii. Rome, 1873. — Les Grottes vaticanes renferment des fragments du tombeau élevé à cette princesse dans la basilique du Prince des apôtres. La dalle funéraire est gravée dans les *Vitæ et Res gestæ Pontificum romanorum* de Ciacconio (éd. de 1677, t. III, p. 123), et l'inscription dans les *Sacrarum Vaticanæ Basilicæ cryptarum Monumenta* de Dionisio (Rome, 1773, p. 98-100; pl. XXXVIII). Voy. en outre la description donnée par Grimaldi : Bibliothèque Barberini, n° XXXIV, 50, fol. 234.

2. Il est à peine nécessaire de rappeler ici le travail si complet de M. Thuasne : *Djem Sultan*. Paris, Leroux, 1892.

3. Voy. Cugnoni, *Agostino Chigi il Magnifico*, p. 14. Rome, 1881.

NOTICE PRÉLIMINAIRE 37

En terminant cette notice préliminaire, je dois indiquer les principales sources imprimées dont je me suis servi pour le pontificat d'Innocent VIII. Ce sont, avant tout, le Journal d'Infessura, dont nous possédons enfin, grâce à l'initiative de M. Tommasini, une bonne édition critique[1], et le « Diarium » de Burchard publié dans son intégrité par M. Thuasne[2].

Un auteur florentin du xvi° siècle, Francesco Serdonati, a composé en 1595 une vie d'Innocent VIII, qui n'a toutefois vu le jour que longtemps après[3]. Les fondations artistiques du pape y sont énumérées en quelques lignes (p. 79, 81).

Parmi les ouvrages généraux sur l'histoire de la Papauté et sur celle de la ville de Rome, il est à peine nécessaire de rappeler ceux de mes regrettés amis Alfred de Reumont[4] et Ferdinand Gregorovius[5], ainsi que le savant travail du professeur L. Pastor, dont le troisième volume vient de voir le jour[6].

1. *Diario della città di Roma di Stefano Infessura*. Rome, 1890.
2. *Johannis Burchardi Diarium sive Rerum urbanarum Commentarii* (1483-1506). Paris, Leroux. 3 vol. in-8°. 1883-1885. — Il convient de consulter également, à cause des précieuses notes dont elle est enrichie, l'édition (inachevée) donnée à Florence en 1854 par M. Gennarelli (*Johannis Burchardi... Diarium*).
3. *Vita e Fatti d'Innocenzo VIII*. Milan, 1829.
4. *Geschichte der Stadt Rom*, t. III. Berlin, 1868.
5. Mes renvois se rapportent à l'édition italienne : *Storia della città di Roma*, t. VIII. Venise, 1875.
6. *Geschichte der Päpste seit dem Ausgang des Mittelalters*. t. III. Fribourg-en-Brisgau, 1895. — Le P. Theiner ne rapporte qu'un seul bref d'Innocent VIII, relatif à la concession de la douane pontificale (*Codex diplomaticus Dominii temporalis S. Sedis*, p. 506). D'autre part, les *Diarii* de Marino Sanudo nous font défaut pour ce pontificat (on sait qu'ils ne commencent qu'en 1496). Sur les entreprises maritimes d'Innocent VIII, voy. Guglielmotti, *Storia della Marina pontificia* (t. II, p. 480-492. Florence, 1871).

APPENDICE A LA NOTICE PRÉLIMINAIRE

DOCUMENTS SUR L'ÉTAT DES FINANCES D'INNOCENT VIII

Le trésor de l'Église était épuisé lors de l'avènement d'Innocent VIII; bien plus, les dettes du Saint-Siège s'élevaient à une somme énorme (on parle de 250,000 ducats)[1].

Le nouveau pape n'était pas homme à mettre de l'ordre dans un tel état de choses : rien n'égalait sa légèreté, son incurie en pareille matière. A chaque instant il achetait de nouveaux joyaux avant d'avoir retiré ceux qu'il avait précédemment mis en gage ; il allait jusqu'à engager les joyaux qu'il avait en mains pour en acquérir d'autres, qui le tentaient par leur nouveauté. Rarement tant de détresse s'allia à tant de prodigalité. En 1486, nous avons à enregistrer d'un coup une dépense de 5,348 ducats pour perles et pierres précieuses de toute sorte : en 1487, de 12,000 ducats, non compris 2,000 ducats pour une perle piriforme, et 4,187 ducats pour des joyaux divers. Le 5 avril de la même année le cardinal de Parme est déclaré créancier de joyaux destinés à l'enrichissement de la tiare de Sixte IV : 33 rubis, 33 perles, du prix de 600 ducats, 11 émeraudes et une perle en forme de gland, du prix de 800 ducats, etc.[2].

Et cependant, dès 1488, le pape se voit forcé d'emprunter 20,699 ducats sur la tiare pontificale, qui resta longtemps entre les mains des prêteurs[3]. Cette leçon lui profita-t-elle? Nulle-

---

1. Pastor, p. 178-179, 254-255.
2. Archives secrètes du Vatican, Divers., 1486-1487, ff. 154-155.
3. Une mitre d'une valeur de 3,000 ducats environ fut plusieurs fois mise en gage (A. S. V., Divers., 1484-1486, ff. 111-112, 232-233). Sur d'autres engagements de même nature voy. le même registre, ff. 9 v°-10°, 88-89, 127 et le registre Intr. et Exit., 1488-1489, fol. 183.

ment : la même année il achète, pour sa satisfaction personnelle, un rubis balais de 2,200 ducats, et, pour les offrir à la femme d'un capitaine, des joyaux d'une valeur de 1,200 ducats. En 1490, il ne peut résister à la tentation d'acquérir, pour 600 ducats, une émeraude dont le vendeur n'est autre que Laurent le Magnifique. Lors du mariage de son fils avec la fille du Magnifique, il fait don à la fiancée de joyaux d'une valeur de 8,000 ducats et au fiancé de joyaux de la valeur de 2,000 ducats[1].

Étant donnés de pareils errements, il n'est pas surprenant qu'Innocent VIII eût à compter avec des embarras financiers sans nombre : il en était constamment réduit à demander des délais, même pour des sommes minimes. Ce n'étaient que délégations et substitutions sur les annates, sur les redevances ecclésiastiques et civiles; ce n'étaient qu'emprunts contractés sur gages, que combinaisons et expédients de toute nature.

Une innovation de ce pontificat, ce sont les payements en nature, je veux dire les payements en tapisseries : celles-ci tenant lieu de numéraire. C'est ainsi que nous voyons ordonnancer, en faveur du dépositaire de la Chambre apostolique, la remise de 500 aunes d' « arazzi », à raison de deux ducats l'aune. On comprend combien de variations devaient se produire sur le prix de telles marchandises. Nous en avons pour preuve un acte en date du 26 juin 1490 (reproduit plus loin), par lequel la Chambre apostolique se vit forcée de consentir à un rabais de 66 pour 100 sur l'évaluation première. Le trésorier pontifical avait reçu pour 77,984 ducats de « panni »; vérification faite, ceux-ci ne valaient que 34,313 ducats.

Ces témoignages, absolument officiels, doivent être placés en regard des racontars d'Infessura et de Burchard. Le premier n'affirme-t-il pas qu'en 1490, pendant une maladie du pape, on trouva dans un coffre-fort 800,000 florins et 300,000 dans un autre[2]; le second, que, peu de jours avant sa mort, le pape demanda aux cardinaux l'autorisation de distribuer à sa famille

1. Reumont, *Lorenzo de' Medici il Magnifico*, t. II, p. 340.
2. Ed. Tommasini, p. 260. Cette légende a été accueillie par Gregorovius, t. VIII, p. 343.

48,000 ducats, qu'il avait par devers lui[1]. En réalité, un état dressé à la mort d'Innocent VIII et reproduit ci-dessous, enregistre pour environ 125,000 ducats de dettes. D'après Fabroni[2], le passif se serait même élevé à 300,000 ducats.

Avant de laisser la parole aux documents, il importe de donner quelques détails sur la valeur des monnaies mentionnées dans les comptes pontificaux : la plus usitée est le florin d'or ou ducat d'or de la Chambre apostolique, du poids moyen de 3 grammes et demi (ceux du Cabinet de France pèsent 3 gr. 40) et par conséquent d'une valeur intrinsèque de 10 à 11 francs. Pour avoir la valeur relative du florin, il faut se rappeler que, pendant la période comprise entre 1450 et 1500, le pouvoir des métaux précieux fut sensiblement supérieur à ce qu'il avait été pendant la première moitié du même siècle et à ce qu'il fut au début du siècle suivant. M. d'Avenel estime que, si ce pouvoir, comparé à celui d'aujourd'hui, fut, de 1426 à 1450, de 4 1/2 et, de 1500 à 1525, de 3, il atteignit, de 1451 à 1500, la proportion de 6[3]. Un florin représentait donc une soixantaine de francs, au minimum, de notre monnaie actuelle.

En 1485-1486, le florin de la Chambre était subdivisé en 10 carlins, soit 72 bolonais ou baïoques, et chaque bolonais en 20 deniers. En 1487, le pape fit frapper des bolonais d'argent, valant chacun 6 quatrains, et dont 55 représentaient un florin de la Chambre[4].

1484. 28 septembre. Juliano Grillo pro recuperatione vasorum argenteorum S. D. N. pp. fl. 114,22. — A. S. V., vol. 511, fol. 151.

1485. 14 mars. Pro restitutione fl. 2291,48 quos mutuaverunt sede vacante super mitra S. D. N., quam restituerunt nunc. — Ibid., fol. 189 v°.

» 18 avril. Pro redemptione vasorum argenteorum fl. 489,4. — Ibid., fol. 198 v°.

1. Ed. Thuasne, t. I, p. 569.
2. *Laurentii Medicis Magnifici vita*, t. I, p. 203 ; t. II, p. 350.
3. *Histoire économique de la Propriété, des salaires, des denrées*, t. I, p. 27. Paris, 1894.
4. Voyez mon *Atelier monétaire de la ville de Rome*, p. 6.

APPENDICE A LA NOTICE PRÉLIMINAIRE 41

1485. 7 juillet. Pro redemptione unius collanæ cum gemmis et margaritis, Soc. de Gaddis, fl. 2578,9. — Ibid., fol. 223 v°.

1486. 4 août. Il est question de la remise faite à la banque de Saint-Georges de Gênes de la tiare pontificale : « Regnum pontificale gemmis et lapidibus pretiosis ornatum, absque tamen perla grossa, quæ in apice ipsius regni, et absque pomo aureo ornato septem diamantibus quod erat in ornamento dictæ perlæ et absque pendentibus ejusdem regni. » La somme prêtée s'élevait à 33,750 ducats, non compris les intérêts de 5,000 ducats (A. S. V., Divers., 1486-1487, ff. 38-46. Cf. Intr. et Exit., 1488-1489, fol. 170 v°, 1489-1490, fol. 229 v°; Intr. et Exit., 1491-1492, fol. 237 v°. Voy. en outre mes *Collections des Médicis au XV° siècle*, p. 95-96 (lettre du 26 janvier 1489).

1492. 2 juillet. Habita in Camera apostolica per R̄dos patres d̄nos ejusdem Cameræ præsidentes clericos super receptione et distributione introituum spiritualium et discussis discutiendis cum mercatoribus declaratis super introitibus hujusmodi pro diversis summis creditoribus sive majore parte eorundem creditorum, ut ipsi introitus spirituales debitis Cameræ subveniant, et creditores absque confusione quod sibi debetur habilius consequantur...

» Hæc sunt nomina mercatorum qui, ut præmissum est, et pro summis descriptis infra possunt excomputare et expedire pro medietate, dummodo de ipsis summis descriptis appareant veri creditores infra primam divisionem faciendam. Et primo :

Capponi	duc.	5,308
Philippo Arzone. . . .	—	3,830
Bernardo del Vigna. . .	—	3,100
Medici.	. . . .	5,029
Genucii	—	4,500
Strozii.	—	3,953
Paulo Rocellari (sic). . .	—	3,077
Raneri ser Tini	—	343
Leonardo Cibo	—	252
Carlo Martelli.	—	1,014
Gabriel da Bergamo .	—	1,140
Alexandro de la Casa .	—	2,347
Sauli	—	5,000
Spannochi	—	4,558

INNOCENT VIII

Michael Bechuto . . .	duc.	3,000
Ascafi	—	54
Scarper	—	795
Moscaroni	—	2,727
Petro Strada.	—	315
Pandolfo de la Casa . .	—	42
Antonio de Albergato . .	—	75
Ventura Benassai. . . .	—	45
Medici per Pucci. . . .	—	1,045
A. de Spiritibus. . . .	—	1,200
Paladino Spinola. . .	—	348
Martelli et Ricasuli. . .	—	4,759
Tadeo Gadi (sic). . . .	—	599
Zanobio Gadi	—	1,590
Baptista Tomarozo. . .	—	1,853
Lo hospitale de Meliaduce.	—	140

Alii vero qui accipere debent divisionem secundum modum suprascriptum sunt hii, videlicet : primo

Genucci pro.	duc.	19,118
Lo duca de Urbino. . .	—	4,990
Paulo Sauli	—	26,509
M. Georgio de Sancta Cruce.	—	1,675
Lo S. de Rimino . . .	—	2,050
Lo S. Cola de Sermoneta.	—	2,000
Bernardino Tomacello . .	—	200
Cola Jacobatio	—	574
Bonifatio Ferro	—	388
Lo protonotario Torello .	—	1,800
Lo S. Johan Bap^{te} Conte .	—	1,983
Julio Cesari de Hermanni.	—	155
Sauli per Dominico Riccio.	—	504
Ludovico de Burgo . . .	—	1,260
Mastro Gratiadeo. . . .	—	2,700
Mastro Pascale	—	270
El Vescovo de Vulterra. .	—	270

Visa in Cam. ap., etc. — Arch. Secr. Vat., Divers. Cam., 1491-1492, vol. 48, ff. 138 v°-140 v°.

1492. 11 juillet. De mandato facto 29 junii flor. auri tricentos quadraginta novem a dictis Martellis et Ricasulis in deductionem crediti habiti cum Camera pro quo habebant in pignus certa vasa argentea, ad introitum a S. D. N. ut supra (fol. 90). — A. S. V., Intr. et Exit., 1491-1492, vol. 523, fol. 227.

DÉDICACE DU « TRAITÉ D'ARCHITECTURE » DE VITRUVE PUBLIÉ PAR SULPICIUS
(1486).

Raphaeli Riario Cardinali Sanctæque Romanæ Ecclesiæ Camerario. Jo. Sulpitius fœlicitatem.

Quicquid curæ, studii, vigiliarum et opere in emendando et vulgando Victruvio posui, quicquid utilitatis in medium affero, quicquid forsan et laudis consequar tuæ dedico amplitudini, Raphael Riarie, Romanæ ecclesiæ dignissime Camerarie, certum litteratorum præsidium, fotor (sic) ingeniorum, spes publica, patrocinium popularium (sic), benignitatis delitie (sic), virtutum quam plurimarum vivida quædam effigies! Cui enim hunc aptius possem? quam cui ego sum deditissimus, et a quo me diligi, et Victruvium in delitiis haberi intelligo? Immo ad quem libentius architectus ipse se diriget? quam ad eum qui sua lectione plurimum delectatur, quique suis præceptis et sæpe et in magnis ædificiis, si vixerit, sit usurus, quemque prætoria, villas, templa, porticus, arces et regias, sed prius theatra ædificaturum spe certa colligimus.

Tu enim primus Tragœdiæ, quam nos juventutem excitandi gratia et agere et cantare primi hoc ævo docuimus (nam ejus actionem jam multis sæculis Roma non viderat), in medio foro pulpitum ad quinque pedum altitudinem erectum pulcherrime exornasti, eandemque postquam in Hadriani mole, Divo Innocentio spectante, est acta, rursus intra tuos penates tanquam in media circi cavea toto consessu umbraculis tecto, admisso populo et pluribus tui ordinis spectatoribus, honorifice excepisti. Tu etiam primus picturatæ scœnæ faciem quom (sic) Pomponiani comœdiam agerent, nostro sæculo ostendisti. Quare a te quoque Theatrum novum tota urbs magnis votis expectat; videt enim liberalitatem ingenii tui, qua ut uti possis Deus et fortuna concessit. Cum igitur nec desint tibi facultates nec voluntas gratificandi, accinge te ocius ad hanc beneficentiam alacriter exhibendam. Quid enim popularius? Quid gloriosius ista tua ætate facere possis? Q. Catulum, qui primus spectantium consessum inumbravit, jam æquavisti; Claudio in pictæ scenæ varietate non invidemus; Antonii argenteam, Petreii auream, Catulique eburneam ut luxum nimium expetit nemo; versatilem et ductilem quando libuerit facies non difficulter.

Illud unum igitur superest, ut mediocrem locum ex Victruvii institutione constituas, in quo juventus tibi deditissima ad majorum se imitationem in recitandis poematis fabulisque actitandis in deorum honorem festis diebus exerceat, honestisque spectaculis et moneat populum et exilaret (*sic*). Nam quæ voluptas potest cum hac spectandi delectatione conferri? quæ per oculos et aures blande in animos influens; eos titillat, movet, docet et afficit? Valeant ergo digladiantium inter se hominum muta funestaque et cum bestiis vix unquam sine humana cæde spectacula, et vel hic litteratis vel in campo militaribus delectemur. Ea autem ut quam optime et sæpissime fiant, Theatro est opus. Quo quid fieri et presentibus et posteris jucundius potest? Si enim post Pompeianum illud marmoreum et capacissimum, minora et incultiora magnæ suis gloriæ fuerunt auctoribus, quantæ tibi nunc erit, quom (*sic*) nullum integrum extet, si aut dirutum reparaveris, aut novum erexeris? Aedes sacras, quarum maxima est copia (atque utinam tam sanctæ (*sic*) quam passim deos veneraremur!), in ætate provectiori ponere poteris. Producet enim tibi vitam Omnipotens, si bene feceris, et ad summa rerum te evehet, ut non modo maxima quæque urbium ornamenta, sed etiam novas urbes constituas. Nunc vero hæc occasio prætermittenda non est.

Vides enim magnum ad Romam ornandam inter præstantissimos et fuisse jam pridem et esse certamen, ac unumquenque in suæ laudis argumento quod prudenter excogitavere versatos esse atque versari.

Sixtus Pontifex Maximus, compluribus sacris ædibus instauratis, Pontem refecit, Vias direxit et stravit, Bibliothecam copiosissimam ordinavit, tum Divæ Virgini speciosissima templa ædificavit.

Innocentius vero ad illum et Paulum superandum erectus, omnia præclara et popularia cogitat. Itaque imposito bellis fine, Prætorio suburbano peracto agilitatis certaminibus et equitum concursionibus, dotalibusque et sumptuariis legibus revocatis, Falconis Sinibaldi, sui questoris, summi consilii, fidei, auctoritatis et patriæ amantissimi viri, et Marcelli Capiferri Nicolaique Porcii ædilium singularis amicitiæ cura tum Flore campus, tum Circus Flaminius lateribus aptissime sternitur. De Gymnasio nostro evertendo et magnifice construendo (quod utinam præoccupasses: ibi enim quotidiana omnium disciplinarum eduntur spectacula) prudentissimi Reformatores jam iniere consilium, et eurythmiam et symmetriam disposuere.

Quæ cum ita sint, quid aliud novi huic est sæculo reliquum ? nisi ut aut fontes inducantur, aut theatrum ædificetur ? Fontes vel tu postea, vel quivis alius cum multa utilitate gratiaque inducet. Nunc theatrum quin vel instaures vel novum construas cave ne d[i]fferas, ne tantam expectationem et spem eludere videaris. Difficile est enim amantissimi populi desiderium aut diu protrahere aut omnino frustrari : gratia enim, qua nominis celebritas viget, vel remittitur vel extinguitur. Quod ne tibi possit accidere, age, hanc gloriosam provinciam, toto populo optante et, ut magnificentius et instructius erigas, aurum per singula capita ultro conferente, jam arripe, et te gratiosum et clarissimum hac insigni liberalitate gratiosiorem illustrioremque reddens, perpetua populum Romanum voluptate cum æterna tui memoria bea. Interim vero nostrum hoc munusculum, queso, ne asperneris, atque ut ei, donec tibi nostris aliquid fabricatum manibus afferam, acquiescas, dignationem tuam magnopere velim ornatam. Vale.

CHAPITRE PREMIER

NOTICES SUR LES PRINCIPAUX ARTISTES DU RÈGNE D'INNOCENT VIII

LES ARCHITECTES

En succédant à Sixte IV, Innocent VIII héritait de l'armée d'architectes réunie et disciplinée par ce grand bâtisseur.

A leur tête nous trouvons deux maîtres considérables, dont j'ai souvent déjà eu l'occasion d'entretenir mes lecteurs : Giacomo et Lorenzo da Pietrasanta.

Giacomo da Pietrasanta (voy. t. III, p. 73) construisit en 1484 le conclave, dont sortit Innocent VIII[1]. Il dirigea, la même année, la restauration du palais du Latran et organisa, en 1485, les fêtes du couronnement. Ce maître mourut vers 1490, ainsi qu'il résulte d'un mandat ci-après relaté.

Le compatriote de Giacomo, Lorenzo da Pietrasanta, dirige, en 1484, l' « opera et fabbrica del Porto de Civitavecchia » (Reg. Patrimonio, 1483-1484, fol. 151-153). Il reçoit, à ce titre, des versements assez considérables. Mais dès le mois d'octobre de la même année, le travail est confié au châtelain de la citadelle de Civitavecchia, « Hilarius Gentilis, domesticus noster et nepos S. D. N. qui poterit fabricæ portus illius melius intendere » (A. S. V., Brevia, 1482-1484, 1492-1503, fol. 43). Au mois d'avril 1485, nouveau bref qui ordonne de faire les versements entre

---

1. Burchard, *Diarium*, éd. Gennarelli, p. 39; éd. Thuasne, t. I, p. 72. « Vendidimus autem totum conclave, hoc est lecticas, banchas, et ligna quibus Cameræ divisæ erant, cuidam magistro de Petrasancta carpentario, pro duc. 14, sed solvit tantum 12 ».

les mains d'Ilario et de Lorenzo da Pietrasanta. En 1492, ce dernier est créditeur de 1,935 florins.

Lorenzo cumulait ses fonctions avec celles de charpentier du palais pontifical : il reçut en cette qualité, en 1486, 37 florins pour menus travaux de réparation (M. 1484-1486, fol. 164); en 1492, 300 ducats d'or « pro ædificiis coronationis » (M. 1492-1494, fol. 2).

Lorenzo da Pietrasanta était obligé, en qualité d'architecte pontifical, de faire tout ce qui concernait son état. Le 9 juin 1485, il reçut 11 florins » pro expensis factis pro tabulato super gradibus sancti Petri pro degradatione unius fratris » (A. S. V., Intr. et Exit., 1484-1485, fol. 217 v°).

Les services d'un des architectes favoris de Paul II, Giuliano da San Gallo, semblent avoir été dédaignés par Innocent VIII comme ils l'avaient été par Sixte IV. Le « prospetto cronologico » dressé par Milanesi nous le montre occupé, pendant cette période, dans sa ville natale, Florence[1].

On sait aujourd'hui que si un autre Toscan, le fameux Baccio Pontelli, n'a pas construit à Rome toutes les églises et tous les palais dont on lui a trop longtemps fait honneur, du moins cet architecte et ingénieur distingué a présidé à d'importants travaux de fortification : or c'était là alors une branche des beaux-arts autant qu'une branche de l'art militaire. Dès 1487, il portait le titre de « familiaris et serviens armorum S. D. N. », d' « ingenierius universalis... arcium quæ in civitatibus Auximana et Exina ac in terra Offidæ ædificantur », et recevait le traitement considérable de 25 ducats par mois. Ce maître construisit notamment pour Innocent VIII les citadelles d'Osimo, de Jesi et d'Offida.

---

1. *Les Arts à la cour des Papes*, t. III, p. 29-77. — Vasari, éd. Milanesi, t. IV, p. 295-296.
2. Voy. t. III, p. 75-76. — Gualandi, *Memorie originali italiane risguardanti le Belle Arti*; série IV, p. 119. Cf. l'*Archivio storico-artistico-archeologico e letterario della Città e Provincia di Roma*, t. IV, p. 18. — Vasari, t. II, p. 661. — *Archivio storico dell'Arte*, 1890, p. 296-299.

« Magister Marcus de Florentia », probablement le frère de
« Johanninus de Dulcibus » (voy. t. III, p. 71), reçoit, en 1484,
un paiement pour un travail de pavage (voy. ci-après). Il est
question, la même année, de l'exécution d'escabeaux destinés
au palais pontifical, travail dans lequel Marcus a pour collaborateur « Julianus ». Tous deux sont qualifiés de « fabri lignarii »
(A. S. V., vol. 511, fol. 152 v°).

Un « magister Johannes de Florentia » mesure en 1484 les
travaux de pavage exécutés sur la place des Juifs (Divers. Cam.,
t. XLIV, fol. 103 v°).

« Maestro Matteo, fiorentino » (maçon? charpentier?) perce
en 1491 une porte dans l'église de Saint-Augustin (*Archivio
storico dell'Arte*, 1891, p. 465).

« Magister Antonius de Florentia, murator » figure de 1485 à
1490 parmi les locataires du chapitre de Saint-Pierre[1]. J'ignore
si ce maître est identique au sculpteur qui exécuta, en 1491, des
armoiries pour le couvent de Saint-Augustin[2].

Un certain « Franciscus » travaille également pour le couvent
de Saint-Augustin.

« Magister Alexander de Tibure, alias Tigulinus, carpentarius », entreprend, de 1486 à 1490, une longue série de travaux
de charpente ou de menuiserie au palais du Vatican[3].

---

1. 1485. « Domus prope hospitale Hispanorum pro qua magister Antonius de
Florentia marmorarius in festo Apostolorum (solvit) duc. v. » — 1490, 18 juillet.
« Antonius marmorarius Florentinus, solvit duc. » — Arch. du Chap. de S. Pierre.

2. 1491, 26 avril. « Item dedi carlini tredeci ad M° Antonio per una arme del
nostro protectore scolpita in marmo et posta in Sancto Matheo, summa duc. I,
b. XII, d. VIII. » — Sagr. di S. Agostino, 1474-1496, fol. 56.

3. « Pro una fenestra magna de ligno nucis intarsiata facta in sacristia secreta
S. D. N. », etc. — En 1488, il est créancier de la Chambre apostolique de 192
ducats, 54 bolonais « ratione certorum laboreriorum in palatio apostolico factorum »; en 1492, de 568 ducats. — M. 1484-1486, ff. 183, 225-226 v°, 267; M.
1487-1488, ff. 51, 51 v°, 93 v°. — Archives secrètes du Vatican, Intr. et Exit., 1485,
fol. 165 v°, 1487-1488, fol. 130, et Divers., 1491-1492, fol. 130; Intr. et Exit.,
1484-1485, ff. 208-228; M. 1488-1490, fol. 222 v°. De 1490 à 1497, « Alexander
Tiburtinus architectus » tient à loyer deux maisons appartenant au chapitre de
Saint-Pierre (« Censuale » du Chapitre de Saint-Pierre; 1384-1485).

« Thomas Mattarazius, architector », reçoit, en 1487, 100 florins « ad computum fabricæ Egicti » (A. S. V., vol. 516, fol. 156); et, en 1491, du chapitre de Saint-Pierre, différentes sommes « in fabricam nostræ ecclesiæ S. Blasii de Pagnotta » (Censuale du chapitre de Saint-Pierre, 1384-1485, ad annum).

Ces maîtres avaient pour émule un artiste de la Haute-Italie, Graziadei Prata de Brescia. De 1484 à 1494, Graziadei dirige une foule de travaux au palais du Vatican. En 1485, il est qualifié de « murator majoris fabricæ Palatii Vaticani ». En 1491, le total de ses créances s'élève à la somme respectable de 3,000 ducats « pro fabrica et ædificio per (eum) in palatio apostolico factis. » Un bref, en date du 21 novembre de l'année en question, l'autorise à faire imputer cette somme sur les « Introitus spirituales ex communibus et annatis beneficiorum ad Cameram pertinentes », de manière que la créance soit éteinte dans l'espace de cinq ans (A. S. V., Divers., 1491-1492, fol. 24-25). Lors de la mort d'Innocent VIII, il est créancier d'une somme de 2,700 florins (M. 1492-1494, fol. 61).

Après la mort de Graziadei, en 1496, son fils, secrétaire pontifical, lui fit élever un tombeau dans l'église Sainte-Marie du Peuple[1].

Pour d'autres artistes une simple mention suffit. Tels sont :
« Lazaro muratore de Civitavecchia » (1492, A. S. V., Divers., 1492-5495, fol. 48).

« Jo. Dominicus Antonelli et Vicentius magistri Antonelli de Incomorio, muratores »; nous retrouverons ces maîtres en nous occupant de la cité d'Osimo (1493).

« Magister Gasparrinus civis perusinus, architector » (1485).

---

1. « Gratiadeo Pratae architecto nobilissimo Pont. max. in Vaticano ædes aliaque in urbe opera arte egregia in cultum splendidiorem reddidit. Vix. an LX. m. VII. Ant. Prata Literar. apostolic. scriba Patri optimo ac b. m. posuit MIIIID.X Kal. Aug. » (Forcella, *Iscrizioni*, t. XIII, p. 517. — Bertolotti, *Artisti lombardi a Roma*, t. I, p. 35-26. Voir en outre, sur Graziadei : Stevenson, *Topografia e Monumenti di Roma nelle Pitture a fresco di Sisto V della Biblioteca Vaticana*; Rome, 1888, p. 11.

« Dominicus de Moro » (1487; réparation du mur du jardin du fort Saint-Ange : A. S. V., vol. 516, fol. 164).

Lorenzo da Novara et Francesco da Vigevano dirigent en 1484 la restauration de la rue comprise entre le pont Saint-Ange et l'église Sainte-Catherine (Bertolotti, *Artisti subalpini*, p. 6).

« Giovanni da Ferrara » et « Giovanni Cantù » figurent en 1485 comme arbitres dans des questions d'édilité (Bertolotti, *Artisti bolognesi, ferraresi ed alcuni altri..... in Roma*, p. 6-7. Rome, 1885). Ce « Johannes de Ferraria » est peut-être identique à « magister Johannes Stasii ingignerus », qui exécute, en 1490, une machine pour fabriquer de la poudre à canon (M. 1488-1490, fol. 187).

« Magister Pascal de Caravagio, murator, habitator urbis », reçoit, le 28 septembre 1484, un paiement de 104 florins, 12, pour la réparation du palais du comte Girolamo Riario (A. S. V., vol. 511, fol. 151). En 1485, il travaille au palais du cardinal..... (le nom manque). En 1490, il touche 300 ducats d'or pour le tabernacle de l'église Sainte-Marie de la Paix (A. S. V., Div., t. XLVII, fol. 234. Cf. Zahn, *Notizie artistiche tratte dall'Archivio segreto Vaticano*, p. 13).

« Eusebio de Caravagio » est architecte ou sculpteur (1484; Bertolotti, *Artisti lombardi*, t. I, p. 25).

« Aegidius de Tocco » exécute, en 1485 et 1487, quelques menues réparations à « Ponte Molle », à « Ponte Salario » et à « Ponte Mammolo » (A. S. V., Reg. 511, fol. 182; Reg. 516, fol. 168 v°).

L'architecte « Paulus de Campagnano », avec qui nous avons déjà fait connaissance, ne semble plus avoir été employé par la cour pontificale que comme « bombarderius » ou « carpentarius pontium bombardarum »[1].

« Albericus magistri Gabrielis murator » exécute, en 1485, des travaux de voirie.

---

[1]. Voy. *Les Arts à la cour des Papes*, t. III, p. 83, et les *Artisti lombardi a Roma*, de Bertolotti, t. I, p. 251.

« Bartholomeus Lombardotius murator », travaille en 1485 à l'établissement de la rue « extra portam Turrionis » (A. S. V., Reg. 511, fol. 232).

« Magister Rovellus murator », répare, en 1487, le pont Saint-Ange. Il habite, en 1490, une maison appartenant au chapitre de Saint-Pierre (Arch. du Chapitre de Saint-Pierre. Cens.).

« Bartholomeus Simonis de Aula, murator », est locataire du même chapitre (1490. *Ibid.*).

L'architecte Stefano de Milan est locataire du couvent de Saint-Augustin (1492). En 1487, ce maître répare le campanile de la même église (*Archivio storico dell'Arte*, 1891, p. 62).

« Magister Andreas de Cumo » construit un mur devant l'entrée de la sacristie du Vatican (1490; Archives du Chapitre de Saint-Pierre; Livres de cens).

Comme par le passé, les architectes-charpentiers se distinguent assez nettement des architectes-maçons.

« Rainerus de Pisis, carpentarius palatii », fait son apparition au mois de septembre 1488 (Arch. Secr. Vat., Int. et Exit., 1488-1489, fol. 152 v°; 1491-1492, fol. 220 v°).

« Janinus carpentarius » travaille en 1485 au palais du Vatican (A. S. V., Int. et Exit., 1484-1485, fol. 218).

Un autre « carpentarius », aussi qualifié de « vitrero », Philippe de Pesaro, travaille en 1485 pour le couvent de Saint-Augustin (Bertolotti, *Artisti urbinati*, p. 43).

« Luca todesco fallegname » travaille en 1486 et en 1489 au couvent de Saint-Augustin, qu'il défraie de « banchi per la predicha per l'ommini et per le femmine » (1474-1496, ff. 34-46).

« Baldus lignifaber » livre en 1484 des escabeaux destinés au Pape (M. 1484-1486, fol. 177. A. S. V., vol. 511, ff. 162 v°, 189) et en 1485 deux hampes de drapeaux destinées au Capitaine (*Ibid.*, fol. 46 v°).

« Ciprianus carpentarius florentinus » exécute en 1485 le

« cathalecto novo mortoro » du couvent de Saint-Augustin (1474-1496, fol. 32 v°).

Ce couvent occupe également, en 1491, m° Jacomo carpentario » et lui commande « le banchette per tenere li torci allo offitio di Romano » (S. Agost. 1474-1496, fol. 59 v°).

« Mag. Johannes de Stagio florentinus carpentarius » travaille en 1487 au catafalque de la reine de Chypre (M. 1486-1488, fol. 33 v°) et en 1493-1494 au Palais du Vatican et aux fêtes du couronnement (voy. aussi p. 50).

« Johannes de Dominis faber lignarius placentinus » est mentionné en 1488 dans un bref relatif à une maison appartenant aux nonnes de « S. Anastasio fuori le mura » (R. 20, fol. 136).

A côté des artistes proprement dits, signalons deux ingénieurs militaires :

« Jacobus Bonbasanus de Ferraria, ingignerius in castro Sancti Angeli », reçoit 6 florins par mois pour sa provision (février 1481 et années suivantes). — M. 1484-1489, fol. 91 ; M. 1485, fol. 104 ; M. 1488-1490, fol. 3 v°, 17 v°, 47 v°, 61 v°, etc. — A. S. V., vol. 516, etc. — Bertolotti, *Artisti bolognesi*, p. 6.

L'émule de Jacopo de Ferrare, « Johannes Duplessis (ou Dupleis), francigena de Villafrancha, ingignerius », touche 8 florins de traitement par mois (1487 ; M. 1487-1488, fol. XXIV..., et A. S. V., 1486-1587, fol. 267 v°).

LES SCULPTEURS

L'histoire de la sculpture romaine pendant le pontificat d'Innocent VIII est tout à faire. A peine si l'on a dégagé la personnalité de trois ou quatre maîtres, tels que Pollajuolo, Luigi Capponi, Andrea Bregno. Et cependant c'est par centaines que se comptent les autels, les retables, les mausolées, les œuvres décoratives de toute nature, presque invariablement en marbre. On en jugera par le catalogue suivant, que j'emprunte à l'ouvrage de Mgr Barbier de Montault et de M. Tosi, *Les Chefs-d'œuvre de la Sculpture religieuse à Rome à l'époque de la Renaissance*.

1484. Tombeau de Gonzalve de Veteta, à Sainte-Marie in Monserrato. Pl. CXVIII.

1485. Tombeau de Régnault Duchamp, à Saint-Sauveur in Thermis. Pl. CXXXIV.

1485. Tombeau de Marc Antoine Albertoni, à Sainte-Marie du Peuple. Pl. CXXV.

1485. Tombeau d'Alphonse de Paradinas, à Sainte-Marie in Monserrato. Pl. CVII.

1486. Tombeau de Ferdinand de Cordoue, à Sainte-Marie in Monserrato. Pl. CXIX.

1488. Tombeau de Nestor Malvezzi, à Sainte-Marie du Peuple. Pl. CXVII.

1488. Tombeau de Vincent et Marcel Rustico, à Sainte-Marie-sur-Minerve. Pl. LXXII.

1489. Tombeau de Philippe et d'Eustache de Levis, à Sainte-Marie-Majeure. Pl. XCV.

1489. Autel de Sainte-Catherine, à Sainte-Marie du Peuple. Pl. CXXXVIII.

1490. Retable de l'autel de Saint-Étienne et de Saint-Laurent, à Sainte-Agnès-hors-les-murs. Pl. CV.

1490. Autel de l'Annonciation, à Sainte-Marie-sur-Minerve. Pl, XIX, XX.

1492. Tombeau d'Innocent VIII, à Saint-Pierre du Vatican. Pl. CXII.

Parmi les tabernacles, je signalerai celui des Quatre Saints couronnés, sculpté par Luigi Capponi, et orné de l'écusson d'Innocent VIII, accompagné de deux cornes d'abondance. (Pl. XCIX).

L'industrie des della Robbia semble avoir pénétré à Rome vers cette époque. On voit encore au Musée profane du Latran une couronne de fruits en terre cuite coloriée, soutenue par deux anges; cette faïence, autrefois enrichie des armes d'Innocent VIII, provient de l'appartement de ce pape au Vatican[1].

En tête des sculpteurs fixés à Rome sous le pontificat d'Innocent VIII figure Antonio Pollajuolo. Le travail qui l'occupa, pendant toute cette période, se rapportait toutefois, non au pape régnant, mais à son prédécesseur; ce n'est, en effet, qu'en 1493 que Pollajuolo acheva le mausolée de Sixte IV[2]. Nous retrouverons ce sculpteur éminent en étudiant l'histoire du pontificat d'Alexandre VI.

Un autre sculpteur toscan, Giacomo di Domenico della Pietra de Carrare, collabore, en 1485, au mausolée de l'archevêque de Nicosie, dans l'église Saint-Clément.

Le représentant de l'École indigène, le sculpteur et médailleur

---

1. Farabulini, *Sopra un Monumento della Scuola di Luca della Robbia aggiunto al Museo sacro della Biblioteca Vaticana*; Rome, 1886, p. 10. — Barbier de Montault, *Œuvres complètes*, t. I, p. 535. (La villa du Belvédère contenait des ornements analogues.)

2. *Les Arts à la cour des Papes*, t. III, p. 86. Gaye, *Carteggio*, t. I, p. 265, 340, 345. — Gualandi, *Memorie*, t. V, p. 39 et suiv. — Forcella, *Iscrizioni delle Chiese e d'altri Edifizi di Roma*, t. IV, p. 82, etc.

Gian Cristoforo Romano (né vers 1465), le fils d'Isaia de Pise et l'élève de Paolo Romano, semble avoir quitté de bonne heure sa ville natale : on le trouve, en effet, en 1491, à Milan[1]. On lui attribue, il est vrai, le buste de Teodorina Cibo, au Musée de Berlin, ouvrage autrefois placé sous le nom d'Andrea Sansovino (voy. p. 22), mais ce n'est là qu'une simple conjecture.

Comme par le passé, les sculpteurs lombards font bonne figure à Rome, à côté des Toscans.

Andrea Bregno (né en 1411 à Osteno, près de Côme) s'est signalé par l'exécution d'un grand nombre d'autels et de mausolées. De passage, en 1485, à Sienne, où il sculpta, pour la cathédrale, le retable des Piccolomini, Andrea revint à Rome, où il mourut en 1506[2].

Un second maître du nom d'Andrea est l'auteur d'un petit bas-relief de la *Madone*, dans l'escalier de l'hôpital San Giacomo, au Corso. On signale dans cet ouvrage la parenté du style avec les sculptures florentines[3].

Le Lombard Luigi di Pietro Capponi de Milan sculpta un grand nombre de tombeaux, de tabernacles, d'autels, dont on trouvera la liste dans un récent mémoire de M. Gnoli[4]. En 1485, cet artiste s'engagea à exécuter, en collaboration avec Giacomo di Domenico de Carrare, le mausolée de l'archevêque de Nicosie pour l'église Saint-Clément[5]. On constatera, dans sa *Crucifixion* de l'hôpital de la Consolation, dans son bas-relief de *Saint-Jean et de Saint-Léon I*[er], au baptistère du Latran, dans son autel de l'église Saint-Grégoire, la prédominance des types milanais : les

---

1. Voy. l'*Histoire de l'Art pendant la Renaissance*, t. II, p. 516.
2. Schmarsow : *Annuaire des musées de Berlin*, 1883, p. 18 et suiv. — De Tschudi, même recueil, t. IX, p. 185, 188, 190. — De Geymüller, *Die Architektur der Renaissance in Toscana*. — *Histoire de l'Art pendant la Renaissance*, t. II, p. 556.
3. *Le Cicerone*.
4. *Archivio storico dell'Arte*, 1893, p. 85-101, 127-128.
5. Bertolotti, *Artisti lombardi a Roma*, t. II, p. 285.

visages un peu larges, les cheveux en tire-bouchons, et je ne sais quelle morbidesse inconnue aux Toscans.

En 1487 un artiste milanais, qui devait, dans la suite, jeter le plus grand éclat sur la cour pontificale, Caradosso, le célèbre sculpteur, orfèvre et joaillier de Ludovic le More, fait une première apparition dans la Ville éternelle[1]. A ce moment, il donne son avis sur une corniole destinée à Laurent le Magnifique. Nous retrouverons ce maître dans le volume consacré à Jules II.

Un des représentants les plus éminents de la sculpture septentrionale, Jean Dalmate, avait peut-être déjà quitté Rome avant l'avènement d'Innocent VIII pour se fixer en Hongrie, à la cour du roi Mathias Corvin[2].

On fait honneur à Pasquale da Caravaggio de l'autel de Santa Maria della Pace, qui, affirme-t-on, porte sa signature[3]. Nos documents toutefois qualifient cet artiste de « murator » (voy. ci-dessus p. 50).

On a pu croire que le médailleur Pierre de Milan est identique à l'orfèvre du même nom, avec lequel nous ferons connaissance plus loin. Or, d'après une hypothèse récente, le médailleur en question ne serait autre que le fameux Pietro da Milano, l'architecte de l'arc du Castel Nuovo à Naples[4].

Les autres sculpteurs mentionnés par nos documents sem-

---

1. « Quando li vedrete non vi parrà havere male speso li denari, — havendo epso — inteso da certi Caradosso et altro orafo, che furono nella state passato costà e vidono quella corniola, mandai al Michelozo, che V. M. la tiene antiqua; gli pare quella debbi essere in opinione, che vabbi voluto gabbare » (Gaye, *Carteggio*, t. I, p. 285).
2. Voy. les *Comptes rendus de l'Académie des Inscriptions*, 1896, p. 78.
3. M. Bode semble douter de l'existence de cette signature (*Le Cicerone, — die italienische Plastik*; Berlin, 1891, p. 140).
4. Voy. de la Tour, *Pietro da Milano*. Paris, 1893. En 1463, comme M. Maxe-Werly l'a prouvé dans les *Comptes rendus de l'Académie des Inscriptions* (1896, p. 54 et suiv.), Pietro da Milano résidait à Bar-le-Duc, où il exécuta plusieurs médailles du roi René et des siens.

blent avoir tous été d'un ordre inférieur; je ne les énumère que par acquit de conscience.

« Magister Aloysius venetus, architectus arteliarum cameræ », ou « magister Aloysius, faber lombardus, aptator arteliarum arcium » (1490-1491)[1].

« Giacomo bolognese, bombardieri »[2].

Dominicus et Baccius de Florence sculptent des boulets de canons[3].

« Magister Sanctes Rosetti », de Viterbe, « œris et campanarum fusor », obtient, le 12 octobre 1484, des facilités pour poursuivre ses débiteurs. (Arch. sec. Vatic., Divers., 1484-1486, ff. 30-31).

« Girolamo di M° Pietro Albini da Castiglione, marmoraro », habite en 1491 la région de Saint-Eustache[4].

1. Bertolotti, *Artisti veneti in Roma*, p. 8. — *Artisti lombardi a Roma*, t. I, p. 27.
2. Id., *Artisti bolognesi, ferraresi e alcuni altri... in Roma*, p. 7.
3. 1484, 30 septembre. « Magistro Dominico et Baccio scarpellinis de Florentia flor. septuaginta de k. x pro fl. in deductionem ejus quod eis debetur pro factura paluctarum pro bombardis. » — Mand. 1484-1486, fol. 7. Cf. M. 1484, fol. 48 v°, et A. S. V., vol. 511, fol. 152 v°. — 1487, 3 novembre. « Magistro Dominico marmorario pro pallotiis (!) bombardarum fl. 40, b. 15. » — A. S. V., vol. 516, fol. 168 v°. — 1489, 19 août. « Magro Basso lapicidæ de Florentia florenos quatuordecim de k. x pro floreno pro factura quinque lapidum cum armis S^{mi} D. N. et (?) commissarii ponendorum supra salarium Capitolii. » — M. 1489-1492, fol. 67 v°. Cf. A. S. V., vol. 511, fol. 153. (fl. 70 « in deductionem partis pallottarum pro bombardis per cum factarum »). Sur les ouvrages similaires exécutés par Dominicus pendant le pontificat de Sixte IV, voy. t. III, p. 87.
4. Bertolotti, *Artisti lombardi a Roma*, t. II, p. 285.

LES PEINTRES

La décoration de la chapelle Sixtine n'avait été achevée que peu de temps avant la mort de Sixte IV : il n'est donc pas surprenant que Rome comptât encore, au moment de l'avènement d'Innocent VIII, quelques membres de la phalange réunie par son prédécesseur.

En tête figure le Pérugin. Il prit une part importante à un travail relevant de la décoration temporaire plutôt que du grand art : les préparatifs du couronnement d'Innocent VIII. De ce chef, il reçut, avec son associé Antonazzo, la somme de 310 florins. Le mandat de paiement (20 novembre 1484) nous apprend qu'il s'agissait surtout de bannières ornées des armes du nouveau pape, de 25 images de Saint-Antoine, de peintures dans la chambre du pape, enfin de la « dealbatura aulæ palatii [1]. »

On est surpris de ne pas trouver au service d'Innocent VIII un peintre aussi éminent que Melozzo da Forli, l'un des favoris de son prédécesseur Sixte IV. Les relations de l'artiste avec le pape défunt et surtout avec son neveu, Girolamo Riario, seigneur de Forli, expliquent son abstention. Selon toute vraisemblance, il se retira, de son propre mouvement, dans sa ville natale, où l'attendaient les faveurs du comte Riario, tombé en disgrâce sous le nouveau pontife. Melozzo mourut, comme on sait, le 8 novembre 1494[2].

Les ténèbres qui ont si longtemps enveloppé la personnalité du peintre romain Antonazzo ou Antoniazzo Aquilio sont aujourd'hui dispersées, grâce aux travaux de MM. Cavalcaselle et

---

1. Ce document est reproduit dans l'*Archivio storico dell'Arte* de 1889 (p. 478-485), ainsi que les autres textes relatifs aux peintres employés par Innocent VIII. Je ne donnerai ici que les documents qui sont inédits.

Voy. Schmarsow, *Melozzo da Forli*, p. 264.

Crowe, Corvisieri et Bertolotti[1]. Il résulte de nos documents qu'Antonazzo fut pendant un temps l'associé du Pérugin ; ce qui ne donne pas une faible idée de sa réputation. Après avoir travaillé avec lui aux préparatifs du couronnement d'Innocent VIII, ils peignirent ensemble la porte de la chapelle Sixtine. La mention de ce paiement se trouve, une fois dans un registre des Archives d'État, au Campo Marzo, une autre fois, avec une date différente, dans un registre des Archives Secrètes du Vatican. Ce dernier registre ajoute un détail précieux, à savoir que les 83 florins constituant le versement furent comptés entre les mains de « magister Petrus de Perusia ».

Sur les travaux exécutés à Rome, pendant le pontificat d'Innocent VIII, par un autre colloborateur du Pérugin, Bernardino Pinturicchio, une simple mention suffira ici : le lecteur trouvera à cet égard les plus amples détails dans l'*Histoire de la Peinture italienne* de MM. Cavalcaselle et Crowe (édit. allem., t. IV, p. 217-273) et dans la savante monographie de M. Schmarsow : *Pinturicchio in Rom*. J'ignore si un document du 14 décembre 1484, relatif à une fourniture de plâtre, se rapporte à Bernardino Pinturicchio ou à son obscur homonyme et compatriote Bernardino di Piero, qui était fixé à Sienne en 1484-1485, c'est-à-dire précisément vers l'époque à laquelle appartient notre document[2].

A ne considérer que les travaux courants confiés à Pier Matteo Serdenti d'Amelia, on pourrait croire que nous avons affaire à un peintre en bâtiments, et non à un peintre d'histoire. A chaque instant, en effet, nous le voyons chargé d'ouvrages infimes. Mais un témoignage contemporain, auquel on n'hésitera

---

[1]. *Il Buonarroti*, 1869. — *Archivio* de Gori, t. V, p. 1 et suiv. — Voy. aussi Schmarsow, *Melozzo da Forli*, p. 371. — Une *Madone*, attribuée à Antonazzo, a été exposée, en 1893, au Burlington Club de Londres et gravée dans l'*Archivio storico dell'Arte* (1894, p. 155). La Vierge, vue à mi-corps, les mains étendues, ne manque ni de grandeur, ni d'émotion. Dans le bas est représenté le pape Léon IX.

[2]. Milanesi, *Documenti per la Storia dell'Arte senese*, t. II, p. 406.

pas à ajouter foi, nous montre que la réputation de ce maître ne se bornait pas à la cour pontificale et à Rome : en 1482, l'un des députés de l'œuvre du dôme d'Orvieto, désirant voir s'achever les fresques de la chapelle neuve, dont la décoration avait été commencée par Fra Angelico, proposa à ses collègues de s'adresser à Pier Matteo d'Amelia ; il insistait toutefois sur la nécessité de lui faire subir un examen préliminaire[1]. Nous ignorons si l'on donna suite à cette proposition, mais nous pouvons affirmer qu'à partir du règne d'Innocent VIII Pier Matteo exécuta pour la cour pontificale des travaux très considérables. A un certain moment la Chambre apostolique lui devait une somme relativement élevée.

Antonazzo, alors dans toute la force de son talent, ne dédaigna pas de s'associer avec lui. En 1485 les deux maîtres peignirent des étendards destinés au Capitole, aux citadelles de Civitavecchia, de Cervetri et de Bénévent[2].

Les historiens du Palais de Venise, l'ancien palais de Saint-Marc, ont tous ignoré l'existence d'un important cycle de peintures décoratives conservé jusqu'à nos jours dans ce monument, le plus imposant de ceux que la Première Renaissance a laissés à Rome. J'éprouverais quelque embarras à faire ici mon *mea culpa*, si je ne me trouvais en si bonne compagnie. Aussi bien l'exploration du palais n'était-elle pas des plus faciles à l'époque où j'habitais la Ville éternelle.

Ces peintures, au nombre de douze, ornent la salle qui avoisine les archives de l'ambassade d'Autriche et représentent les *Travaux d'Hercule*, ainsi que des *Enfants jouant*.

M. Ulman produit toute une série d'arguments qui militent en faveur de Pollajuolo. Il est disposé à croire que celui-ci tra-

---

1. Luzi, *Il Duomo di Orvieto*, p. 447. — Fumi, *Il Duomo di Orvieto*, p. 370.
2. 1485. 31 mai. « M° Antonatio et M° Petro Matthiæ de Ameria pictoribus pro pictura vexillorum domini Præfecti S. R. E. Capitanei, fl. 140, pro pictura quatuor banderiarum pro arce Civitevetulæ, fl. 30, pro pictura unius banderiæ pro arce Cerveteris, fl. xii, pro pictura unius banderiæ pro Capitolio, fl. iiii, pro pictura unius banderiæ pro arce Beneventi, fl. 30, numeratos dicto Antoniatio ». — A. S. V., vol. 511, fol. 214 v°. Cf. fol. 175.

vailla au palais de Saint-Marc dès 1471 ; il reconnait toutefois qu'il n'est pas impossible qu'il y ait travaillé sous le pontificat d'Innocent VIII, entre 1489 et 1491 [1].

Dès la première année du pontificat d'Innocent VIII, le cardinal Giuliano della Rovere avait essayé de fixer Mantegna à Rome, pour achever les Stances du Vatican [2]. Enfin, en 1488, Innocent VIII obtint du marquis de Mantoue à force d'instances que celui-ci lui abandonnât pour une couple d'années l'illustre artiste que les princes de l'Italie entière se disputaient. De 1488 à 1490, Mantegna décora pour lui une petite chapelle située dans le palais apostolique.

La description que Taja (1750) et Chattard (1767) nous ont laissée des fresques de Mantegna semble avoir échappé aux historiens de l'art ; MM. Cavalcaselle et Crowe notamment, dans leur belle *Histoire de la Peinture en Italie*, ne l'ont pas connue : ils se bornent à dire que « nous savons seulement de ces fresques qu'elles représentaient entre autres, le *Baptême du Christ*[3]. » Si cette double description n'est pas inédite et si elle n'est pas de nature à nous consoler de la perte d'un ensemble véritablement merveilleux, elle nous fournit du moins le moyen de classer un certain nombre de dessins de Mantegna, en les rapprochant de telle ou telle des scènes de la chapelle.

Particulièrement suggestive et féconde fut la présence à Rome

---

1. *Die Thaten des Herkules. Wandgemälde im Palazzo di Venezia zu Rom* ; Munich, 1894, p. 11-12.

2. Schmarsow, *Melozzo da Forli*, p. 264. — Sur le séjour et les travaux d'Andrea Mantegna à Rome on trouvera des détails circonstanciés dans les *Lettere pittoriche* de Bottari, éd. Ticozzi, t. VIII, p. 20 et suiv. (réimprimées plus correctement par d'Arco, t. II, p. 20-22) et dans le *Carteggio* de Gaye. — Pour la description des fresques exécutées par Mantegna dans cette chapelle, je renvoie le lecteur à l'*Archivio storico dell'Arte* (1889, p. 481-483) et à mon *Histoire de l'art pendant la Renaissance* (t. II, p. 597-598). Il trouvera entre autres, dans la première de ces publications, le texte des précieuses notices consacrées au chef-d'œuvre du maître par Taja et Chattard. — L'anecdote relative à la *Discrétion* est déjà rapportée par Cortese : *De Cardinalatu*, p. 87.

3. *Geschichte der italienischen Malerei*, t. V, p. 421, Leipzig, 1873.

de l'habile et frivole Filippino Lippi. C'est vers 1487 que le cardinal Oliviero Caraffa l'appela pour lui confier la décoration de la chapelle de Santa-Maria sopra Minerva. Vasari nous a laissé sur ce travail des détails curieux, que tous nos lecteurs connaissent. Cependant Filippino avait dès 1487 accepté la commande de la décoration de la chapelle des Strozzi, dans l'église Santa Maria Novella de Florence. Une lettre qu'il écrivit de Rome, le 2 mai 1489, à Filippo Strozzi a pour but de faire prendre patience à son client. Un mot encore : la décoration de la chapelle Strozzi traîna singulièrement en longueur : elle ne fut achevée qu'en 1502.

Je termine par des notices sur quelques artistes moins connus.

« Christophorus Colonella pictor » travaille en 1491 pour le chapitre de Saint-Pierre, qui lui confie divers travaux à San Biagio della Pagnotta.

« Evangelista pictor de Sutrio » est employé en 1485 par le même chapitre : il peint pour lui des écussons destinés aux cérémonies [1].

« Magister Paulus pictor » est locataire du chapitre de Saint-Pierre, pour un loyer d'un florin.

« Magister Petrus de Senis pictor » reçoit, en 1487, un paiement pour des peintures exécutées au Palais apostolique [2].

Je citerai encore, comme ayant travaillé à Rome, pour l'église Sant'Agostino, au temps d'Innocent VIII, le peintre Nardo. Cet artiste fut chargé, en 1487-1488, de menus travaux de restauration (« per arraconciare lo crucifixo che fo della bona memoria de mastro Paolo... — per fare repegniare et acconciare la Nostra Donna et Joseppe per lo presepio »).

---

1. 1485, février. « Solvi Evangelistæ pictori de Sutrio pro 130 armis pro festo Pascæ carl. tresdecim, duc. 1, b. xxvi. 27 juin. — Solvi die 27 junii 1485, Evangelistæ pictori pro 100 et 50 armis pro festo SS. Petri et Pauli et translationis sancti Andreæ duc. 1 1/2, d. 1, b. xxxvi ». — 31 octobre. « Solvi Evangelistæ pictori pro 100 armis, duc. 1, bol. III » (Archives du Chapitre de Saint-Pierre; Livres de ceus).

2. 1487, 29 septembre. « Flor. 27 de carl. x pro flor. magistro Petro de Senis pictori pro rata sibi spectante occasione picturarum factarum in palatio apostolico. » — A. S. V., vol. 516, fol. 158.

A propos de la construction d'un « nuovo palazzo » dans une localité qui n'est pas nommée, mais qui me paraît être Viterbe (car c'est de cette cité qu'il est question dans une série de registres congénères), un registre des Archives du Campo Marzo signale un certain « Guian (ou Janni) Jacomo de Mastro Andrea pentore » qui exécuta, en 1487-1488, les peintures du « bussulato » et des « palchi » de ce palais (Patrimonio, Tesoreria generale, 1487-1488, fol. 138).

Parmi les peintres verriers fixés à Rome sous ce pontificat, nos documents nous font connaître les trois suivants :

« Magister Johannes vitrarius », qui reçoit, le 27 février 1485, un paiement de 18 florins pour deux fenêtres exécutées « in capella palatii in sancto Petro cum armis... Sixti » (ce travail remonte donc au pontificat de Sixte IV).

« Mastro Philippo de Pesaro vitrero », qui arrange, en 1485, deux fenêtres de la sacristie de l'église Saint-Augustin.

« Mastro Juliano Romano che fa la finestra de vetro a Torre Sanguinea. » Cet artiste travaille, en 1488, pour la même église de Saint-Augustin.

Un mot aussi sur les peintres en miniature. En 1485, Innocent VIII employa comme miniaturiste « magister Joachinus », identique soit à Giovacchino di Giovanni de Sienne, soit à Giovacchino de Giganti[1]. De 1491 à 1496 nous rencontrons à différentes reprises sur les registres du couvent de Sant'Agostino le nom d'un certain « Gregorio miniatore ». Cet artiste enlumina un Antiphonaire, des Offices, un livre de baptême et de décès, un Psautier.

1. Voy. Müntz et Fabre, *La Bibliothèque du Vatican au XVᵉ siècle*, p. 307-310.

CHAPITRE II

TRAVAUX EXÉCUTÉS A ROME. — ORGANISATION DU SERVICE DE
LA VOIRIE. — LE PALAIS ET LA BASILIQUE DU VATICAN.

LES « MAGISTRI VIARUM » ET LES TRAVAUX D'ÉDILITÉ

L'impulsion donnée par Sixte IV aux travaux d'édilité avait été si puissante que longtemps encore elle se perpétua sous son successeur Innocent VIII[1].

Quelques mots d'abord sur les personnages qui présidèrent à ces travaux.

En 1485, l'office de « magister stratarum et ædificiorum Urbis » est tenu par « Jeronymus de Triosanis », avec « Jacobus de Palonibus » comme notaire; le premier reçoit 100 florins par an, le second 40 (M. 1476-1485, fol. 102 v°). Ces traitements restèrent les mêmes pendant tout le pontificat d'Innocent VIII. En 1486, l'office est rempli par trois fonctionnaires touchant chacun 100 florins : « Laurentius de Cafarellis, unus ex magistris ædificiorum almæ Urbis », Clemens de Tuscunella », et « Petrus Paulus Antonii, civis romanus, submagister stratarum et ædificiorum urbis » (M. 1484-1488, fol. 79 v°). Le notaire attaché aux dits fonctionnaires est « Conradinus de Antiochia ». En 1487, nous trouvons en fonctions « Cola de Porcariis et Marcellus

---

[1]. Nos documents devront être rapprochés d'une inscription publiée par M. Forcella : *Iscrizioni delle chiese e d'altri edifizi di Roma*, t. XIII, p. 86. — Sur la règlementation de l'office des « magistri viarum » voyez le Registre des Brefs : A. S. V., n° 20, fol. 235-v° (28 juin 1488). — Alfred de Reumont a caractérisé en deux pages aussi précises qu'attachantes les travaux d'architecture entrepris sous Innocent VIII (*Geschichte der Stadt Rom*, t. III, p. 413-414).

Capitis ferri » (*ibid.*, fol. 80); en 1489 « Baptista de Archionibus et Lellus de Subbatariis[1], cives romani » (M. 1489-1492, fol. 63); en 1490 « Marius de Mellinis et Paulus de Brancha », avec « Conradinus de Antiochia et Franciscus de Taschis », comme notaires ; en 1491, « Marius Millinus et Lelius de Subbateris » (*ibid.*, fol. 64 v°)[2].

Voici maintenant le détail des travaux. Le 5 octobre 1484 « magister Marcus (de Dulcibus?) de Florentia murator » reçoit 22 florins de 10 carlins et 16 bolonais « pro 16 cannis XVI matonati per eum facti a cappellis Sancti Angeli usque ad palatium » (A. S. V., vol. 511, fol. 154).

Le 9 décembre de la même année, un bref est adressé à « Ludovicus de Marganis » et à « Franciscus de Alberinis » pour la mise en état d'une série de rues.

Le 21 mai 1485, « Albericus magistri Gabrielis murator » reçoit 25 florins « in deductionem reparationis viæ descendentis a Montemalo prope ponticellum » (autres versements en date du 25 mai et du 17 juin 1485 : A. S. V., vol. 511, ff. 211, 220).

Le 31 mai 1485, le trésorier pontifical verse 100 florins à maître « Bartholomeus Philippi Lombardi [alias Lombardozus] in deductionem expensarum stratæ extra Portam Turrionis ». (Autre versement de 200 florins, le 17 août 1485, et de 100 florins le 26 octobre (A. S. V., Intr., vol. 511, ff. 214, 232; vol. 512, fol. 159.)

Le 23 mars 1487, 130 florins sont versés aux « magistri viarum, in deductionem pretii mattonatus et pavimenti Campi Florum » (M. 1487-1488, fol. 30 v°).

Le 15 mars 1488, « magister Roellus Johannis de Mediolano » reçoit 30 florins, « in deductionem sui salarii (et) mercedis certi laborerii per eum facti in matonando plateam Campi Floræ » (A. S. V., vol. 516, fol. 104).

---

1. Un « Petrus Palutii de Subactariis » est mentionné par Infessura sous la date de 1486 (p. 211). Altieri, dans les *Nuptiali*, fait plusieurs fois mention de Lelio Subbattari.

2. Afin de ne pas surcharger le présent volume, je renverrai le lecteur à l'*Archivio storico dell' Arte* (1891, p. 62-63, 363-365), pour le texte même des documents qui se rapportent à l'office des « magistri viarum ».

En 1492, Innocent VIII confirme aux chanoines du Panthéon, à l'encontre des « Magistri viarum » le droit de louer « bancos per totam plateam »; il défend en même temps de démolir les maisons qui appartiennent au chapitre[1].

Sulpicius cite en outre le pavage du cirque de Flaminius (voy. ci-dessus, p. 44).

1. *Archivio della Società romana di Storia patria*, t. VIII, p 586-587.

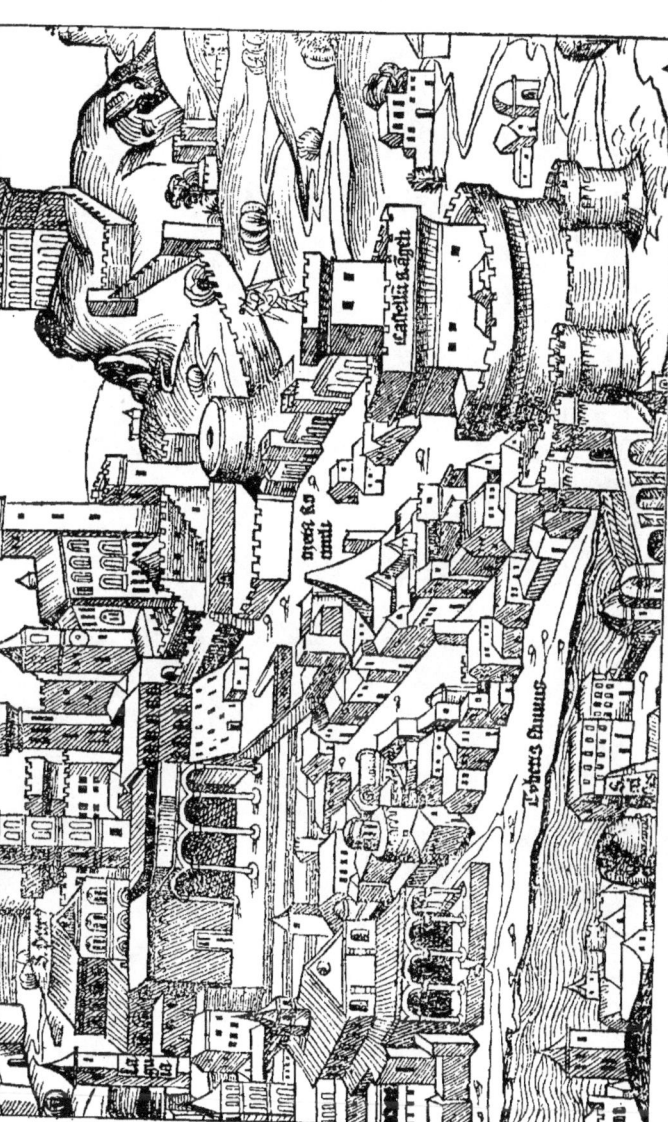

LE PALAIS DU VATICAN ET LA BASILIQUE DE SAINT-PIERRE A LA FIN DU XVe SIÈCLE

D'après la Chronique de Schedel (Nuremberg, 1493).

LE PALAIS DU VATICAN[1]

Au Palais du Vatican, Innocent VIII entreprit des travaux grandioses, à côté du portique commencé sous Pie II, et dans le voisinage immédiat, ou, plus probablement, sur les fondations mêmes du palais commencé sous Paul II (1485)[2].

Cet édifice, que l'on aperçoit distinctement sur les vues anciennes, comprenait cinq étages; il renfermait, au premier : « magnum Rotæ auditorium, Registra Pœnitentiariæ, Bullarum, Supplicationum, Plumbum »; au second, « Dataria, Secretaria Brevium, magistri Domus habitatio »; au troisième : « aula nobilissima, cum multis cubilibus, laquearibus aureis et picturis ornata », où furent reçus solennellement l'empereur Charles Quint et bien d'autres souverains[3].

---

1. Le *Diarium* de Burchard abonde en indications topographiques sur le Vatican, indications qui mériteraient d'être relevées méthodiquement. Je me bornerai à mentionner l' « Aula logiarum supra portam palatii » (1487, t. I, p. 262), la « parva capella, ubi super altari paratum erat sacramentum » et où le Pape se rendait « per parvam portam, videlicet quæ ad secundam aulam respondet » (t. I, p. 270), etc. Les consistoires publics avaient lieu « in prima aula palatii » (1487-1489; t. I, p. 258, 259, 339) et les audiences dans la « camera del Papagallo » (1487 : t. I, p. 263, 479), etc.

2. Infessura, p. 189, 279. — Panvinio, apud Maï : *Spicilegium romanum*, t. IX, p. 368, 375, 376. — « Nel palazzo pontificale fece, nel primo cortile, tutti quelli appartamenti intorno fra quali ve n'ha uno ampio e veramente regio, e v'aggiunse vaghi e vistosi portici con deliziosi giardini; ed adornò anche Belvedere di stanze e di nobili pitture » (Serdonati, *Vita e fatti d'Innocenzo VIII*, p. 81).

3. Fresque de la Bibliothèque du Vatican, reproduite p. 73. — Dessin de Grimaldi, que j'ai publié dans le second volume des *Arts à la cour des Papes*. — Planche 61 de l'ouvrage de Bonanni. — Planches VIII et IX du *Vatican* de Letarouilly et Simil. — Cf. Stevenson, *Topografia e Monumenti di Roma nelle Pitture a fresco di Sisto V della Biblioteca Vaticana*, pl. I. Rome, 1888. — La loge de la bénédiction et le palais d'Innocent VIII se voient encore sur la gravure publiée par Bart. Rossi : *Ornamenti di Fabriche antiche e moderne dell'alma città di Roma*. Rome, 1600 (pl. I). La gravure de Ciampini (*De sacris aedificiis*, pl. IX), dérive très certainement du dessin de Grimaldi. — La planche XII du même ouvrage montre la façade du palais.

La façade du palais d'Innocent VIII semble avoir manqué de caractère et de parti pris : percée de fenêtres rectangulaires, sauf au premier étage, où elles étaient cintrées, dépourvue de colonnes et de pilastres, dans le genre du palais de Saint-Marc, elle n'offrait aucune ligne monumentale. A cet égard, elle contrastait d'une façon fort désavantageuse avec la superbe loge de la Bénédiction, d'un style si pur, qui se dressait à côté d'elle.

Particulièrement célèbre était la grande salle du Palais, commencée, si l'on en croit Vasari, sous Pie II, terminée sous Innocent VIII[1].

Il est souvent question, au xvie siècle, du palais construit par Innocent VIII et des appartements qui le composaient[2]. En 1520, lorsque la partie du Vatican habitée par Léon X s'effondra, le pape se réfugia dans ce corps de bâtiment[3]. En 1535, Negro, parlant d'un certain Monsignor, s'exprime ainsi : « La stantia sua è in palazzo del papa, in le stantie che fece papa Innocentio[4]. » En 1560, Cosme Ier de Médicis et sa femme y reçurent l'hospitalité[5].

En 1610, le palais d'Innocent VIII fut démoli pour faire place à la façade de la nouvelle basilique de Saint-Pierre.

D'après Mgr Barbier de Montault[6], la porte, à vantaux de bronze, qui donne aujourd'hui accès dans le palais du Vatican, du côté droit du portique, proviendrait des constructions

---

1. Ed. Milanesi, t. IV, p. 451.
2. Passavant, *Raphaël d'Urbin*, t. I, p. 280, note. — Bonanni, *Templi Vaticani Historia*, p. 17. — Mignanti, *Istoria*, t. I, p. 71-72.
3. Paris de Grassis, *Diarium*. Exemplaire de la Bibliothèque nationale de Florence, t. II, fol. 169 v°-170. — Cf. Campori, *Giovanni Santi*, p. 14.
4. *Lettere di Principi*, t. III, p. 149.
5. « L'anno 1560, aspettando il papa in Roma il signor duca Cosimo e la signora duchessa Leonora sua consorte, ed avendo disegnato d'alloggiare loro Eccellenze nelle stanze che già Innocenzio ottavo fabricò, le quali rispondono sul primo cortile del Palazzo ed in quello di San Piero, e che hanno dalla parte dinanzi loggie che rispondono sopra la piazza, dove si dà la benedizione, fu dato carico a Taddeo di fare le pitture ed alcuni fregi che v'andavano, e di mettere d'oro i palchi nuovi, che si erano fatti in luogo de vecchi consumati dal tempo » (Vasari, t. VII, p. 90-91).
6. *Œuvres complètes*, t. II, p. 3.

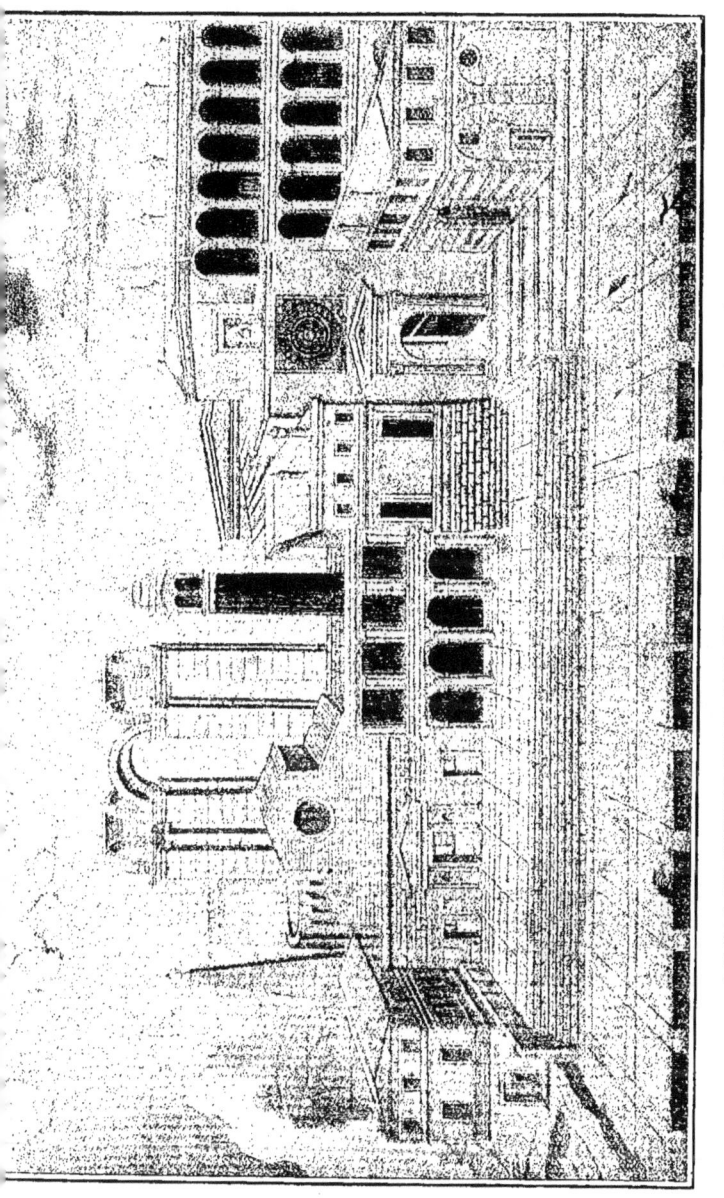

LE PALAIS D'INNOCENT VIII ET SAINT-PIERRE EN CONSTRUCTION

D'après une gravure du XVIe siècle.

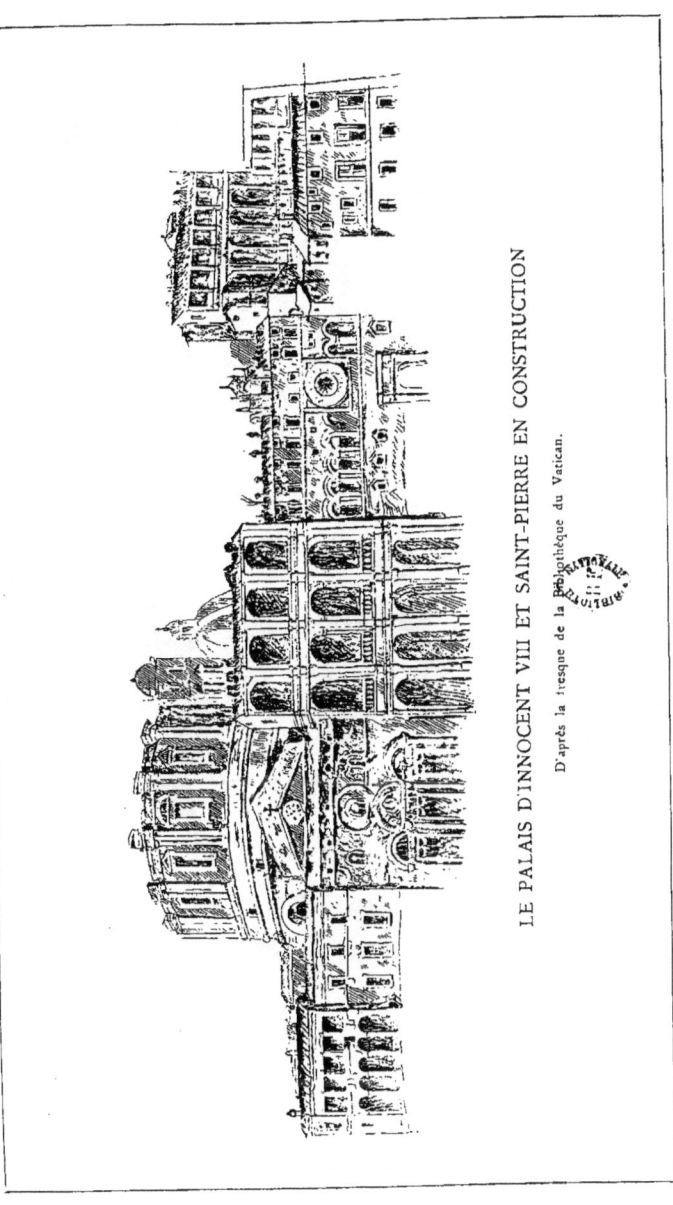

LE PALAIS D'INNOCENT VIII ET SAINT-PIERRE EN CONSTRUCTION

D'après la fresque de la Bibliothèque du Vatican.

d'Innocent VIII. Ces vantaux, garnis de gros clous taillés en pointe, ont été restaurés en 1619 sous le pontificat de Paul V, qui y a fait placer ses armes et son nom.

Description du Palais d'Innocent VIII par Pasquale Adinolfi.

Del Palazzo d'Innocenzo PP. VIII. Ed ecco resa la ragione per cui da questo lato incominciano i Palazzi Pontifici a far mostra di loro e quale (sic) più grande e quale meno contiguo alla Benedizione del Pontefice sorge quello d'Innocenzo Papa Ottavo. Puo dirsi ben picciolo a comparazione della grandezza de' Palazzi Apostolici, ai quali per lunga stagione servi come di Porta; però molto celebre divenne per gli usi a' quali fu deputato.

So dal Diario di Stefano Infessura (ad an. 1471) che avesse voce di palazzo Delle Scale; e dommi a credere che l'avesse, o per essere aviscinato ai gradi della Basilica, o per gli altri, e non pochi, che mettevano alla sua porta. Questi veggionsi distintamente nella scenografia più moderna, dove la porta non è cosi bella e magnifica, quanto nella scenografia più antica. Non si sa capire il motivo che indusse a far credere al P. Bonanni, che fosse fatta costruire da Paolo PP. II. e rifare da Innocenzo VIII. Se Papa Innocenzo che fe murare il palazzo succedè a Sisto e questi a Paolo PP. II. dovè il Bonanni intendere altra porta che s'incominciò a costruirvisi. Non fu aperta nel mezzo del palazzo, e l'architetto fu costretto ad aprirla dove sta, per quel picciolo terrapieno merlato che giace tra la porta stessa ed i gradi della Basilica.

...In mezzo a due colonne sotto il loro architrave, fregio e cornice, su di lei posa un attico con scritta o bassorilievi rappresentanti forse Nostra Signora. Sull'attico si leva lo stemma pontificio d'Innocenzo VIII. o di qualche suo successore; stemma posto in mezzo ai due Principi degli Apostoli coperti nell'alto da un picciolo tetto, o cornici laterali da timpano; più su v'ha un orologio che colla sua cornice arriva fino all'ultimo piano dell'edificio, sulla sommità del quale si alza il campanile con tre finestre per altrettante campane. Diverso nell'architettura, ma con queste stesse parti, se ne volle costruire, quasi sullo stesso sito un'altro ai tempi di Paolo PP. V; per opera dell'architetto Martino Ferrabosco, dapoi fatto demolire per comando di Alessandro PP. VII. dal Bernino, nel ricostruire la scala regia, e per dar termine secondo il suo disegno al moderno colonnato. Ora la porta ideata ed incominciata a costruire dal Ferrabosco, mostrando quanto v'era nell' innocenziana, mi ha datato (*sic*) qualche lume per ragionarne.

Nella scenografia dipinta dopo l'epoca sistina, rimane solamente la porta fra due colonne e sotto il cornicione, e dell' attico, apostoli, orologio e campanile non viè più immagine, per la ragione che altre porte davan l'entrata ai palazzi apostolici, e dessa fu incominciata a guastare volendosene architettura una nuova, e più conveniente alla maestà delle apostoliche fabbriche.

LA FAÇADE LATÉRALE DU PALAIS
D'INNOCENT VIII
D'après un dessin de Grimaldi.

I piani del palazzetto innocenziano riguardati tutti insieme in ambo le dipinture, dovettero essere principalmente tre. Nella più antica tre finestre al piano terreno con molte altre finestrine, alcune delle quali sotto il primo piano, ed alcune altre sopra il secondo ed il terzo, fanno credere che il palazzo, tanto interiormente che esteriormente, avesse sofferto molte alterazioni, e da tre piani che furono in origine, essere stati aumentati per lo meno a cinque, de' quali come principali non vanno disaminati che tre; nel primo de' quali era assituato l'Auditorio della Rota co' Registri della Penitenticria, delle Bolle delle Supplice e col Piombo. (Bibliothèque Angelica à Rome. F. 6, 16, p. 184-187. Transcription de M. A. Monaci.)

1485, 8 juin. Flor. 250 de K. x... pro diversis reformationibus palatii ex quibus... mandati fuerunt fl. CL magistro Gratiadeo muratori. — A. S. V., vol. 511, fol. 217.

1487, 13 novembre. Flor. 56 de carl. pro flor. Magistro Antonatio pictori pro diversis operibus et picturis per eum factis in dicto palatio, ut particulariter apparet distincte in primo mandato registrato in Camera. — A. S. V., vol. 516, fol. 170 [1].

La villa du Belvédère.

Dans les jardins du Vatican, Innocent VIII fit élever une villa à laquelle il donna le nom de Belvédère. D'après Vasari, l'artiste chargé de dresser les plans du nouvel édifice n'aurait été autre qu'Antonio Pollajuolo. Le biographe ajoute que Pollajuolo, peu familiarisé avec la pratique de l'architecture, aurait abandonné à d'autres le soin de surveiller l'exécution de son plan. Sans vouloir révoquer en doute cette assertion, je me bornerai à faire observer que les documents produits plus loin ne contiennent pas le nom de Pollajuolo[2]; ils présentent au contraire comme l'architecte du Belvédère un artiste que nous savons avoir exécuté d'importants travaux pour Innocent VIII aussi bien que pour ses prédécesseurs : Jacopo da Pietrasanta. Peut-être ce maître ne joua-t-il en effet que le rôle d'entrepreneur, ainsi que cela se pratiqua si souvent au xve siècle. Étant donnée l'insuffisance des éléments qui nous sont parvenus, il serait téméraire de chercher à résoudre le problème.

Il résulte de nos documents que l'acquisition des terrains nécessaires à la construction nouvelle et à l'agrandissement des

---

1. Les comptes de la Trésorerie pontificale contiennent la mention de nombreux paiements faits surtout à Graziadei et à Alessandro de Tivoli, qui semblent toutefois n'avoir travaillé au Palais qu'en sous-ordre. Voy. l'*Archivio storico dell'Arte*, 1891, p. 370.

2. « Dicesi che disegnò il medesimo [Pollajuolo] la fabbrica del palazzo di Belvedere, per detto papa Innocenzio; sebbene fu condotta da altri, per non aver egli molta pratica di murare. »

jardins du Vatican commença dès 1485[1]. En 1487 « magister Thomas Mataracius » travaillait à la construction d'un mur dans la « vinea »[2]. A ce moment, l'édifice était fort avancé. Une inscription, conservée dans une des salles du Museo Pio Clementino, contient en effet cette date : « Innoc. Cibo Genuen. PP. VIII fundavit 1487. »

D'après Burchard et Infessura, la construction de la villa aurait coûté 60,000 ducats.

La villa du Belvédère était située à l'est, dans l'angle inférieur du parallélogramme formé par le palais et les jardins du Vatican, à droite en regardant Saint-Pierre et au bout des galeries par lesquelles Bramante relia, sous Jules II, le palais proprement dit à la villa.

D'après la planche publiée dans *Li Giardini di Roma* de Falda (Rome, vers 1680, pl 4), la villa avait la forme d'un château-fort crénelé, avec d'énormes soubassements. On voit sur la même planche la fontaine « della Galera » (n° 8) et le « cortile delle statue antiche » (n° 9).

A la villa se rattachait un « cortile » rectangulaire, avec les armoiries du Pape, soutenues par deux « putti », en terre cuite émaillée, sur une des parois[3]. M. Michaelis n'est pas éloigné de croire que les treize masques, qui d'après la tradition provenaient du Panthéon, auraient orné dès lors la villa[4].

L'intérieur de la villa contenait six pièces et une chapelle, toutes situées de plain-pied. La première pièce, la plus grande, mesu-

---

[1]. 1485, 6 avril. « Flor. 25 de Karl. x pro flor. dno Leonardo Reste pro pretio unius vineæ post tribunam Principis apostolorum sitæ et ab eo emptæ ». (A. S. V., vol. 511, fol. 196). Voy. aussi l'*Archivio storico dell' Arte*, 1891, p. 459.

[2]. 1487, 22 septembre. « Flor. 20 de carl. x pro flor. dicto M^{ro} Thomæ Mataratio ad computum fabricæ murorum per eum factorum in vinea Palatii. » — A. S. V., vol. 516, fol. 156. Voy. aussi l'*Archivio storico dell'Arte*, 1891, p. 459-460.

[3]. L'écusson conservé au Musée de Latran (voy. ci-dessus, p. 54) ne proviendrait-il pas du Belvédère?

[4]. *Geschichte des Statuenhofes im Vaticanischen Belveder*. (Extr. du *Jahrbuch des kaiserlich deutschen archaeologischen Instituts*, 1890, p. 11-12.)

LE BELVÉDÈRE

D'après la Cosmographie de Sébastien Münster (1550).

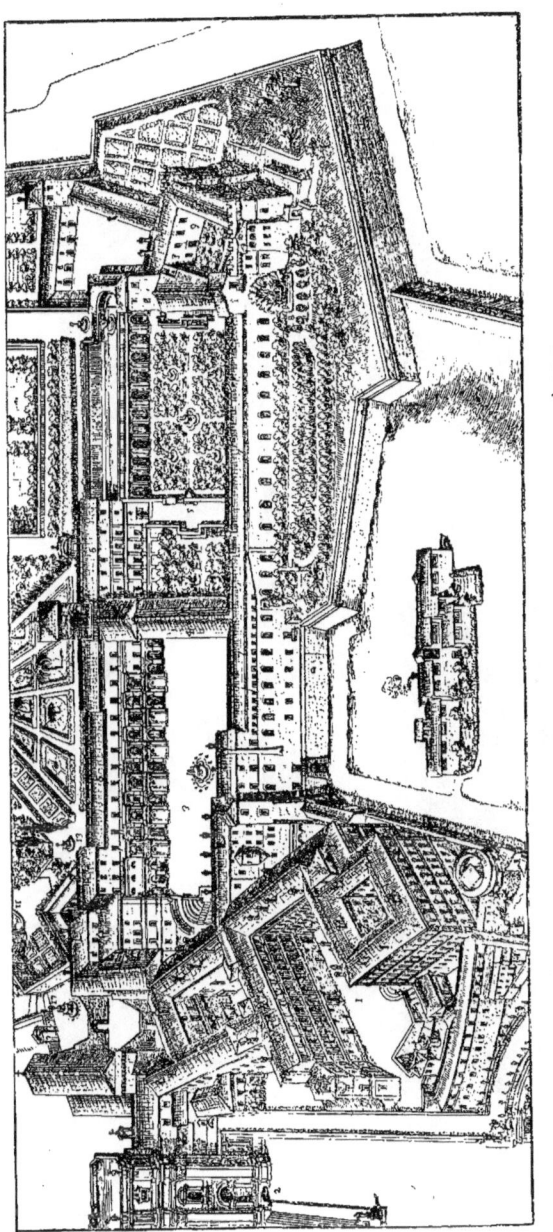

LE BELVÉDÈRE VERS LA FIN DU XVIIe SIÈCLE

D'après la gravure de Falda.

rait 75 palmes de long sur 26 de large. La voûte, à lunettes, contenait des peintures ornementales, dont une partie était en camaïeu. On y voyait notamment les armoiries et devises d'Innocent VIII, un paon avec l'inscription : « Leauté passe tout », puis des enfants jouant avec d'autres paons, ou tenant qui des armes, qui des instruments de musique, qui des bouquets de fleurs, etc., etc. Les figures de saint Jean-Baptiste et de saint Jean l'Évangéliste décoraient également cette première pièce, dont l'ornementation servit certainement de prototype pour celle de l'appartement Borgia.

La seconde pièce, enrichie de motifs d'architecture en stuc en trompe-l'œil et d'un soffite sculpté, contenait diverses peintures ornementales.

LE BELVÉDÈRE
D'après le dessin de Heemskeerk.

La troisième pièce reçut plus tard les deux Génies nus de Raphaël, tenant l'écu de Jules II.

Dans la quatrième pièce, qui était oblongue, l'ornementation n'était pas moins riche. On y voyait des figures à mi-corps (des saints chantant le plain-chant), des paysages, des vues d'architecture. Cette pièce donnait sur une loge.

De la quatrième pièce on repassait dans la troisième pour entrer dans la cinquième, plus petite, dont la voûte était divisée en trente caissons ornés d'arabesques.

La sixième pièce communiquait avec la première et avec la chapelle.

Chattard affirme que le pavement en couleurs qui ornait toute la villa était l'œuvre de Luca della Robbia; mais comme ce maître éminent était mort en 1482, nous ne pouvons avoir affaire qu'à une production de son atelier, peut-être d'Andrea della Robbia.

Je n'ai pas à retracer ici les vicissitudes ultérieures du Belvédère. Il suffit de rappeler que la villa, après avoir servi, sous Alexandre VI, de prison à Catherine Sforza [1], l'ex-souveraine de Forli et d'Imola, et avoir été transformée en musée sous Jules II, fut agrandie sous Grégoire XIII, par l'addition, à l'angle nord, de la « Tor de' Venti » [2].

A la fin du xviiie siècle, Pie VI détruisit la majeure partie de la villa pour y installer le nouveau Musée Pio-Clementino.

Heureusement, Taja et Chattard, qui écrivaient peu d'années auparavant (1750 et 1762), nous en ont laissé une description détaillée, que j'ai reproduite dans l'*Archivio storico dell' Arte* de 1889.

Une des salles actuelles des Bustes marque l'emplacement de la chapelle décorée par Mantegna. Une autre salle, celle des statues, a conservé, dans les lunettes de la voûte, la date 1487, les armes d'Innocent VIII, soutenues par deux anges musiciens et un paon faisant la roue, avec la devise LEAVTE PASSE TOVT. La voûte reproduit en relief les armes d'Innocent VIII et six médaillons du pontificat de Pie VI, peints, avec les ornements, par Unterperger [3].

---

1. Gregorovius, *Lucrezia Borgia*, p. 134, 137, 138.
2. Platner, Bunsen, etc., *Beschreibung der Stadt Rom*, t. II, 1re partie, p. 236.
Sur le Belvédère au temps d'Adrien VI, voy. Alberi, *Relazioni degli Ambasciatori veneti*, t. II, p. 3, 114 et suiv.
3. Mgr Barbier de Montault, *Œuvres complètes*, t. II, p. 117. « Le Musée Pio-Clementino, qui a pris la place du Belvédère, contient encore quelques fragments des fresques de Pinturicchio, des génies, des armoiries et des arabesques ». — Cf. Pératé, *Le Vatican*, p. 517. — On trouvera dans l'ouvrage de M. Schmarsow, *Pinturicchio in Rom* (p. 27-28) une description détaillée de ces fragments.

LA BASILIQUE DE SAINT-PIERRE[1]

Le Ciborium de la Sainte-Lance.

Dans la basilique de Saint-Pierre, les travaux entrepris par ordre d'Innocent VIII furent variés plutôt qu'importants. On affirme que ce pape fit continuer la loge de la Bénédiction commencée par Pie II[2]. Il fit également commencer, près de la chapelle Sixtine, une sacristie, que Jules II fit agrandir, ainsi qu'il résulte du témoignage d'Albertini[3].

Sa fondation la plus intéressante fut celle du Ciborium de la Sainte-Lance, construit sur l'emplacement d'une chapelle élevée par Grégoire III, et qui, à la fin du xve siècle, tombait en ruines. Innocent VIII n'eut toutefois pas la satisfaction de voir terminer ce monument; il chargea en mourant les cardinaux Lorenzo Cibo et Pallavicini de le mener à fin[4], ainsi qu'en fait foi une inscription conservée de nos jours encore dans les Grottes du Vatican[5].

Le « ciborium » ou tabernacle comprenait les figures sculptées des quatre Évangélistes et celles des quatre Docteurs, d'une hauteur d'une palme et demie.

Lorsque l'on démolit, en 1507, la chapelle du Sauveur pour faire place au nouveau Saint-Pierre[6], le ciborium et les autres

---

1. Les documents sur lesquels est fondée cette étude ont été publiés par moi dans l'*Archivio storico dell'Arte* de 1891.
2. Stevenson, *Topografia e Monumenti*, p. 11.
3. *Opusculum de Mirabilibus novæ et veteris Urbis Romæ*, édition de 1515, fol. 84.
4. *Numismata Summorum Pontificum Templi Vaticani fabricam indicantia*, p. 180. Rome, 1696.
5. *Bullarium Vaticanum*. — Cf. Dionisio, *Sacrarum Vaticanæ Basilicæ Cryptarum Monumenta*, p. 29 et *passim*. — Forcella, *Iscrizioni*, t. VI, n° 106.
6. Severano dit une fois que le ciborium se trouvait dans l'oratoire de la Sainte-Vierge, élevé sur l'emplacement d'une chapelle fondée par Grégoire III;

ornements furent transportés dans la dernière nef de droite de la basilique. En 1606, le ciborium fut à son tour détruit. Grimaldi rédigea, à cette occasion, un procès-verbal dont on trouvera le texte dans l'*Archivio storico dell' Arte* de 1891.

Un dessin de Grimaldi, inséré dans le recueil de la Bibliothèque Barberini (XXXIV, fol. 71), nous a conservé la reproduction de ce monument en miniature. C'était un édicule élevé sur un plan carré et appuyé au pilier de gauche de l'arc triomphal. Chaque côté était composé d'une arcade flanquée de pilastres dont les bases étaient ornées des armoiries pontificales. Sur la frise de la façade, l'inscription : « INNOCENTIVS VIII, CIBO GENVENSIS. P. M... ». Dans l'arcature, au-dessus de l'autel entouré d'une balustrade percée d'une porte, une peinture représentant le Pape agenouillé aux pieds de la Vierge qui se montrait à lui dans des nuages.

Ce croquis est tout ce qui reste du retable de Pinturicchio mentionné par Vasari : « il exécuta à Saint-Pierre, dans la chapelle où se trouve la lance qui a percé le flanc du Christ, un tableau *a tempera* avec une Madone plus grande que nature. » Quelque incomplet qu'il soit, le dessin de Grimaldi, inconnu aux biographes du maître, offre donc une information des plus précieuses et on me saura gré de l'avoir mis au jour.

L'arcade supérieure comprenait une balustrade, puis un nouvel édicule orné de pilastres ou de colonnes engagées (on ne distingue pas bien leur nature sur le dessin). Au centre de cet édicule, que couronnait une coupole minuscule surmontée d'une lanterne, on voyait, sculptés en bas-relief, deux anges en adoration devant le fer de la Sainte-Lance.

Le dessin, qui ne reproduit que la façade du ciborium, nous laisse ignorer où se trouvaient les bas-reliefs actuellement exposés dans les Grottes Vaticanes. Les huit médaillons étaient probablement répartis dans les écoinçons tant de l'arcade principale que des arcades latérales.

---

une autre fois, qu'il se trouvait dans la chapelle du Sauveur (*Memorie sacre delle sette Chiese di Roma*; Rome, 1630, t. I, p. 107, 163).

LE CIBORIUM DE LA SAINTE-LANCE
(BASILIQUE DU VATICAN)
D'après un dessin de Grimaldi.

Aujourd'hui les fragments du ciborium conservés dans les cryptes du Vatican comprennent : I. l'inscription (Dionisio, pl. XII. — Barbier de Montault, n° 23); II. les médaillons en marbre blanc des quatre Évangélistes, à mi-corps[1], nimbés, avec un livre et une plume pour attributs ; chacun d'eux est accompagné de son symbole (Dionisio, pl. XXIX, n°s 1, 2; XXX, n°s 1, 2. — Barbier de Montault, n°s 52-55); III. les médaillons de saint Jérôme, en costume de cardinal, un livre à la main, de saint Augustin en évêque, de saint Grégoire et de saint Ambroise en évêque, le fouet à la main (Dionisio, pl. XXIX, n°s 3, 4; XXXI, n°s 1, 2. — Barbier de Montault, n°s 59, 62, 64, 65); IV. deux Anges debout de chaque côté de la porte et adorant la relique. Au-dessus d'eux le Saint-Esprit (Barbier de Montault, n° 67 *bis*) ; V. un bas-relief avec une porte sur laquelle sont sculptés deux Anges adorant la Sainte-Lance et la Sainte-Éponge (Barbier de Montault, n° 203); VI. un bas-relief analogue, avec cette différence qu'au dessus de la porte on voit le Christ souffrant de saint Grégoire (Dionisio, pl. LXXIV, n° 3. — Barbier de Montault, n° 213).

Les pièces comptables nous laissent ignorer le nom du sculpteur à qui l'on doit ces bas-reliefs. C'est assurément quelque maître de la suite de Mino de Fiesole.

Le Tombeau d'Innocent VIII.

Sur l'exécution même de ce tombeau, chef-d'œuvre d'Antonio Pollajuolo, je n'ai pas à offrir de documents nouveaux. Je me bornerai à rappeler que, d'après une note découverte par H. Janitschek[2] dans le Codex Magliabechianus, cl. XVII, fol. 33, ce monu-

---

1. Ces médaillons à mi-corps rappellent ceux de Mino de Fiesole à Sainte-Marie-Majeure : *Archivio storico dell'Arte*, 1890, p. 105.
2. *Repertorium für Kunstwissenschaft*, t. III, p. 84. — Cf. Torrigio, *Le sacre Grotte Vaticane*, p. 214-215.

ment aurait coûté 4,000 ducats. L'ouvrage était terminé en 1498, car la translation des cendres eut lieu le 30 janvier de l'année en question [1].

Le tombeau occupa cette place jusqu'en 1606, époque à laquelle on dut le transporter ailleurs, à cause des travaux d'achèvement de la nouvelle basilique de Saint-Pierre. Ce fut à cette occasion que l'archéologue romain Grimaldi rédigea un intéressant procès-verbal que j'ai publié dans l'*Archivio storico dell' Arte* de 1891.

La Fontaine de la place Saint-Pierre.

En 1490, au témoignage d'Infessura [2] et de Burchard [3], Innocent VIII fit commencer la construction de cette fontaine (terminée sous Alexandre VI), qui passait de son temps pour une des plus magnifiques de l'Italie.

La fontaine d'Innocent VIII a été démolie par Paul V, mais tout vestige n'en a pas disparu : une des vasques sert aujourd'hui encore de bassin à la fontaine située à la droite de l'obélisque [4].

La représentation de ce monument nous a été conservée par le peintre Giovanni della Maria dans la dernière des fresques du troisième corridor du palais du Vatican. On y voit deux conques superposées; celle de dessus, la plus petite, se reliant à celle de dessous au moyen d'un support surmonté de quelques monticules, armoiries d'un des papes qui ont restauré la fontaine.

---

[1]. Dans le voisinage de la basilique de Saint-Pierre, près de San Stefano dei Mori, sur la « piazza Santa Marta », Innocent VIII fit construire ou restaurer la « domus Egicti » : 1487, 22 septembre. « Flor. 100 de carl. x pro flor. magistro Thomæ Mataratio ad computum fabricæ Egicti ». — A. S. V., vol. 516, p. 156.

[2]. *Diario*, éd. Tommasini, p. 254.

[3]. *Diarium*, éd. Thuasne, t. III, p. 64, 173.

[4]. Gregorovius, *Storia della città di Roma*, t. VII, p. 769. — Voy. en outre, sur la fontaine de la place Saint-Pierre : Martinelli, *Roma ex ethnica sacra*, p. 283. — Torrigio, *Le sacre Grotte Vaticane*, p. 578. — Bonanni, *Numismata*, p. 160. — Cancellieri, *Storia de' solenni Possessi*, p. 500.

Il est vrai que, d'après Adinolfi[1], cette fontaine serait différente de celle qui est décrite par Infessura et qui fut remaniée par Alexandre VI. Celle-ci, en effet, qui n'avait pas sa pareille en Italie, était en marbre de Paros, et tout ornée de sculptures ; des ours, ajoute Adinolfi, supportaient les bassins. Mais ici j'arrête l'excellent topographe romain : n'aurait-il pas commis un léger contre-sens en nous parlant d'ours? « Cum duobus urcis rotundis », lit-on dans le texte publié par M. Tommasini. Il s'agit évidemment de deux vasques rondes, en latin « urceum » ou « urceus », et non d'ours.

Un document provenant des Archives du Vatican ajoute un détail à ceux qui viennent d'être rapportés : il nous apprend que la fontaine était décorée d'ornements en métal, fondus ou ciselés par l'orfèvre Alonso[2].

1. *La Portica di San Pietro*, p. 123-126.
2. *Archivio storico dell'Arte*, 1891, p. 368.

CHAPITRE III

TRAVAUX EXÉCUTÉS A ROME (suite). — TRAVAUX EXÉCUTÉS AU DEHORS

A. — LES ÉGLISES DE ROME

Parmi les églises construites ou restaurées sous le pontificat d'Innocent VIII, on ne cite d'ordinaire que « Santa Maria in via Lata », la chapelle San Domenico à « Santa Maria del Popolo » et une autre chapelle dans la même église [1]. On verra, par les documents que je publie ci-dessous, dans quelles proportions cette liste doit être augmentée.

Saint-Augustin.

Documents du 31 août 1485 et du 30 juin 1487, du 27 août 1490 et du 28 juin 1491. Publiés par moi dans l'*Archivio storico dell' Arte*, 1891, p. 465.

Sainte-Balbine.

En 1489, le cardinal Marco Barbo fait restaurer cette église : « Marcus Barbus Venetus epis. Præne. card. S. Marci patriarch. Aquilæ an. D. MCCCCLXXXIX » (Nibby, *Roma nell' anno* 1838, p. 119. — Armellini, *Le Chiese di Roma dalle loro origini sino al secolo XVI*, p. 147. Rome, 1887).

---

1. Ferri, *L'Architettura in Roma nei secoli XV e XVI* : fasc. II, Rieti, 1868. Cf. *Il Buonarroti*, 1868, p. 129-131.

Saint-Blaise « della Pagnotta ».

En 1491, le chapitre de la basilique de Saint-Pierre fait exécuter différents travaux dans cette église.

1491. Item magistro Basso marmorario pro residuo majoris summæ marmorum duc. 10 de carl.

» Magistro Jacobo muratori pro residuo etiam majoris summæ duc. 3 de carl. pro fabrica supradicti S. Blasii.

» Francisco Sinibaldi et socio pro residuo lignorum dictæ fabricæ S. Blasii duc. 3 et medium de carl. — Archives du Chapitre de Saint-Pierre, Censual.

» 20 juin. ... Magistro Thomæ Mattarazio architecto in fabrica nostræ ecclesiæ S. Blasii de Pagnotta in duabus vicibus duc. 12 de carl.

» Allarancio et Juliano de Matrice pro lignis, trabicellis et planis in nostris nemoribus incisis pro ipsa ecclesiæ fabrica... duc. 20.

» Christophoro Colonelle pictori pro residuo ducatorum 40 picturæ per eum factæ in fabrica S. Blasii della Pagnotta, duc. 10 (etc.). — Ibid. (Communication de dom P. Wentzel.)

Sainte-Croix.

Dès 1488, le cardinal Mendoza y faisait exécuter des travaux considérables, ainsi que nous l'apprend le bref, en date du 21 mai de la même année (A. S. V., Reg. 20, fol. 82), qui exhorte les membres de l'ordre des Chartreux à contribuer à la réparation et à la réédification « domus sanctæ Crucis de Jerusalem ».

En 1492, on retrouva, au cours des travaux, l'inscription de la vraie croix (Burchard, *Diarium*, t. 1, p. 449. — Infessura, p. 270).

Saint-Étienne des Hongrois.

Les annotateurs de Ciacconio rapportent qu'Innocent VIII fit réparer l'église consacrée à ce saint[1], mais ils ont évidemment confondu l'église San Stefano degli Onghari, située dans la région du Borgo, avec l'église San Stefano Rotondo, située sur le Cœlius. Ferri, à son tour[2], attribue ce renseignement à Pancirolo[3], qui ne fait mention d'aucun travail analogue exécuté sous Innocent VIII ni dans l'un ni dans l'autre des deux sanctuaires.

Saint-Jean de Latran.

Les historiens de la basilique du Latran ont fait honneur, les uns à Innocent VIII, les autres à Alexandre VI, des travaux entrepris près de l'arc triomphal de ce sanctuaire (on élargit le grand arc triomphal en repoussant les deux grosses colonnes de granit contre le mur des nefs)[4]. Le témoignage d'Infessura tranche définitivement le problème : il nous apprend que ces travaux furent commencés sous le premier de ces papes et terminés sous le second[5].

Parmi les embellissements dus à des particuliers, citons l'érection de l'autel de Guillaume de Perier (voy. p. 34).

Innocent VIII fit en outre réparer le palais du Latran, à l'occasion de son couronnement[6].

---

1. « Innocentius.... ecclesiam S. Stefano Hungariæ regi in Cœlio monte sacram restauravit » (*Vitæ et Res gestæ Pontificum romanorum*, éd. de 1677, t. III, p. 115).

2. *L'Architettura in Roma nei secoli XV e XVI*.

3. *Tesori nascosti nell' alma città di Roma*, éd. de 1600, p. 784-787.

4. « Alexander VI, arcum ante basilicam magnis duabus columnis substentatum, quo totius ecclesiæ tectum sustinetur, et tectum ad aram maximam construxit, quemadmodum ex ejus insigniis, quæ adhuc supersunt, apparet » (Panvinio, *De septem Ecclesiis*, p. 115).

5. « (Innocentius) reparavit ecclesiam Sancti Johannis, videlicet ante tribunam refecit totum tectum, et ibi præparavit duas grossas columnas cum lapidibus marmoreis pro faciendo ibi arcu, qui morte præventus non fuit perfectus » (p. 279-280). Cf. Rasponi, p. 31. — Rohault de Fleury, *Le Latran au moyen âge*, p. 256.

6. 1484, 28 septembre. « Die XXVIII septembris solvit similiter de mandato facto die 27 dicti florenos 160 de carlenis x pro floreno mag° Jacobo de Petra Sancta in deductionem expensarum reparationis palatii Lateranensis et fabricæ

Saint-Jean des Florentins.

D'après M. Pastor (t. III, p. 55), cette église aurait été fondée en 1488. — Ce n'est toutefois qu'à une époque bien postérieure qu'appartient l'édifice actuel.

Saint-Julien des Flamands.

L'église San Giuliano de' Fiamminghi, située près du palais des Cesarini, semble avoir été reconstruite ou restaurée à ce moment : Burchard rapporte du moins que l'évêque d'Ajaccio la consacra le 18 septembre 1491 (*Diarium*, t. I, p. 421. Cf. Mai, *Spicilegium romanum*, t. IX, p. 411).

Sainte-Marie de la Paix.

Innocent VIII y fit compléter la décoration intérieure et placer le bas-relief de marbre que l'on admire sous la corniche de la coupole, sur la face de l'octogone qui répond à la porte [1].

Le tabernacle de l'église fut exécuté par Pasquale de Caravagio, au prix de 300 ducats. (1490. Cf. *Archivio storico dell' Arte*, 1891, p. 465.)

Sainte-Marie du Peuple.

Les neveux de Sixte IV et d'autres prélats fondèrent à ce moment différentes chapelles, ainsi qu'il résulte des inscrip-

---

conclavis ». — Arch. Secr. Vat., vol. 152, fol. 152. Cf. fol. 155 (paiement du 8 octobre 1484 de 241 fl. 38 pour le même objet). — M. 1484-1406, fol. 7 v°.

[1]. « Restò per la morte di Sisto imperfetta l'opera nelli suoi ornamenti, e fù terminata da Innocenzo VIII, suo successore, che fece nella faccia principale di dentro sotto la cornice della cuppola un ornamento di marmo figurato con bassi rilievi, et oro, nel quale con solenne processione traportò detta imagine alli 11 di novembre, e diede la sua custodia alli Canonici regolari Lateranensi » (Martinelli, *Roma ricercata nel suo sito*, p. 164). — « A Sixto IV a fundamentis ædificatum, ab Innoc. VIII perfectum » (Martinelli, *Roma ex ethnica sacra*, p. 232).

tions bien connues que l'on trouvera dans le recueil de M. Forcella (chapelle de Sainte-Catherine, 1489, etc.). Sur le pavement en majolique de la troisième chapelle de droite, voy. Molinier: *La Céramique italienne au XVe siècle*, p. 7-71.

Sainte-Marie « in Via ».

1491. Die 23 augusti, cœptum fuit opus Sanctæ Mariæ in via Lata, videlicet destruere ecclesiam, et aliam novam ædificare cum demolitione arcus triumphalis, supra quem in aliqua parte erat ædificata. In cujus ecclesiæ fabricationem fertur papam (*sic*) obtulisse ducatos 400, vicecancellarius 300, camerarius 200, residuum magistri architectores, cum hoc quod marmora et tiburtini qui reperientur sint ipsorum... (Infessura, *Diario*, p. 268. — Cf. Montfaucon, *Diarium Italicum*, p. 239-240. — Martinelli, *Primo Trofeo della S^{ma} Croce*, p. 159-160. Rome, 1655).

Sainte-Praxède.

Le 18 octobre 1491, le cardinal la Balue fut enterré dans l'église Sainte-Praxède : « in qua positum fuit (cadaver), ut deinde in eadem, in cappella sibi construenda, sepeliatur » (Burchard, *Diarium*, t. I, p. 424.

B. — LES MONUMENTS ANTIQUES

Portes et Remparts. — Ponts. — Le Capitole. — Le Château Saint-Ange. — La Fontaine Trévi.

Voy. *Les Antiquités de la ville de Rome aux XIVe, XVe et XVIe siècles* (Paris, Leroux, 1886), p. 35, 61-62, 129-131, 149-150, 152-153, 156.

C. — LES ÉDIFICES CIVILS

Le Palais de la Chancellerie.

Le biographe de Bramante, M. de Geymüller, est disposé à croire que ce maître donna en 1493 les plans du palais de la Chancellerie [1], palais dont la construction était assez avancée en 1496 pour que le bâtisseur pût s'y installer [2].

Or il résulte du témoignage d'Infessura que le cardinal Riario s'occupait, dès 1489, de l'édification du palais. Nous n'irons toutefois pas jusqu'à tirer de notre document, avec M. Gnoli [3], la conclusion que Bramante n'a rien à voir avec ce chef-d'œuvre de style. Ce serait forcer les textes.

Le Palais Orsini.

1485. In nocte sequenti dictæ diei 30 novembris, combustum fuit palatium mag. Virginii de Ursinis in monte Jordano de Urbe quod Rmus D. de Ursinis consuevit inhabitare (Burchard, *Diarium*, t. II, p. 160, éd. Thuasne).

La « Porta Pinciana ».

1391. 11 avril. Reverendo patri domino G. Blondo, Cameræ apostolicæ clerico, ducatos 17 de carlenis x pro ducato exponendos pro rata tangente Cameram apostolicam pro puteo apud portam Pin-

---

1. *Les Projets primitifs pour la Basilique de Saint-Pierre de Rome*, p. 70.
2. (1489). « S. D. N. misit prædicto cardinali [Sancti Georgii] ut iret ad eum et portaret secum dictam pecuniam ; et dictus camerarius respondit se expendisse eam in lignis et cementis et mercedibus fabrorum, eo quod struebat ejus palatium in platea Sancti Laurentii in Damaso, et illud a fundamentis, potissime quandam turrim ibi in angulo se velle construere et palatium ædificare ; quod ita fecit post, et propterea eam non habere » (p. 252).
3. *Archivio storico dell'Arte*, 1892, p. 176 et suiv.

cianam, ibidem ex commissione dictæ Cameræ et ex commissione et cura ipsius domini Gaspari facto. — A. S. V., Divers. Cam., 1489-1491, fol. 301 v°.

La « Torre del Soldano ».

1490, 11 août. Cum discretus vir magister Petrus Maraccanus architector nuper ex ordinatione Nostra et Reverendorum Patrum Dominorum Cameræ apostolicæ præsidentium et clericorum suis sumptibus et expensis ædificaverit, construxerit et instauraverit unum novum carcerem cum certis cameris in Turri Soldani almæ Urbis, et facto cum eo calculo expensarum hujus modi ascendit in totum ad summam florenorum 279, ad rationem 10 carlenorum pro quolibet floreno et carlenorum 4... — A. S. V., Divers. Cam., 1489-1491, fol. 189 v°.

1492, 28 juin. Prudenti viro magro Petro Muracciono (sic) architectori, salutem, etc. Cum facto tecum computo et calculo de omnibus et quibuscunque laboreriis per te factis usque in præsentem diem ad instantiam Cameræ apostolicæ et pro ea tam apud Turrim Soldani quam circa amatonatum plateæ Agonis et pontis Castri S. Angeli et computatis quibuscunque pecuniarum quantitatibus per te præmissorum laboreriorum occasione a dicta Camera acceptis et habitis, debeas ab eadem Camera pro residuo et complemento totius pretii ab eadem occasione debiti adhuc habere summam duc. 90 de carlenis x pro quolibet ducato et b. 72... — A. S. V., Divers. Cam, 1491-1492, fol. 104 et v°.

La « Tor di Nona ».

1487, 28 mai. De mandato facto die III novembris flor. 96 d. c. custodibus hospitalis S^{ti} Joannis Lateranensis pro pensione quatuor annorum Turris Nonæ inceptorum de mense augusti 1483, numeratos Georgio Albini eorum procuratori. — A. S. V., Intr. et Ex. Cam., 1486-1487, fol. 236 v°.

L'Université.

On prête à Innocent VIII le projet de reconstruire l'Université de Rome. — Voir ci-dessus la préface de Sulpicius, p. 44-45. Cf. Renazzi, t. II, p. 196.

D. — TRAVAUX EXÉCUTÉS EN DEHORS DE ROME

Les Registres des Brefs (A. S. V., n°s 17, 19, 20, 21, etc.) contiennent la mention de nombreuses subventions, dispenses ou franchises accordées à des municipalités ou à des communautés, en vue de la restauration ou de la construction d'édifices religieux, civils, militaires : églises, forteresses, hôtels de ville, ponts, etc. Des volumes ne suffiraient pas pour la reproduction de ces pièces; aussi dois-je me borner à les signaler ici aux historiens locaux, qui désirent pousser leurs investigations plus loin. J'ajouterai que les extraits imprimés ci-dessous ont été faits à mon intention par le professeur Giovanni Gatti.

Amandola. — Église San Pietro in Castagna ; R. 20, fol. 62.

Ancône. — Réparation de maisons dépendant de la mense épiscopale ; R. 20, fol. 158.

Arezzo. — Couvent des Camaldules ; R. 20, fol. 193. — Couvent de la Sainte-Croix ; R. 21, fol. 97 v°.

Argnano. — *Corchiano*. — Paiement de 10 florins, effectué le 21 mars 1485 « pro expensis factis in cameris arcium Corchiani et Arignani » (*Archivio storico dell' Arte*, 1891, p. 466-467).

Avignon.

Plusieurs travaux furent exécutés dans cette ville par ordre d'Innocent VIII, ainsi que le prouvent ses armoiries, autrefois incrustées sur la porte extérieure donnant sur le pont (à la droite, celles du légat della Rovere ; à la gauche, celles de la ville), et sur une tour ronde, la première après la porte du Rhône (Bibliothèque d'Avignon, fonds Massilian, n° 17, fol. 166).

Bagnorea. — Hôpital et tours ; R. 17, ff. 94, 106 v° ; église S. Giov. decollato ; R. 20, fol. 197 v°.

Bolsène. — R. 17, fol. 91 v°.

Camerino. — Monastère de Saint-Laurent ; R. 21, fol. 60.

Capranica. — R. 17, fol. 93.

Caprarole. — Pont ; R. 17, ff. 93 v°, 109-110 v°.

Celleno. — R. 17, fol. 90.

Città di Castello. — Ponts, routes, etc. ; R. 19, ff. 321 v°-322 ; moulin ; R. 20, fol. 322 v°.

Città della Pieve. — Fortifications ; R. 19, ff. 377 v°-378.

Cività Castellana. — Saint-Augustin ; R. 20, fol. 83 v°.

Civitavecchia.

Les Archives du Vatican renferment une longue série de brefs ou de pièces comptables se rapportant aux travaux du port et de la citadelle de Civitavecchia. Ces documents, qui sont à rapprocher de ceux publiés par Frangipani [1], nous font connaître les versements effectués entre les mains de Lorenzo da Pietrasanta, de 1484 à 1492. J'en ai donné le texte dans l'*Archivio storico dell' Arte* (1891, p. 467-468).

Corneto. — 1490, 19 novembre. Document publié dans l'*Archivio storico dell' Arte*, 1891, p. 468. — Remparts ; R. 17, ff. 88 v°, 95.

Ficullo. — 1484, 24 décembre. Réparation des rues, etc ; R. 17, fol. 57.

Florence. — Cathédrale ; R. 21, fol. 316.

Foligno. — Église Saint-Félicien ; R. 19, fol. 227.

---

1. *Storia di Civitavecchia*, p. 124-129.

Gallese. — R. 17, fol. 91 v°.

Gradoli. — Remparts ; R. 17, fol. 81 v°.

Jesi.

Baccio Pontelli mit la main, en 1485, à la construction de la citadelle de cette ville, travail auquel le pape affecta un crédit de 6,000 florins (de 40 bolonais). La citadelle n'était pas encore terminée en 1491, ainsi que le prouve le document que j'ai publié dans l'*Archivio storico dell' Arte* (1891, p. 468).

Lugnano. — R. 17, fol. 93.

La Magliana.

Les travaux exécutés par ordre d'Innocent VIII à la Magliana sont trop connus pour qu'il soit nécessaire d'y insister ici. Les premiers d'entre eux semblent antérieurs à son avènement. En effet, en 1484, après l'élection du nouveau pape, Infessura enregistre le bruit d'après lequel il aurait cédé au cardinal de Parme « palatium Sancti Johannis della Magliana, una cum omni ejus ædificio » (p. 172).

1487. Die jovis 31 et ultima maii, Rmus D. cardinalis Ascanius invitavit præfatum Illus. ducem ad palatium Magliani trans Tiberim per quinque miliaria ab Urbe distans, et ordinata fuit venatio cervorum in campo Merulo, ubi maxima multitudo curialium convenit; interfuerunt etiam plures ex RR^{mis} D D. cardinalibus, videlicet Parmensis, de Sabellis, Columna et Ascanius; fuit tamen unicus et solus cervus captus et unus capriolus (Burchard, *Diarium*, éd. Thuasne, t. I, p. 266).

1490, 26 mars. Flor. ducentos auri de mandato facto die 12 martii magr̄o Gratie Dei magr̄o murorum pro fabrica quam facit ad Maglianam, sibi numeratos. — A. S. V., Intr. et Ex. Cam., 1489-1490, fol. 201. — (1492). Et cum semel papa Alexander destinasset ire et prandere in palatio Sancti Joannis della Magliana, dudum per Innocentium constructo et ornato... (Infessura, p. 284. — Voy. en outre S. dei Conti, *Le Storie dei suoi tempi*, t. II, p. 29. — *Il Buonarroti*, 1866, p. 119).

Marzano. — Couvent de Saint-Jean-Baptiste; R. 20, fol. 147 v°.

Mentana.

Le « castrum Lamentana (civitas Nomentana) » fut démoli en 1486 par ordre d'Innocent VIII (Infessura, p. 197-198. Cf. Nibby, *Analisi storico-topografico-antiquarie della Carta dei Dintorni di Roma*, t. II, p. 413. Rome, 1837).

Mondolfo. — Église Saint-Michel; R. 20, ff. 536 v°-587.

Monticelli. — Citadelle; A. S. V., vol. 571, fol. 185 v° (1485).

Narni. — Église de Saint-Victor, dans les environs; R. 20, fol. 193 v°.

Orviéto. — Couvent des Servites; R. 27, fol. 153.

Osimo.

La citadelle d'Osimo est, comme celle de Jesi, l'œuvre de Baccio Pontelli. Sous les ordres de cet habile architecte-ingénieur travaillaient deux entrepreneurs, dont les documents ci-après reproduits nous révèlent le nom : « Johannes Dominicus Antonelli et Vincentius magistri Antonelli de Incomorio, muratores. » La dépense pour les travaux de maçonnerie dont ils étaient chargés dépassa 21,000 florins de la Marche.

Documents du 23 décembre 1489 et du 4 mars 1491, reproduits dans l'*Archivio storico dell' Arte* (1891, p. 469).

Ostie. — [Innocent VIII se rendait parfois en villégiature à Ostie, chez le cardinal Julien della Rovere (1489, 1490)]. — Burchard, t. I, p. 373-374. — Infessura, p. 254, 261.

Pérouse.

1485, 28 février. Travaux exécutés à la cathédrale (Pastor, t. III, p. 234).

Document du 31 mars 1485, publié dans l'*Archivio storico dell'Arte* (1891, p. 469)

TRAVAUX EXÉCUTÉS EN DEHORS DE ROME

Sur les travaux exécutés dans l'oratoire de la confraternité des « Disciplinati » (église Saint-Dominique), voy. le Reg. des Brefs, n° 20, fol 30.

Pistoja. — Couvent de Saint-Barthélemy; R. 21, fol. 85.

Proceno. — Remparts; R. 17, fol. 94 v°.

Rimini. — Monastère de Saint-Mathieu; R. 20, fol. 24.

Ronciglione. — R. 17, fol. 91.

San Gemignano. — Monastère de Saint-Jérôme; R. 21, fol. 94.

Spello. — Oratoire de la confraternité de la Miséricorde; R. 20, fol. 336.

Spolète. — R. 19, fol. 139 v°.

Sutri. — R. 17, ff. 89 v°-99 v°.

Terracine. — Document du 30 décembre 1489, publié dans l'*Archivio storico dell' Arte* (1891, p. 470).

Tolfa. — Document du 29 mars 1489, publié dans l'*Archivio storico dell'Arte* (1891, p. 470).

Toscanella. — Remparts ; R. 17, fol. 87.

Velletri. — R. 21, fol. 158.

Viterbe.

1484. 18 mai. Palatium quod modo ad habitationem præsidii provinciæ patrimonii in civit. Viterbii extruitur. — A. S. V., R. 17, fol. 37. Cf. Pastor, p. 236. — 1486. 15 septembre. Document publié dans l'*Archivio storico dell' Arte* (1891, p. 470).

1485, 8 mars. Réparation des remparts; R. 17, fol. 56.

Vitorchiano. — Palais ; R. 17, fol. 82.

CHAPITRE IV

L'ORFÈVRERIE — L'ATELIER MONÉTAIRE DE ROME

Le règne d'Innocent VIII marque une phase décisive dans l'histoire de l'orfèvrerie romaine ; les orfèvres favoris de ses prédécesseurs, les Simone di Giovanni, les Paolo di Giordano, les Pietro Vecchio, de Sienne, disparaissent ; ils sont remplacés par des nouveaux venus qui substituent, tout nous autorise à l'affirmer, les principes de la Renaissance à ceux du moyen âge ; les motifs gothiques, dès lors dénués de signification — clochetons aux dentelures bizarres, feuillage recroquevillé — deviennent de plus en plus rares ; l'ornementation inspirée de l'antique, avec sa suprême netteté et sa suprême clarté, étend de jour en jour son empire.

Parmi les maîtres originaires des États pontificaux, de la Romagne ou des Marches, citons Emiliano Orfini, de Foligno, à la fois médailleur et orfèvre ; c'est lui qui grava, en 1484, avec un de ses confrères nommé Leonardo ou Nardo Corbolini, le sceau des bulles pontificales : « stampa plumbi bullarum apostolicarum », travail pour lequel il reçut 100 ducats d'or [1].

Hieronimo de Sutri, l'orfèvre favori de Sixte IV, exécuta encore, en 1484, l'épée d'honneur ; puis son nom disparaît de nos registres jusqu'en 1493.

Pietro Paolo Romano reçut, en 1487, avec Emiliano Orfini, un paiement pour le compte de la monnaie de Foligno.

1. Voy. mon *Atelier monétaire de Rome*, p. 5 (extr. de la *Revue numismatique de* 1884). — *Les Arts à la Cour des Papes*, t. III, p. 241-244.

Michele de Juvenalibus (1490-1509), probablement le fils du peintre attitré de Pie II, occupait une maison appartenant au Chapitre de Saint-Pierre et pour laquelle il payait un loyer annuel de 94 florins [1].

Rainerius figure, lui aussi (1490-1491), parmi les locataires du Chapitre de Saint-Pierre; mais pour un loyer annuel de 20 florins seulement [2].

Marianus Baldini (1489-1490) tient à bail, du même Chapitre, deux maisons à l'enseigne du Pont.

Parmi les autres orfèvres qui étaient locataires du Chapitre de Saint-Pierre, on peut encore citer :

Nardo Corbolini [3] et « Baptista del Judice Laurentii » de Viterbe [4].

Saba di Cola di Giacomo Saba, de Rome, fut un des prédécesseurs de Benvenuto Cellini dans la corporation des massiers pontificaux (« servientes armorum », 1489), et plus tard un des orfèvres favoris de Léon X [5].

Le plus considérable de ces maîtres, par son talent comme par sa situation personnelle, avait pour patrie la petite République de Saint-Marin; il s'appelait Antonio di Paolo de' Fabbri. A la fois diplomate et orfèvre, Antonio da San Marino menait les négociations de sa patrie avec la Curie romaine, en même temps qu'il travaillait avec une rare perfection l'or et l'argent (Cellini l'appelle : « il primo eccellente orefice di Roma »). Le 23 août 1492,

---

1. « Michael Juvenalis aurifex solvit duc. LXXXXIV, pro domo sibi locata ». — Arch. du Chap. de Saint-Pierre, Cens.

2. « Rainerius aurifex solvit pro parte pensionis domus sibi locatæ duc. 20 ». — Ibid.

3. 1490. « Nardus Corbolinus aurifex solvit pro domo, etc. sibi locata in parochia S. Celsi duc. 4 et bol. XXIII (autres versements de 4 et de 5 ducats) ». — Ibid.

4. 1490, 13 novembre. « Baptista del Judice Laurentii aurifex Viterbien. solvit pro integra pens^e domorum sive apothecarum in parochia S. Quirici Viterbien. flor. 18 et bol. 30, qui sunt duc. 8, bol. 30 ». — Ibid.

5. 1489, 26 juin. « Sanctes Cole Sabe, civis Romanus, serviens armorum, admissus fuit et receptus ad officium servientium armorum in locum Bernardini de Nothis de Luca, alias de Castello, per resignationem ipsius Bernardini ». — A. S. V., Innocentii VIII Officiorum libr. V, fol. 70 v°, vol. 697.

il achète, de compte à demi avec Jacopo Magnolino, de Florence, la boutique d'un autre Florentin, Guglielmo di Bartolommeo, qui fut élève, affirme-t-on, d'Andrea Bregno, de Bergame [1]. Antonio ne tarda pas à s'enrichir ; son mariage avec Faustina di Giovanni Federici, en 1512, acheva de fonder sa fortune ; sa future lui apporta, outre un riche trousseau et de nombreux joyaux, 500 ducats de dot. On comprend que le maître, au moment des fêtes du couronnement de Léon X, ait pu se distinguer par un luxe de bon aloi : il plaça au-dessus de sa boutique une *Vénus* antique de marbre qui versait continuellement une eau limpide.

L'amitié d'Agostino Chigi et de Raphaël a plus fait pour la réputation de San Marino que son habileté comme orfèvre [2]. Le prince des banquiers et le prince des peintres n'ont pas eu de confident plus intime. C'est que l'esprit de caste n'a jamais été aussi développé en Italie que dans d'autres contrées ; à l'époque de la Renaissance surtout, les représentants des carrières libérales n'ont jamais songé à dédaigner leurs amis, moins fortunés, réduits à vivre d'un travail manuel. La biographie d'Antonio nous fournit à cet égard un curieux trait de mœurs : l'orfèvre, en même temps qu'il entretenait des relations si cordiales avec le peintre et le banquier favoris du pape, comptait parmi ses plus chers amis un simple barbier d'Urbin fixé à Rome, Bartolommeo Baccarelli : ce fut à lui qu'il laissa, à sa mort, en 1522, une partie du terrain dont il avait hérité de Raphaël.

La Toscane a pour champions à Rome, pendant le pontificat d'Innocent VIII, plusieurs orfèvres d'un réel mérite.

Indépendamment des Pollaiuolo, qui semblent à ce moment avoir fait œuvre de sculpteurs plutôt que d'orfèvres, nous trouvons au service du pape Jacopo Magnolino, de Florence, massier pontifical de 1489 à 1495 [3]. Ce maître exécuta, entre autres, la

1. *Il Buonarroti*, t. I, p. 97.
2. Voy. mon *Raphaël*, 2ᵉ édit., p. 434.
3. 1489, 28 août. « Magister Jacobus Magnolinus laicus Florentinus, S. D. N. aurifex, serviens armorum S. D. N., admissus fuit et receptus ad officium servientium armorum hujusmodi, in locum magistri Nicolai de Trevio Spoletan.

rose d'or de 1486, donnée à Jacques III, roi d'Écosse, et celle de 1487.

Un autre orfèvre florentin, Bartolo figure dans nos comptes en 1486.

Un troisième, Guglielmo di Bartolommeo, vendit, comme on l'a vu (p. 106), sa boutique à Antonio da San Marino.

A n'en juger que par la similitude du prénom et du lieu de naissance, l'un de ces maîtres, Pietro da Milano, serait identique à l'habile médailleur dont la biographie et l'œuvre ont été restituées par Aloiss Heiss [1]. Le fait que Pierre de Milan avait modelé la médaille de Sixte IV et s'était, par conséquent, trouvé en relations avec la cour pontificale, semblait confirmer l'identité de l'orfèvre et du médailleur. Mais Friedlaender a révoqué en doute l'existence de cette médaille [2]. Je craindrais à mon tour de manquer à la réserve qu'il faut apporter dans les études de ce genre en insistant sur le rapprochement des deux noms. Il me suffira donc de signaler mon hypothèse aux chercheurs à venir et de constater que, de 1485 à 1487, l'orfèvre Pierre de Milan toucha une somme d'environ 2,000 florins pour prix des vases en argent commandés par le pape [3].

---

dioces. per ipsius resignationem vacans, prout patet per supplicationem desuper signatam, sub dat. Romæ, sexto kal. septembris, anno VII. N. de Castello ». — A. S. V., Innocentii VIII Officiorum lib. V, fol. 70 v°, vol. 697.

1. *Les Médailleurs de la Renaissance*, 2º fascicule. Paris, 1882.
2. *Annuaire des Musées de Berlin*, t. III, 1882, p. 196.
3. M. Henri de la Tour (*Pietro da Milano*; Paris, 1893, p. 20-21) combat l'identification de l'orfèvre fixé à Rome avec l'auteur des médailles ; il est d'avis que celui-ci n'est autre que le fameux architecte et sculpteur attaché au service des rois de Naples. Peut-être a-t-il raison ; mais je trouve que l'argument sur lequel il se fonde manque de poids : « Comment, dit-il, admettre, même provisoirement, que ces œuvres (les médailles), dont nous nous sommes efforcé de faire ressortir le style puissant et si caractéristique, aient été réalisées par un simple orfèvre ? » M. de La Tour oublie qu'à l'époque de la Renaissance, l'orfèvrerie était la préparation à tous les autres arts. Quoi qu'il en soit, le Pierre de Milan fixé à Naples a fourni une carrière des plus brillantes. En 1463 on le trouve à Bar-le-Duc au service du roi René d'Anjou, comme l'a prouvé M. Maxe-Werly et comme il a été dit ci-dessus (p. 56). D'ailleurs, il y a certainement eu, au xvᵉ siècle, beaucoup d'artistes milanais portant le prénom de Pietro.

Ce sont des pièces d'argenterie aussi, des candélabres et des compotiers, que Pierre de Crema, localité située près de Crémone, exécuta pour Innocent VIII. Il reçut de ce chef, en 1487, environ 1,800 florins d'or.

La Vénétie est représentée par Bartolommeo di Tommaso, qui, pendant de longues années, remplit l'office de joaillier pontifical[1].

Quant à la Ligurie, c'est Ambrogio Mantica, de Gênes, par conséquent un compatriote du pape, qui est son tenant. Ce maître ne cesse de fournir à la cour pontificale des joyaux du plus grand prix. Son nom rappelle celui d'un autre orfèvre génois, Benedetto da Mantica, qui fut condamné à la peine de mort à Sienne, en 1441, pour crime de fausse monnaie[2].

Je citerai également un orfèvre espagnol, Alonsus de Tapia, de Séville, qui, comme tant d'autres de ses confrères, se fit recevoir massier pontifical. Ce maître dora, en 1490, les têtes destinées à l'ornementation de la fontaine de la place du Vatican; il dora également 630 clous ou boulons destinés à l'ornementation d'une porte, enfin deux sonnettes ornées des armoires du pape et placées à l'entrée du palais[3].

Quant à maître Nicolas, qui, d'après Vasari, aurait porté le titre d'orfèvre attitré d'Innocent VIII, et qui aurait eu l'insigne honneur d'être pourtrait par Mantegna, j'avoue n'avoir pas une seule fois rencontré son nom. N'y aurait-il pas là une de ces confusions trop fréquentes chez le père de l'histoire de l'art?

---

1. Bertolotti, *Artisti veneti a Roma*, p. 12.
2. Gualandi, *Memorie*, t. IV, p. 131. — La famille génoise de Mantica est mentionnée par Alizeri dans ses *Notizie dei Professori del Disegno in Liguria* (t. VI, p. 381).
3. Dans ses *Recherches sur l'Orfèvrerie en Espagne*, mon regretté ami le baron Davillier a fait connaître plusieurs orfèvres espagnols fixés en Italie à l'époque de la Renaissance (p. 167, 187, 204, etc.). Le travail de Caffi nous permet d'ajouter à cette liste le nom de Giovan-Francesco de Tolède, qui exécuta, en 1477, des candélabres en argent pour les religieuses du « Monastero Maggiore » de Milan (*Arte antica Lombarda*; *Oreficeria*, p. 10).

Après la biographie des artistes, quelques mots sur l'histoire même des œuvres.

Nous connaissons aujourd'hui, à peu de détails près, le sort des épées d'honneur distribuées par Innocent VIII.

En 1484, l'épée, exécutée par Hieronimo de Sutri, est donnée au prince François d'Aragon.

En 1485, l'épée ne reçoit pas de destination immédiate.

En 1486, le titulaire est le comte de Tendilla. Cette arme, à poignée d'argent, se trouve aujourd'hui encore à Madrid, dans la famille Tendilla (Communication de M. le comte de don Juan de Valencia)[1].

En 1487, l'épée est exécutée par Jacopo Magnolino, à l'exception de la lame, qui sort de l'officine de l'Espagnol Alfonso.

En 1488, l'épée est donnée au maréchal Jean-Jacques Trivulce.

A une date inconnue, l'épée est donnée à Ferdinand V d'Espagne.

En 1491, l'épée est donnée au landgrave de Hesse. Cette épée se trouve aujourd'hui au Musée de Cassel. On en trouvera la description et la gravure dans mon *Histoire de l'Art pendant la Renaissance* (t. I, p. 692-694) et dans le travail de M. Lessing.

Moroni[2] n'indique la destination que de quatre des roses données par Innocent VIII. Il rapporte que celles de 1485 furent données au duc Hercule de Ferrare et au « comes Delfini, orator regis Franciæ » (Burchard, t. I, p. 142), celle de 1486 (exécutée par Magnolini) au roi Jacques IV d'Écosse, et celle de 1488 à Trivulce.

Il ajoute que celle de 1493 fut donnée à la reine Isabelle d'Espagne, mais cette remise eut lieu, nous le verrons, en 1490, non en 1493 (Burchard, *Diarium*, t. I, p. 399).

Le *Diarium* de Burchard nous fait connaître la destination de

---

1. Voy. la *Revue de l'Art chrétien*, 1889, p. 408, et 1890, p. 281 et suiv. ; — le *Jahrbuch* des Musées de Berlin (1895, article de M. Lessing : *Die Schwerter des preussischen Krontresors*).

2. *Dizionario di Erudizione storico-ecclesiastica*.

trois autres roses : celle de 1487 fut donnée « D. magnifico duci Monopoliensi, in partibus infidelium existenti » (*Diarium*, t. I, p. 245), celle de 1489 à « Johannes dux Cliviensis » (t. I, p. 345), et celle de 1492 au duc Albert de Saxe (t. I, p. 458).

Un anneau d'investiture d'Innocent VIII a été décrit par Mgr Barbier de Montault dans la *Revue de l'Art chrétien* (nouv. série, t. IV, p. 604, 605)[1].

Un fer à gaufrer, aux armes d'Innocent VIII, a été acquis en 1889 par le Musée du Louvre[2]. Nous donnons ci-contre la reproduction d'une des faces (l'autre est de tout point semblable).

On conserve dans le trésor de Saint-Pierre le reliquaire, fort élégant, qui servit au transport de la Sainte-Lance. Il a la forme d'une boule et est en cristal. Le pied, découpé en six lobes, est, comme le couronnement, en or émaillé[3].

Un mot également sur l'atelier pontifical des monnaies.

L'atelier de Rome avait pour directeur Antonius Altoviti, qualifié de « magister zecchæ »[4].

D'après Cinagli, le nombre des monnaies frappées sous Innocent VIII s'élève à 28. Ces monnaies ont pour ornements, au droit, tantôt les armoiries du pape, tantôt la tiare, tantôt la figure du pape assis, tantôt les clefs; au revers, tantôt les clefs ou deux figures, ou la barque de Saint-Pierre, ou deux bustes, deux demi-figures, un aigle, etc.

1485. 13 janvier. Solvi faciatis magistro Petro aurifici mediolanensi flor. auri de Camera in auro 500 in deductionem majoris

---

1. Sur ces anneaux, voy. Frimmel, *Die Ceremonienringe in den Kunstsammlungen des all. Kaiserhauses*, extr. du t. XIV du *Jahrbuch* des Musées d'Autriche.
2. Communication de M. Saglio à la Société des Antiquaires de France : *Bulletin*, 1889, p. 223.
3. Barbier de Montault, *OEuvres complètes*, t. II, p. 117.
4. Voy. mon *Atelier monétaire de Rome*, p. 5-9. — Le cardinal Garampi a publié dans l'*Appendice de' Documenti* (p. 202) les « capitoli della Zecca di Roma nel 1487 »; Fioravanti les a reproduits également (p. 146).

FER A GAUFRES
AUX ARMES D'INNOCENT VIII
(Musée du Louvre.)

summæ sibi debitæ pro pretio nonnullorum vasorum argenteorum pro S. D. N. papa. — M. 1485, fol. 33 v°. Cf. Arch. Seg. Vat., 1484-1485, fol. 181 v° (document du 7 février 1485; l'artiste y est appelé « Petrus de Mediolano »).

1485. 28 février. Magistro Jeronymo de Sutrio aurifici pro argento, factura et auro ensis pontificalis et aliis pro dicto ense necessariis, florenos 176, bon. 58 de carlenis x pro floreno. — M. 1484-1486, fol. 47. — A. S. V., vol. 511, fol. 186 (184 fl.,60).

» 16 avril. Magistro Jacobo (de Magnolino, Florentino) aurifabro pro diversis vasibus (sic) et laboreriis argenteis per eum S. D. N. assignatis summam pecuniarum infrascriptam, et primo :

Pro scutellis 6, tondis 6, scutellinis 6, ponderis librarum 23, ad rationem carlenorum 93 pro qualibet libra, florenos ccxiii, bol. lxvii.

Item pro deauratura dictorum vasorum florenos 90 auri largos.

Et pro coclearibus 6, forcinis 6, ponderis librarum 1, onc. 3, ad rationem karlenorum 93 pro libra, florenos 11, bol. 45.

Et pro deauratura dictorum coclearium et forcinarum florenos iiii auri largos.

Item pro manifactura totius supradicti laborerii florenos 16 cum dimidio.

Et pro uno cinto ex veluto pavonatio pro S. D. N. florenum 1, bol. 37 1/2.

Et pro fulcimento ejusdem ex auro ponderis denariorum 8, florenos 6 auri.

Et pro manifactura ejusdem florenum 1, in totum florenos vii 1/2 de karlenis x pro floreno.

Et pro smalto unius bacillis magni, videlicet pro arma (sic), argento, auro et manifactura, florenum 1 cum dimidio.

Et pro 4 candelabris argenteis ponderis librarum 4, ad rationem florenorum 10 auri in auro pro qualibet libra, florenos 40.

Item pro 4 moletis deauratis, videlicet 2 pro candellis et alia pro medican°, ponderis onciarum 4 1/2, in totum cum auro, argento et manifactura, florenos 5.

Item pro argento posito in bacilli barbitonsoris, videlicet libr. 1, onc. 1 1/2 pro melioramento dicti argenti ac pro deauratura bacillis, in totum florenos 18.

Et pro manifactura ejusdem florenos 6.

Et pro 2 cathenellis aureis pro scarsella S. D. N., ponderis onc. 3, den. 9, et pro manifactura earumdem, in totum florenos xxi.

Et pro 4 maglet(tis) aureis pro 2 pileis ex bevaro pro S. D. N., florenum 1.

Item pro deauratura et aptatura unius fulcimenti scarcellæ S. D. N., florenum 1.

Et pro deauratura unius bacillis quod donavit Rmus dominus cardinalis Ulixbonensis, florenos 12.

Et pro armis 2 relevatis positis in 2 bacillibus additis onciis 3 argenti.

Et pro deauratura et manifactura, in totum florenos 4.

Et pro uno smalto posito in uno bacilli deaurato florenum 1.

Et pro armis duabus smaltatis positis ad modum linguæ serpentinæ.

Constituentes in totum summam florenorum 475, bol. LX^{ta} de karlenis x pro floreno. — M. 1484-1486, fol. 63. — A. S. V., vol. 511, fol. 200 (510 florins,70).

1485. 22 avril. Magistro Ambrosio Manticha florenos auri d. c. in auro 59 pro diversis gemmis quas S. D. N. emit ab ipso. — M. 1484-1486, fol. 72 v°. — A. S. V., vol. 511, fol. 207.

» (Même date). Magistro Jacobo aurifici [Florentino] florenos 112 auri d. c. in auro pro diversis gemmis quas vendidit S. D. N. cum auro et manifactura. — M. 1484-1486, fol. 72 v°. Cf. A. S. V., Intr. et Exit., 1484-1485, fol. 200. — Vol. 511, fol. 214 v°.

» (Même date). Magistro Olivierio a Mari (Aimari?) florenos 48 auri d. c. in auro pro diversis margaritis quas vendidit S. D. N. pro eodem pretio. — M. 1484-1486, fol. 82 v°. — A. S. V., vol. 511, fol. 200 (pro diversis jocalibus…).

» 26 avril. Dicta die solvit florenos 129 auri d. c. d. Jeronimo de Leonibus (ou Lionibus) pro diversis jocalibus S. D. N. venditis. — A. S. V., vol. 511, fol. 201.

» 5 octobre. De mandato facto die x martii florenos 550 Juliano Gallo civi romano pro totidem quos solverat societati de Medicis pro redimendo quædam jocalia d̄ni Pauli de Ursino, de mandato S. D. N. — A. S. V., Intr. et Ex., 1485, fol. 158.

1486. 27 janvier. Honorabili viro magistro Bartholo aurifici de Florentia florenos 16 de karlenis x pro floreno pro factura baculi argentei deaurati donati Ill. d. Roberto de Sancto Severino confaloniero Sanctæ Romanæ Ecclesiæ. — M. 1484-1486, fol. 158. — A. S. V., 1485, fol. 189, avec la date du 27 février.

» 28 mars. Flor. 220 auri de Cam. magistro Jacobo Magnolio

aurifabro pro rosa pontificali, videlicet fl. 200 pro libris 11, un. 1 1/1 auri fini et fl. 20 pro factura. — A. S. V., fol. 215 v°.

1486. 19 juin. Ducatos auri in auro d. c. 1020, florenos 6 pro 76 perlis pretii flor. 380, pro xx perlis pretii flor. 360, pro xxv perlis pretii flor. 300, pro xxiiii perlis pretii flor. 480, pro perlis x pretii flor. 359, pro perlis lvi pretii flor. 900, pro xi smiragdis cum ii perlis pretii flor. 822 et pro i perla grossa pretii flor. 822, et pro perlis 105 et i smiragdo in taula (tabula?), et pro ii smiragdis quatris, in totum pretii cum i perla grosa, et perlis v longis flor. 925, habitis omnibus a Sua R̄ma D. per manus Rici (sic) de Rubeis, mercatoris florentini, ideo pro residuo dictarum quantitatum et pretiorum perlarum et smaragldorum (sic) pro usu regni pontificalis habitorum dictos 1026 florenos. — M. 1484-1486, fol. 209.

1487. 26 janvier. De mandato facto die 23 decembris flor. 1802 et auri, b. 40 S. D. N. in residuo pretii candellabrorum et confeteteriorum argenti habitorum a mag̅ro Petro de Crema aurifabro, ad introitum a dicto Petro in præsenti libro fol. 40. — A. S. V., Intr. et Ex., 1486-1487, fol. 195.

» 31 janvier. Magro Petro de Crema orifici (sic) florenos 220 in deductionem ejus credidi quod habet cum Camera apostolica. — M. 1487-1488, fol. 19.

» 19 mars. Magistro Jacobo Magnolini aurifici de Florentia, florenos 220 auri de Camera pro magisterio et auro rosæ anni præteriti, videlicet florenos 200 pro duabus libris et una uncia cum dimidia auri fini, et florenos 20 pro magisterio. — M. 1487-1488, fol. 30.

— De mandato facto die xviii dicti flor. 220 auri de Camera m° Jacobo Magnolino aurifabro pro rosa pontificali anni præsentis, videlicet fl. 200 pro libris ii onc. 1 1/2 auri fini et flor. 20 pro factura. — A. S. V., Intr. et Ex., 1486-1487, fol. 215 v°.

» 28 avril. De mandato facto die xxvii martii flor. 350 auri S̄mo D. N. in valore unius adamantis habiti a societate Saulorum in uno partito facto cum eis, ut patet in præsenti libro, fol. 24, quem ejus Sanctitas habere voluit pro suo usu. — A. S. V., Intr. et Ex., 1486-1487, fol. 224 v°.

» 26 juillet. Il est question de l'acquisition faite chez « Dominicus Petri, mercator Venetus », de rubis, de diamants, d'émeraudes, de perles et d'autres joyaux d'une valeur de 12,000 ducats (A. S. V., Divers., 1486-1487, ff. 230 v°-232 v°).

» 31 juillet. De mandato facto die 28 dicti flor. 2000 auri d. c.

Laurentio de Medicis et sociis in valore pannorum pro pretiis consuetis, etc. Et sunt pro pretio unius perlæ in forma piri de k(aratis) 24 vel circa per dictam societatem S^mo D. N. venditæ. Et dicti panni assignati fuerunt Nofrio Tornabono. — A. S. V., Intr. et Ex., 1486-1487, fol. 263.

(Sans date : 1488?). Innocentius pp. VIII. Præsentium tenore actestamur per manus dilecti filii Gerardi Ususmaris perlam unam in forma unius piri ponderis carratorum 24 vel circa emptam et habitam a societate de Medicis et computata pro summa 2000 ducatorum auri d. c. in auro et in valore pannorum et rerum juxta consuetudinem Cameræ apostolicæ habuisse et pro nobis habere sat. (sic). — A. S. V., Divers. Cam., 1487-1488, fol. 198.

» 29 septembre. Flor. 492 auri d. c., bol. 24 magistro Jacobo Magnolino aurifabro florentino pro manifactura, videlicet pro empse (sic), pileo et rosa pontifical. cum suis ornamentis. — A. S. V., vol. 516, fol. 160. Un document plus détaillé, portant la date du 25 septembre, est publié dans la *Revue de l'Art chrétien* : 1890, p. 287-288.

1488. 10 avril. Spectabili viro Paulo de Poliascha mercatori januensi, salutem, etc. Cum nuper vendideritis S. D. N. perlas 56 pretio 2900, et unam crucem adamantibus contestam (sic) pretio 525, ac adamantem unum in tabula ad usum anuli auro ligatum pretio L. duc. auri in auro largorum, quibus magnificum dominum Dominicum de Auria custodiæ Palatii capitaneum pro ejus uxore, necnon saffirum unum pretio 300 duc. similium, quo illustram D. ducem Urbini in proximis ejus nuptiis, ac centum lxv perlas pretio 412 duc. similium cum dimidio, quibus magnificam D. Theodorinam pro usu filiæ ipsius D. Theodorinæ Sanctitas Sua respective donavit, constituentes in totum summam 4187 duc. cum dimidio auri in auro largorum ... (etc.). — Ibid., ff. 83 et v°.

» 11 août. Spectabili viro Paulo de Poliasca mercatori januensi, etc. Cum tu S. D. N. vendideris lapides pretiosos, jocalia sive gemmas infrascriptas, videlicet 56 perlas pro pretio 2900 ducatorum auri in auro largorum, et unam crucem de adamantibus pro similibus ducatis 525, et unum adamantem in tabula ad usum annuli pro ducatis 50 similibus, zaffirum unum pro ducatis 300, item perlas 165 pro ducatis 412 cum dimidio : constituentes omnes dictæ summæ, computando ducatos auri in auro largos, in totum summam ducatorum 4187 cum dimidio... — Ibid., ff. 182 v°-185 v°.

» 24 juillet. Spectabilibus viris Laurentio de Medicis et sociis, etc.

Mutuastis Cameræ apostolicæ et S. D. N. papæ ducatos 2200 auri in auro largos pro valore unius valassii (sic) grossi præfato S. D. N. venditi et pro dicto pretio consignati : volentes igitur indemnitati vestræ et satisfactioni providere de mandato, etc., auctoritate, etc. communicato, etc., tenore præsentium declaramus vos pro dicta summa 2200 duc. prædictorum veros creditores et Cameram ipsam cum omnibus introitibus suis ac etiam pecuniis x^{mo} sive cruciatæ in regno Portugaliæ (sic) modo impositæ vobis efficaciter obligatam esse (etc.). — A. S. V., Divers. Cam., 1487-1488, ff. 171 v°-172 v°[1].

1488. 25 juillet ... Magro Jacobo Magnolino aurifici florenos 244 de k. 10 pro floreno cum tribus quartis alterius floreni pro valore pontificalis per eum Sanctissimo Domino Nostro assignati.—M. 1477-1488, fol. 251 v°.

» 22 décembre. Fl. auri papales 1200... Cosime Micono mercatori et joelerio januensi pro valore certorum jocalium ab eo emptorum per Sanctissimum Dominum Nostrum papam et [per] ejus S^{tem} liberaliter donatorum dominæ Perritæ uxori domini Dominici de Vierra (?) capitanii (sic)... Palatii apostolici. » — M. 1488-1490, fol. 57 v°.

1489. 6 mars. Flor. 57 auri largos magistro Ambrosio Mantica aurifici januensi pro certis laboreriis factis et jocalibus assignatis S. D. N. — A. S. V., vol. 518, fol. 202 v°.

» 24 avril. Spectabili viro magistro Jacobo Magnolini aurifici florentino in Romana Curia commoranti, etc. Cum vos a principio pontificatus S^{mi} D. N. papæ usque in præsentem diem de mandato ejus Sanctitatis vobis per R̄mos d̄nos L. Beneventanum et A. Sanctæ Anastasiæ, Sanctæ Romanæ Ecclesiæ cardinales, facto feceritis et laboraveritis ac pro usu ejusdem Sanctitatis et Palatii apostolici tradideritis diversas res diversis temporibus ex auro et argento sumptibus vestris fabricatas, summam 1112 ducatos auri de Camera in auro valentium (sic) atque constituentium (sic) pro residuo totius summæ ex dicto computo vobis debito, prout per quoddam folium per R̄mos d̄nos cardinales præfatos subscriptum et per R^{dos} patres d̄nos præsidentes et apostolicæ Cameræ clericos in plena Camera visum atque examinatum manifeste constat. Et propterea in Camera ipsa cum instantia petieritis ut de dictis 1112 ducatis vobis satisfieri

---

1. Cette mention de paiement fait double emploi avec la précédente, mais, comme elle contient quelques détails nouveaux, il m'a paru utile de les reproduire toutes deux.

mandaremus. Nos vestris justis petitionibus annuentes et vestræ indemnitati providere volentes, de ejusdem Sanctitatis mandato, etc., auctoritate, etc., communicato, etc. — A. S. V., Divers., 1487-1488, ff. 276 v° et 277.

1489. 30 avril. Ambrosio Mantica januen(si) aurifici florenos 82 auri in auro papales pro certis laboreriis et giogiis factis et assignatis S. D. N. — M. 1488-1480, fol. 87.

(Même date). De mandato facto die præsenti per introitum et exitum florenos 600 auri d. c. S^{mo} D. N. pro expensis extraordinariis pro totidem quos societas de Spannochiis mutuavit Cameræ et fuerunt expositi in castris contra Columnenses per manus D. Dulcis (sic) de Spoleto commissarii, pro quibus, sede vacante, habuerunt certos zaffiros in pignus, quibus per eos restitutis habuerunt assignamentum super spirituali, prout apparet per patentes eisdem concessas sub data xxvii maii 1485. Ad introitum a dicta societate de Spannochis in præsenti libro fol. 59. — A. S. V., Intr. et Ex., 1488-1489, fol. 200 v°.

» 27 août. Item dedi eodem die carlini papali 2 ad mastro Mariano orefice per l'arme che puse nel calice che a lassato madonna Eugenia, come appare in questo libro eodem mense all' entrata, præsente priore, b. xv. — Sagr. di S. Agostino, 1474-1496, fol. 48.

» 5 novembre. De mandato facto ut supra florenos 3390 auri largos per introitum et exitum S^{mo} D. N. pro expensis extraordinariis, videlicet d. 2887 quos Paulus Poliasca (sic) Januensis restabat habere a Sua Sanctitate ex summa 4887 ex causa jocalium venditorum Suæ S^{ti}, et duc. 502 eidem Paulo pro interesse dictorum 2887 non solutorum in tempore et pro interesse d. 468, in quibus dictus Paulus est creditor Cameræ in alia manu. Ad introitum dicto Paulo in præsenti libro fol. 16. — A. S. V., Intr. et Ex., 1489-1490, fol. 165. — Voy. ci-dessus, p. 116.

» 14 décembre. Florenos 60 de k. x. pro floreno bl. 60...

Pro unciis vii 1/8 margaritarum pro ornamento pilei et ensis pontificalis anni præsentis 1489 in quibus exposuit florenos 50 similes.

Item pro racamatura ejusdem pilei florenos 3.

Item pro duobus pileis de bevana (bevaro) et pro una frangia florenos 3, bol. xxx.

Item pro duobus palmis veluti cremusini pro fodera dicti ensis. — M. 1488-1490, fol. 194 v°.

1490. 1er mai. Fo fede io mastro Jacobo Magnolini orfo (sic) questo di primo magio 1490 como io extimai per dicto (sic) de Monsr Rmo card^le de Benevento de la valuta de chiodi 630 de bronzo dorati ha facto maestro Alonso sergente d'arme, li quali stimo ad mio parere et conscienta valiano ducati 300 d'oro in oro, et cossi dicto di ne fece relazione ala Sua R̄ma S. (Signoria) et ad suoi camerari perche loro per sua parte me ne domandarono. Et ad feda de la verità ho facto questa de mia propria mano. Jacobo mano propria.

Et piu fo fede io Jacobo o(rafo) predicto questo die (sic) 3 de luglio, como Justiniano camereri del R̄mo Card^le de Benevento per parte de sua R̄ma S. me dixe che dovesse extimare quello valeva doi campanelle con le arme de N. S. messe a la porta de palazo con tucti suoi fornimenti como se vede : stimo ad mio parere valiano ducati 50 d'oro fra rame, oro, factione et cossi judico. Jacobo mano propria.

— 24 septembre. Egregio viro Alonzo de Papia layco de Sibilia servienti armorum, etc. Cum tu certos clavos et alia laboreria pro hostio magno Palatii apostolici et etiam pro fonte plateæ Sancti Petri, quæ omnia estimata fuerunt in totum ducatis 470 auri d. c. prout in quodam folio in libro IIII° diversorum folio 198 supra regestrato apparet. Et justum sit ut tibi ea summa solvatur, sed cum præfatus S^mus D. N. intendat in uno officio cursoratus sive sollicitatoris primo vacaturo debitam pro dictis 470 duc. dare recompensam et satisfactionem, securitati tuæ providere volentes, de speciali mandato, etc., auctoritate, etc. communicato, etc. præsentium tenore in eventum quod officium ipsum non asseqquaris declaramus te dictæ Cameræ pro eadem summa 470 duc. verum creditorem... — A. S. V., Divers., 1489-1491, ff. 197, 198 v° et 199.

1490. 30 août. 8000 duc... pro mandato facto die XIII augusti, etc. Laurentio de Medicis et sotiis, etc. in deductionem crediti, etc. et duc. 600 pro pretio unius smaragdi venditi S. D. N. per dictos de Medicis, etc. — A. S. V., Intr. et Ex., 1489-1490, fol. 231.

1491. 15 août. Mag^ro Jacobo Magnolino aurifici ducatos 377 et carl. 6 pro residuo et complemento cujuscunque quantitatis argenti per eum fabricati usque in præsentem diem ad usum S. D. N. — A. S. V., Divers., 1489-1491, fol. 355 v°.

1492. 18 juin. Flor. 25 auri D. An(tonio) de Viterbio (cam. ap. clerico) pro fabricandis argentis capellæ. — A. S. V., Intr. et Ex., 1491-1492, fol. 218 v°. Cf. fol. 219.

» 2 août. Dilecto, etc. Alfonso Hispano servienti armorum, etc. cum tu ex artificio tuo deaurandi ferramenta tempore fe : re : Innocentii papæ VIII et pro sacristia Palatii apostolici quædam laboreria ac etiam pro ornamento equorum stabuli ipsius papæ feceris, de quibus visis computis per Rdos patres dominos Cameræ apostolicæ clericos et præsidentes constat te creditorem fore in ducatis 300 auri d. c. in auro. Et ideo indemnitati tuæ providentes præsentium tenore, auctoritate, etc., sede vacante per obitum dicti Innocentii papæ, declaramus te pro dicta summa 300 ducatorum verum creditorem Cameræ apostolicæ, etc.

— (En marge). — Cassa quia habuit aliam compensam, videlicet assignamentum majoris summæ, videlicet prædictorum 300 duc. et aliorum 263 et aliorum duc. 40 auri de Cam. super dictis spiritualibus introitibus; patet per patentes de tempore D. Alexandri in libro primo diversorum, folio 133. — A. S. V., Divers. Cam., 1491-1492, ff. 130 v° et 131.

1492. 3 août. Spectabilibus viris Berto Berti et sociis mercatoribus florentinis romanam curiam sequentibus, salutem, etc. Cum societas de Stroziis fe : re : Innocentio papæ VIII summam 6000 ducatorum mutuaverit, assignatis eisdem mercatoribus quibusdam pignoribus et præsertim quodam bottone pontificali pretioso et diversis gemmis munito, et cum conditionibus quod dicti de Stroziis dictum bottonem et alia pignora apud vos retinere possetis quousque esset vobis satisfactum, prout in Camera apostolica expeditis (*literis*) et sub dicta IIII maii MCCCCLXXXVII° plenius continetur (etc.). — A. S. V., Divers. Cam., 1491-1492, fol. 125 et v°.

1493. 3 juillet. Dilecto, etc. Alfonso Hispano, servienti armorum, etc., barisello provinciæ patrimonii, salutem, etc. Alias tempore fe : re : Innocentii papæ VIII pro nonnullis laboreriis ex tuo artificio deaurandi ferramenta in capella apostolica et pro sacristia ac etiam pro porta Palatii et aliis de causis declaratus fuisti Cameræ apostolicæ creditor de summa 300 ducatorum auri de Camera in auro, prout patet per literas nostras patentes sub data die 11ª augusti anni proxime præteriti : postmodum vero S. D. N. et pro ornamento equorum stabuli et pro camera Suæ Sanctitatis pro sedibus et aliis rebus ad usum cameræ suæ; visis computis etiam de fornimentis equorum stabuli sui, (quum) constet te creditorem esse de alia summa 263 ducatorum in una manu, et in alia manu ducatorum 40 similium. Et cum deputatus fueris barisellus dictæ provinciæ patrimonii ad unum annum et deinde ad beneplacitum Sanctitatis præfatæ, prout patet in Brevi suo de super expedito. Quocirca (etc.). — A. S. V., Divers. Cam., 1492-1495, ff. 133 v° et 134.

SCEAUX DES BULLES PONTIFICALES
Depuis Sixte IV jusqu'à Jules II.
(Archives nationales de Paris).

CHAPITRE V

LA TAPISSERIE ET LA BRODERIE — LE MOBILIER ET LE COSTUME — LES FÊTES

LA TAPISSERIE ET LA BRODERIE

Malgré sa détresse financière, Innocent VIII ne trouvait aucune étoffe trop belle, trop chère, pour lui : il consentit à payer jusqu'à 100 ducats d'or (plus de 5000 francs de notre monnaie !) pour une seule canne de brocart d'or. Son pluvial blanc était si riche qu'un de ses successeurs, Jules II, ne dédaigna pas de s'en revêtir le jour de son « possesso »[1]. Non moins somptueux étaient les présents destinés à la chapelle Sixtine. On en jugera par les documents reproduits ci-après : le 16 décembre 1489, Alessandro della Casa était créditeur de ce chef de 393 ducats d'or, outre les acomptes qu'il avait déjà reçus (A. S. V., Divers, 1489-1491, fol. 62). En 1489 Innocent VIII fit venir du Caire sept tapis de grande dimension, d'une valeur de 1,234 ducats d'or. En 1492, il fit don à Teodorina Cibo de 500 aunes de tapisseries, évaluées 1,000 ducats d'or (A. S. V., Intr. et Exit., 1491-1492, fol. 244).

Parmi les brodeurs nous relevons les noms de Giovanni Battista et de Hieronimo de Florence, d'Alessandro, de Domenico, d'Andrea, de Federigo Tedesco, de Stefano, de Pietro.

1484. 14 décembre. Franc° Bosii et fratribus de Mediolano pro 50 foliis stagnoli deaurati magro Andreæ racamatori flor. 1. — M. 1484-1486, fol. 27 v°.

---

[1]. Burchard, t. II, p. 29, 227, etc. Cf. Cancellieri, *Storia de' solenni Possessi*, p. 57.

1485. 9 mars. Magro Johanni de Florentia pro factura diversorum vexillorum et pro quibusdam stantiis ad usum ill. D. capitanei Sa(nctæ) Ro(manæ) Ecc^m, in totum duc. 164 et bon. 20 ad rationem 10 carlenorum pro quolibet duc. — M. 1484-1486, fol. 52 v°.

» 20 septembre. De mandato facto die v septembris florenos 80 auri Christoforo de Bufalo civi romano pro palio festivitatis Corporis Christi. — A. S. V., Intr. et Ex., 1485, fol. 154 v°.

1486. 25 janvier. Item dedi die mercurii xxv mensis b^{li} 20 per 4 braccia de fetuccia larga de seta de diversi colori, per grosso uno lo braccio, et b^{li} 3 per una uncia de filo. Et carlini papali 3 per magisterio ad mastro Juhanni Lumbardo sartore per acconcime de la pianeta violata de Misser Jacobo de Scechatis, summa b. xlv, d. viii. — Sagr. S. Agostino, 1474-1496, fol. 34.

» 13 mai. Pro stendardo mag^{ci} domini Jacobi Bonarelli de Ancona (nuperrime) senatoris almæ Urbis flor. 70 de carl. lxx pro fl. — M. 1485-1488, fol. 51.

» 17 juillet. Honorabilibus viris Arnoldo Straper, Livino de Valle et sotiis mercatoribus (de Flandria) Romanam Curiam sequentibus, pro residuo certorum pannorum aureorum, videlicet unius *Septem Artium liberalium*, et alterius *Historiæ sancti Georgi,* per nos ab eisdem mercatoribus emptorum... 240 fl. aur. de Cam. — Div. 45, fol. 28 v°; Zahn, *Notizie artistiche tratte dall' Archivio Segreto Vaticano*, p. 22.

» 13 novembre. De mandato facto die 31 octobris per introitum et exitum flor. 4000 auri d. c., videlicet fl. 2666 2/3. S. D. N. numeratos R^{do} D. archiepiscopo Cusentino per manus societatis de Strozzis. Et flor. 1333 1/3 Carolo de Martellis et Petro de Ricasulis pro allis 666 2/3 pannorum de Ratio eis assignatis pro ipsorum securitate unius promissionis factæ nomine Cameræ dictæ societati de Strozzis, ad introitum ab eadem in præsenti libro fol. 20. — A. S. V., Intr. et Ex., 1486-1487, fol. 175 v°.

» 18 novembre. Magistro Johanni Friderico banderario pro diversis rebus et manufactura vexilli dati Dno Roberto de S^{to} Severino. — A. S. V., vol. 514, fol. 177.

1487. 6 février. Imprimis dedi die lunæ vi mensis carlini papali 13 e mezo a mastro Federico Todescho arracchamatore al Pellegrino per 6 arme poste a 6 cappuccini di 6 piviali de inbrochati che forono della bona memoria de Monsignor de Rouano nostro protectore[1], per

---

[1]. Le cardinal Guillaume d'Estouteville.

preczo facto per manus prioris dell'arme de monsignore supradicto, et suo magisterio carlini papali 9 le 4 arme. Et le 2 carlini papali 4 e mezo, summa duc. 1, b. xxviii, d. viii. — Sagr. S. Agostino, 1474-1496, fol. 37.

1487. 10 mai. Ma$\overline{\text{gr}}$o Johanni de... (en blanc) banderario florenos 35 de flor. x pro floreno, bol. 64 pro 9 banderiis de bochasino cum suis fulcimentis et manufactura earum cum armis S. D. N. per eum factis. — M. 1487-1488, fol. 51.

» 28 juin. De mandato facto per introitum et exitum die 28 præsentis flor. 908 auri de Camera S^{mo} D. N. pro totidem positis ad introitum in præsenti libro fol. 100 ab Alexandro de la Casa pro valore unius pallii ad usum capellæ, ut latius patet in eodem fol. 100. — A. S. V., Intr. et Ex., 1486-1487, fol. 248.

» 13 juillet. De mandato facto die 27 aprilis per introitum et exitum flor. 3333 auri, bl. 24 R^{do} d$\overline{\text{no}}$ Nic. archiepiscopo Cusentino, in pannis et drappis pro pretio consueto, de quibus debet reddere compuctum. Ad introitum a societate Saulorum, in præsenti libro, fol. 105. — Ibid., fol. 255.

» 23 juillet. Spectabili viro d$\overline{\text{no}}$ Johanni de Tornabonis, salutem, etc. Cum vos nuper vendideritis S. D. N. papæ certam quantitatem pannorum auratorum pro conficiendo quoddam pallium pro pretio et valore 700 ducatorum auri de Camera in auro, de quibus estis verus apostolicæ Cameræ creditor, prout patet ad ordinarium introitum dictæ Cameræ libro 3 folio... (en blanc), idcirco nos, prout ad nostrum spectat officium, vestræ indemnitati et securitati providere volentes, etc. — A. S. V., Divers. Cam., 1486-1487, fol. 227 v°.

» 26 juillet. It. dedi die jovis xxvi mensis bl. cinque a madonna Marta molglie (sic) che fo de Johanni Piccinino per acconciatura di dui pianete antiche, videlicet la pianeta gialla che se usa ogni di, una pianeta biancha di setanile raso, che la sua diamaticha (sic) et tunicella forono messe a Monsignore de Rouano quando fo seppellito, b. v. — Sagr. S. Agostino, 1474-1496, fol. 38 v°.

» 31 juillet. De mandato facto die 29 dicti flor. 1000 auri d. c. expensis extraordinariis (sic) pro totidem perditis in flor. 2000 pannorum et drapporum unius partiti facti cum societate de Binis pro pretiis consuetis, ut patet in præsenti libro fol. 112, quia dicti flor. 2000 de consensu Cameræ et societatis prædictæ reducti fuerunt ad flor. 1000 numeratos d. Leonardo Cibo, ut patet supra. — A. S. V., Intr. et Ex., 1486-1487, fol. 282 v°.

1487. 20 août. Ad exitum de mandato facto die 10 dicti flor. 900 auri d. c. a R̄do. D. N., archiepiscopo Cusentino, in valore pannorum et drapporum pretio consueto, de quibus debet reddere computum. Ad introitum a societate de Medicis in præsenti libro fol. 119. — A. S. V., Intr. et Ex., 1486-1487, fol. 271 v°.

» 3 novembre. Johanni Francisco et Hieronymo Philippini de Florencia rechamatoribus pro nonnullis operibus factis pro S^{mo} D. N. (?) flor. xv, b. xlv. Magistro Johanni de Florencia banderario flor. xvi, b. xl... Alexandro et Dominico rechamatoribus pro certis operibus factis pro S^{mo} S. N. (?) flor. 58, b. 24. — A. S. V., vol. 516, fol. 168 v°.

» 14 novembre. Flor. 140 auri in auro d c pro uno palio Sanctæ Mariæ Majoris imbroccati auri damaschini, videlicet pro cannis 4 1/2 et pro ornamento taffetti celestri. — M. 1486-1488, fol. 53 v°.

1488. 30 mai. Spectabili viro Alexandro de la Casa et sociis mercatoribus florentinis, etc. Cum assignaveritis S. D. N. papæ tria pallia panni brochati riccii de auro et unum aliud pallium similiter panni brochati in damaschino albo, cannas 27 velluti cremosini et viridis in duobus pilis pro ornamento duorum ex paliis prædictis cum armis ejusdem S. D. N. ad usum suæ capellæ pontificalis, extimata pretio d. 2657 ducatorum auri d. c. in auro, de quibus apparet ad ordinarium introitum ipsius Cameræ apostolicæ, libro III, et folio 100, de florenis 908, etc. libro IIII et folio 20 de flor. 1702 auri larghis. Quapropter eadem Sanctitas ex introitibus ejusdem Cameræ vobis solvi et satisfieri voluit et mandavit. Ideo vestræ indemnitati quantum ad nostrum officium spectat providere volentes..., præsentium tenore declaramus vos pro dicta summa 2657 ducatorum veros creditores et Cameram ipsam cum omnibus introitibus suis vobis efficaciter obligatam... Cæterum quia ex ordinatione et voluntate ejusdem Sanctitatis fieri facitis certa alia pallia et ornamenta ac drappos sericeos et aureos pro usu et ornamento dictæ capellæ et alias juxta voluntatem ipsius Sanctitatis et illa sibi assignare ut securius et libentius super hiis intendere valeatis, promittimus vobis... quod post assignacionem dictorum palliorum et drapporum, ntellecta receptione eorumdem ab ipsa Sanctitate et ejus nomine, vobis ex introitibus dictæ Cameræ juxta extimationem rerum sic assignandarum ac debitum et pretium exinde promissum solvere et solvi facere... A. S. V. — Divers. Cam., 1487-1488, ff. 112, 113 v°.

1488. 18 août. Magro Johanni Federici bandararario (*sic*) florenos 150 de k. x pro flor. pro residuo majoris summæ sibi debitæ occasione laboreriorum palliorum et frangiarum auri et setæ ac sediarum pro S^{mo} D. N. factorum. — M. 1487-1488, fol. 261 v°.

» 20 août. Duc 140 auri d. c. in auro pro totid. quos solvistis pro pretio palii donati ymagini Salvatoris in festo Assumptionis beatæ Mariæ virginis proxime præterito. — M. 1486-1488.

» 31 ocobre. Ad exitum de mandato facto die 30 dicti flor. 1381 d. c., bl. 18 Alexandro de la Casa et sotiis de Ro. Cu., in deductionem crediti quod habent cum Camera occasione certorum palliorum et alliorum drapporum brochati auri et argenti ac sirici emptorum et ab eo habitorum ad usum capellæ S^{mi} D. N. Ad introitum a communitate Nursiæ in præsenti libro fol. 13. — A. S. V., Intr. et Ex., 1488-1489, fol. 168.

» 27 novembre. Infrascriptas pecuniarum summas ab honorabili viro Alexandro de la Casa et sotiis de Romana Curia valore infrascriptorum paliorum, pluviali et frisii ab eo emptorum et habitorum pro pretiis infrascriptis pro capela (*sic*) Palatii apostolici...

Primo videlicet florenos auri largos 700 pro valore unius palii deaurati et deargentati in chermosino cum recciis et armis S. D. N. papæ, fl. vii^c.

Florenos similes largos etiam 700 pro valore unius alterius palii veluti viridis similiter deaurati et argentati cum similibus recciis et armis, fl. vii^c.

Florenos similes 600 pro valore unius alterius palii in damaschino cremesino aurato et argentato cum *Baptisimo* (sic) *Christi* et armis S^{mo} D. N. papæ, fl. vi^c.

Florenos similes 950 pro valore unius pluvialis aurati et argentati cum riccio et *Batismo Christi* albi in uno frusto longi brachiis 7 et largi brachiis 4. Fl. viiii^c L.

Florenos similes 1000 pro planetis pro valore triginta duorum (*sic*) rasi[1] pro diaconis et subdiaconis et unius pluvialis cum capucio aureato et argentato cum figuris et frangiis, fl. M.

Constituentes in totum florenos auri largos 3950... — M. 1488-1490, fol. 39.

» 29 novembre. Ad exitum de mandato facto die 27 dicti flor. 3950 auri largos S^{mo} D. N. papæ pro totidem positis ad introitum ab

---

1. Le scribe avait d'abord écrit « frisii », mot qu'il remplaça par « rasi ».

Alexandro de la Casa in præsenti libro fol. 24 pro pretio infrascriptarum rerum ab eodem Alexandro pro usu capellæ palatii habitorum, videlicet pro valore unius pallii deaurati et deargentati in chermosino cum armis ejusdem S^{mi} D. N. flor. 700.

Pro valore alterius palii veluti viridis similiter deaurati et argentati cum ejusdem armis, flor 700.

Pro valore alterius palii in damaschino chermosino aurati et argentati cum *Baptismo Christi* et eisdem armis, flor. 600.

Pro valore unius pluvialis deaurati et argentati cum *Baptismo Christi* in uno frisio mensuræ sive longitudinis brachiorum 7 et latitudinis brachiorum 4, flor. 950.

Pro valore 32 petiorum frisii pro planet(is) diaconi et subdiaconi et unius pluvialis cum caputeo deaurat(o) et argentat(o) cum figuris et franziis, flor. 1000 ut supra ad usum capellæ.

Constituentes in totum eandem summan, flor. 3950 auri largorum... — A. S. V., Intr. et Ex., 1488-1489, fol. 177 v°[1].

1488. (même date). Ad exitum de mandato facto per introitum et exitum die dicta flor. 1700 d. c. Alexandro de la Casa et sotiis pro parte et in deductionem crediti quod habent cum Camera ad computum certorum palliorum et aliorum pannorum de auro et argento brocato habitorum et ab eo emptorum ad usum capellæ Palatii. Ad introitum a communitate Reatina pro ejus subsidio duorum annorum in præsenti libro fol. 25. — Ibid., fol. 178.

1489. 2 mai. De mandato facto in præsenti die ad introitum et exitum flor. 2208 1/2 auri largos S^{mo} D. N. pro pretio et valore infrascriptarum rerum habitarum ab Alexandro de la Casa et sotiis : videlicet unam planetam et duas tunicellas brochati auri et argenti in albo cum *Baptismo Christi* cum armis D. N. in una petia. Ad introitum a dicto Alexandro in præsenti libro fol. 63. — A. S. V., Intr. et Ex., 1488-1489, fol. 202 v°; vol. 518, fol. 202.

» 5 mai. Spectabilibus viris de la Casa et sotiis mercatoribus florentinis Romanam Curiam sequentibus, florenos 2208 cum dimidio auri largos in auro pro pretio unius planetæ et duarum tunicellarum de brochato auri et argenti cum *Baptismo Christi* in albo et armis S^{mi} D. N. et unius petii (*sic*)... — M. 1488-1490, fol. 93.

» 12 mai. Spectabilibus viris Alexandro de la Casa et sotiis, mer-

1. Nous reproduisons ce second document à cause des variantes qu'il offre avec le précédent.

catoribus florentinis Ro. Cu. sequentibus, florenos 3000 auri d. c. in auro in deduct. credito (sic) quod cum Camera apostolica occasione paliorum, pivialis et aliarum rerum de brochato venditi et assignati S. D. N. papæ [pro] usu capellæ sacri Palatii apostolici... — Ibid., fol. 94.

1489. 27 mai. De mandato facto xxv maii per introitum et exitum flor. 850 d. c. Alexandro de la Casa et sotiis in deductionem crediti quod habent cum Camera ratione brochatorum assignatorum pro usu capellæ S. D. N. Ad introitum a communitate Reatina fol. 74. — A. S. V., Intr. et Ex., 1488-1489, fol. 210 v°.

» 11 juin. Magnifico viro Dno L. Cibo, S. D. N. papæ affini, generali commissario, etc. Constat ex quadam cedula manu S^{mi} D. N. papæ subscripta, vos procurasse fieri septem petia tapetorum magnæ mensuræ, et pro illis ex Cayro, ubi fabricata sunt, ad Urbem ad Suam Sanctitatem conducendis exposuisse, computatis omnibus pretio et expensis prædictis, solvisse ducatos 1224 auri in auro largos cum uno tertio alterius ducati..... — A. S. V., Divers. Cam., 1487-1488, ff. 305-306. Cf. 1488-1489, fol. 223.

» 21 août. Florenos 140 auri d. c. in auro pro pretio unius palii brochati auro donati ymagini Salvatoris S. Jo. in festo Assumptionis de mense augusto præsentis (sic). — M. 1489-1492, fol. 96.

1490. 16 juin. Duc. 1000 auri de mandato die 18 maii facto Alexandro de la Casa et sociis de Ro. Cu. in deductionem majoris summæ de quibus sunt creditores Cameræ pro certis paliis et aliis rebus brocchati habitis pro usu capellæ Palatii, numeratos eidem Alexandro. — A. S. V., Intr. et Ex., 1489-1490, fol. 216 v°.

» 26 juin. Ducatos 38.112 auri pro valore duc. 43.671 de Camera, videlicet de bl. 72 pro duc., de mandato die 27 maii facto pro retineatis mihimet, pro totidem in quibus factus creditor fui Cameræ apostolicæ ex computo cum ea facto super valore pannorum per me receptorum in diversis partitis factis per ipsam Cameram pro pretiis consuetis usque ad 26 diem junii 1489. Qui panni ascendunt ad summam duc. 77.984, b. 72 pro duc., in quibus ego apparebam debitor ipsius Cameræ et pro eadem causa creditor de eadem summa in pecunia numerata, et dicti panni per declarationem dictæ Cameræ reducuntur ad summam duc. 34.313, ad pecuniam numeratam, quibus admissis et deductis, resto creditor in dictis ducatis 43.671, et hoc quia præfati panni sunt appreziati (sic) ad rationem duc. 44 in pecunia numerata pro duc. 100 ipsorum pannorum, ut apparet per patentem expeditam in Camera manu d. Philippi de Pontecurvo. — A. S. V., Intr. et Ex., 1489-1490, fol. 218.

1490. 1er juillet. 1455 ducatos auri pro mandato 29 junii per introitum et exitum S. D. N. pro pluribus pannis et drappis de serico pro pretiis consuetis pro usu capellæ palatii et camera Suæ Sanctitatis ab Alexandro de la Casa et sotiis, ad introitum prædictum fol. 99. — A. S. V., Intr., et Ex., 1489-1490, fol. 220.

» 27 juillet. Ducatos 3.353 auri papales et bol. 90 de mandato facto xxiiii julii per introitum et exitum S. D. N. pro totidem factis bonis Alexandro della Casa et sotiis pro infrascriptis rebus : videlicet pro uno piviali (sic) in uno petio brochati auri et argenti riccii cum *Baptismo* et livrete (?) Suæ Sanctitatis duc. 950, et pro una planeta et duabus tunicellis similiter in uno petio auri et argenti præfato modo laborati (sic), pro duc. 220. 8 1/2 habitis ab ipsis pro usu capellæ palatii, et pro libris 9, unciis 7 taffeta (sic) cremusini pro fodera dicti pivialis, ad ducatos 12 pro libra, duc. 150, et pro ducatis 80 solutis magro Petro rachamatori pro certis laboriis (sic) fresorum factorum Suæ Sanctitati. Ad introitum a dicto Alexandro in summa duc. 3953 similes (sic) in hoc fol. 210. — Ibid., fol. 222.

» 10 décembre. Spectabili viro Alexandro Putio mercatori florentino, etc. Quia tu superioribus annis S^{mo} D. vendidisti 11 cannas drappi de brochato auri ricio, easdemque Sanctitati Suæ consignasti promissumque tibi fuit pro dicto brochato debitum pretium ab eadem Sanctitate tibi solvi debere ex introitibus Cameræ apostolicæ, et huc usque solutum tibi non fuit. Cumque ipsum pretium ab eadem Sanctitate tibi solvi petieris, ut justum et debitum est, Sanctitas Sua mandavit ut ex dictis introitibus Cameræ solvi et tibi satisfieri debeat. Et ideo de ejusdem Sanctitatis expresso mandato, etc. auctoritate, etc. communicato, etc. præsentium tenore declaramus pretium dictarum 11 cannarum brochati prædicti esse ad rationem 100 ducatorum auri d. c. in auro pro qualibet canna, computato damno quod propterea passus fuisti ex eo quod debito tempore satisfactum et solutum tibi non fuit. Et ideo pro satisfactione hujusmodi pretii tibi debiti assignamus tibi tot introitus spirituales et ex communibus ecclesiarium et annatis beneficiorum ad ipsam Cameram pertinentium quot ascendant ad dictam summam 1200 ducatorum et pretium prædictum tibi debitum, absque tamen præjudicio appaltatorum sive appaltus vel conductæ eorundem introituum spiritualium per

Andream Ciceris et Alexandrum Sauli ac sociis dudum factæ finito. — A. S. V., Divers. Cam., 1489-1491, ff. 278 v° à 279 v°.

1491. 16 mars. Item dedi... ad maiestro Stephano che acconciate le paramenti carlini 66 per 43 di che lavoro a 12 bol. el di., duc. vi, b. lxvi. — Sagr. S. Agostino, 1474-1496, fol. 55 v°.

1492. 11 juillet. De mandato facto 28 junii flor. 2260 ex bon. 60 S. D. N. cui fuerunt restituti certi panni de razio per societatem de Martellis Rmo D. Beneventano referente. Ad introitum a dicta societate supra fol. 90. — A. S. V., Intr. et Ex. Cam., 1491-1492, fol. 227 v°.

» 17 juillet. De speciali mandato, etc. auctoritate, etc., præsentium tenore concedimus vobis magnifico viro d̅n̅o Gerardo Ususmaris, pecuniarum Cameræ apostolicæ depositario, 500 allas pannorum de arazio sive aulæorum qui habiti fuerunt a pluribus mercatoribus pro certo partito ad rationem 2 ducatorum pro qualibet alla et quos Sanctitas Sua donavit jam pridem tibi vel d̅n̅æ Theodorinæ uxori ex sua mera liberalitate ac certa sua scientia, ita quod liceat tibi illos penes te retinere absque eo quod de illis computum sive rationem Cameræ apostolicæ reddere tenearis. Ita quod nullo unquam tempore molestari possis, non obstantibus, etc. — A. S. V., Divers. Cam., 1491-1492, fol. 109 v°. Cf. Zahn, *Notizie artistiche*.

Voy., en outre, A. S. V., vol. 511, ff. 153, 163 v°, 174 v°, 184, 193 v°, 226, etc.

Inventaire des Tapisseries et des Parements d'Innocent VIII, fait en 1521.

Palia facta sive empta tempore fe : re : D. Innocentii VIII (fol. 4).

Palium unum pulchrum magnum in brochato viridi, circumdatum viluto (sic) cremisino cum armis præfati Innocentii in medio.

Item aliud simile in brochato viridi circumdato (sic) viluto cremisino cum armis ut supra.

Item aliud simile in brochato albo, circumdatum viluto cremisino cum armis ut supra.

Item aliud simile in brochato violaceo, circumdatum viluto viridi cum armis ut supra.

Item aliud magnum damaschini albi cum clavibus et mytris circumdatum raso cremisino et armis ut supra.

Item aliud parvum damaschini albi cum pavonibus, clavibus et mytris, circumdatum raso cremisino et armis ut supra, indiget reparatione.

Item aliud parvum imbrochati cremisini plani circumdatum viluto viridi cum Baptismo et pavonibus ac armis ut supra.

Item palia tria parva damaschini albi cum clavibus et mytris, circumdata raso cremisino et armis ut supra.

Item quattuor alia parva damaschini rubei circumdata raso cœlesti cum armis ut supra, unum est super sede pontificii (unum fuit, ut dicitur, portatum cum corpore papæ Leonis ad S. Petrum).

Item quattuor alia parva damaschini violacei circumdata raso viridi cum armis ut supra (deficit unum).

Paramenta facta sive empta tempore fe : re : Innocentii VIII.

Imprimis unum paramentum damaschini albi cum duabus cortinis et coopertorio viluti albi (dicunt Serapicam habere præter copertorium quod est in foreria).

Item duæ cortinæ taphetati cœlestis. Ex sex cortinis viluti cremisini pro ornamento unius cameræ, fuit factum ... (*en blanc*) pro triremibus tempore Julii, quod est in foraria.

Capitalia tempore D. Innocentii.

Imprimis unum capitale brochatelli damaschini viridis cum frisiis aureis et botonis, antiquum et laceratum (deficiunt quinque bottoni qui venerunt extracti).

Item duo ex damaschino albo cum frisio albo et botonis, antiqua lacerata et sine botonis. (Deficiunt frisiæ duæ cum dimidia et unus botonus).

Tapezariæ tempore D. Innocentii VIII.

Imprimis panni sex magni cum *Historia Annibalis* et armis Innocentii (deficit unus).

It. quatuor magni cum *Historia Davidis* (deficiunt).

It. unus magnus cum *Historia Josue* et armis, ut supra (deficit).

It. duo parvi cum *Historia Octaviani* (deficiunt).

It. unus parvus cum *Historia Nabuchodonosor* (deficit et supponunt pannos marcidos).

It. unus cum figura *Virginis* et radiis (deficit).

It. unus cum figura *Christi crucifixi inter duos latrones* (dicunt venditum esse).

It. unus parvus cum auro, serico et lana ac *Historia sancti Georgii*, antiquus et laceratus.

It. sex panni ex virdura inter magnos et parvos (deficiunt tres).

It. unus parvus in modum porteræ (sic) ex auro serico et lana cum *Historia S^{ti} Georgii*, novus.

It. unus parvus ex auro, serico et lana ad usum altaris cum *Historia Adorationis magorum*.

It. unus quadrus parvus ex auro et serico cum *Historia Annunciationis Virginis* (deficit).

It. unus mediocris cum *Historia Placidi*, antiquus (deficit).

It. unus alius magnus cum *Historia Porsenæ* (deficit).

It. unus alius magnus cum simili historia (deficit).

It. unus magnus cum *Historia Abrae, Eleazar et Rebechæ* (deficit).

It. unus magnus cum *Historia Planetarum*.

It. octo ex virdura inter magnos et parvos antiqui (deficiunt quatuor).

It. unus magnus cum *Historia Tulii et* (sic) *Hostilii*, antiquus.

It. unum pannum magnum cum *Historia David*, temporis D. Innocentii (asserunt D. archidiaconum florentinum habuisse).

It. pannos sex magnos in quibus est *Historia Annibalis*, temporis D. Innocentii (dicunt d. Magdalenam habuisse).

It. pannos duos magnos cum *Historia David*, temporis Innocentii (dicunt magnum Laurentium habuisse).

It unus pannus magnus ubi *Hystoria Salomonis et Roboam*, emptus tempore Innocentii (laceratus et distributus). — Archives d'État de Rome [1].

---

[1]. En 1547, la chapelle papale renfermait les parements suivants provenant du Garde-meuble d'Innocent VIII :

« Dalmatica et tunicella di velluto nero, con l'armi d'Innocentio (VIII) usate et vecchie.

« Una pianeta lavorata alla moresca, con fregio figurato et riccamato d'oro et perle con l'armi d'Innocentio (VIII).

« Una borsa vecchia de corporali di ricamo d'oro con figure quando Xpo fu levato de croce, con l'arme d'Innocentio (VIII), dall' altra banda la Resurrettione et altre istorie. »

(Barbier de Montault, *Œuvres complètes*, t. I, p. 276, 279, 312.)

L'inventaire de la sacristie du Vatican en 1489 a paru dans *Il Tesoro della Basilica di San Pietro dal XIII al XV secolo*, que j'ai publié en collaboration avec M. Frothingham (Rome, 1883).

LE COSTUME

Les ouvrages du temps, à commencer par le *Diarium* de Burchard, nous fournissent de précieuses informations sur le costume italien en général et sur le costume romain en particulier à l'époque d'Innocent VIII. Je me bornerai ici à un petit nombre de renvois, qui feront peut-être naître chez quelques hommes du métier le désir de poursuivre avec plus de méthode, et d'une manière plus complète, la piste que je viens de signaler.

Le protocole, dirigé par le pédant Burchard, imposait aux cardinaux et aux autres prélats une variété non moins grande, selon les cérémonies [1].

Dès lors, la cour de Rome semble avoir porté le deuil tantôt en noir, tantôt, mais plus rarement, en violet [2].

Le costume du pape variait plus qu'on ne pense [3]. Tantôt on le voyait « paratus amictu, alba, cingulo, stola violacea, pluviali rubeo et mitra simplice » [4]; tantôt « indutus amictu, alba, cingulo, capuccino albo et stola ex perlis » [5]; le dimanche de la Pentecôte, il assistait aux offices « paratus paramentis rubeis pretiosis »; la fête de la Trinité, « albis paramentis ornatus » [6]. Lorsqu'il était malade et couché, il était « quadam sua veste super camicia ad bracchia tantum vestitus » [7].

LE MOBILIER

1484, 5 mai. Item dedi die Mercurii v mensis carlenos papales

---

1. *Diarium*, t. I, p. 93, 181-182, 374, 392, 425, 454, etc.
2. *Ibid.*, p. 460, 463.
3. Pour le costume pontifical, voy. l'intéressant volume de Mgr Barbier de Montault : *Rome : Le Pape* (Œuvres complètes, t. III).
4. Burchard, *Diarium*, éd. Thuasne, t. I, p. 151. Cf. p. 166-167, 177-178, 183, 185, 247-249, 361, 371, 372, 383, 397, 425, etc.
5. *Ibid.*, t. I, p. 45.
6. *Ibid.*, t. I, p. 266-267.
7. *Ibid.*, t. I, p. 142. Voy. en outre, t. I, p. 166-167, 181, 441, 444, 484.

duos magro de Venafrio pro una tabula mensali cum tripedibus ad usum paramentorum sacristiæ... bol. xv. — Sagr. S. Agostino, 1474-1496, fol. 28.

1484. 29 septembre. Dicta die solvit similiter... florenos 23 de carlenis x pro floreno bol. 26 1/2 magistris Marco et Juliano fabris lignariis pro xxx scabellis et quinque sedibus stercorariis et una tabula ad usum S^{mi} D. N. papæ, fl. xxiiii, 64 1/2. — A. S. V., vol. 511, fol. 152 v°.

» 27 novembre. De mandato facto die xxvii octobris florenos 32 de carl. x pro flor. magro Baldo lignifabro pro scabellis et aliis rebus pro usu D. N. papæ. — A. S. V., Intr. et Ex., 1484-1485, fol. 163.

1486. 13 novembre. De mandato facto die vii septembris 1485 florenos 150 de carl. x m° Joanni Frederico de Florentia pro fulcimentis et diversis rebus ac manifactura unius sedis pro S^{mo} D. N... — A. S. V., Intr. et Ex., 1486-1487, fol. 176; vol. 514, fol. 186.

LES FÊTES

Burchard a décrit en détail, mais avec la sécheresse qui le caractérise, la cérémonie du « Possesso » d'Innocent VIII. Il serait difficile de relever, dans cette énumération pédante, où les questions de préséance l'emportent sur toute autre considération, un détail pittoresque : on n'y trouve notamment pas un mot sur la décoration des rues de la ville ; seules la coupe et la couleur des costumes sont mentionnées avec soin[1].

Innombrables furent les fêtes, entrées solennelles, mariages, funérailles, cérémonies et divertissements de toutes sortes qui signalèrent le pontificat d'Innocent VIII[2]. Malgré leur variété

---

1. Cancellieri, d'ordinaire si bien informé, n'ajoute malheureusement rien à la description de Burchard, dans sa *Storia de' solenni Possessi de' sommi Pontefici* (p. 45-51). — Cf. *Il solenne Possesso de' sommi Pontefici... e specialmente di quelle (cavalcate) d'Innocenzo VIII, di Giulio II, di Leone X, di Pio VI*; Rome, 1846, p. 18-24.

2. Entrée de Clarisse Orsini et de sa fille Madeleine (3 novembre 1487).

Mariage de Peretta, petite-fille d'Innocent VIII, avec Gherardo Uso di Mare (16 novembre 1488).

et leur éclat, aucune d'elles cependant n'atteignit aux proportions de l'entrée d'Éléonore d'Aragon (1473), l'événement capital, dans cet ordre d'idées, du pontificat de Sixte IV. C'est que l'élément littéraire et artiste, si vaillamment représenté par Sixte IV et les siens, faisait défaut à Innocent VIII et aux Cibo.

On cite comme particulièrement brillantes les fêtes organisées en l'honneur de la prise de Grenade : elles comprenaient des illuminations, des combats de taureaux, le simulacre du siège et de la prise de la ville maure sur la place Navone, pour ne point parler des représentations théâtrales (voy. p. 17)[1].

On trouve dans le *Diarium* de Burchard le détail des réjouissances auxquelles donnait lieu chaque année le Carnaval. En 1487, entre autres, les fêtes comportèrent les courses des Juifs, (prix : un « pallium » rouge de deux cannes), les courses des vieillards, les courses des hommes âgés de vingt à trente ans (prix : un « pallium duarum cannarum setonini cœlestis »), celles des jeunes garçons ayant moins de quinze ans (prix : un « pallium » de même nature), les courses des ânes, celles des buffles, des chevaux barbes (le prix était un « pallium bruccati auri

---

Entrée du marquis Jacques de Bade (1489). *Diarium* de Burchard, t. I, p. 369.

Entrée de l'ambassadeur de Bajazet (30 novembre 1490).

Entrée de Djem (1490). *Diarium* d'Infessura, p. 262. — Thuasne, *Djem sultan*; Paris, 1892, p. 227-239.

Entrée du cardinal de Médicis (22 mars 1492). *Diarium* de Burchard, t. I, p. 450 et suiv.

Entrée du duc Hercule de Ferrare, le 13 avril 1492. *Diarium* de Burchard, t. I, p. 462-463.

Transport du fer de la Lance (31 mai 1492). *Diarium* de Burchard, t. I, p. 473 et suiv.

Entrée du prince de Capoue (1492). *Diarium* d'Infessura, p. 273-274. La suite se composa de neuf cents cavaliers. Deux cent soixante mules étaient affectées au transport des bagages.

Revues de troupes. *Diarium* de Burchard, t. I, p. 173-174.

1. Burchard, *Diarium*, t. I, p. 447.

Sur l'ambassade envoyée par Henri VIII d'Angleterre à Innocent VIII en 1487, voy. le docte mémoire du comte Balzani dans l'*Archivio della Società romana di Storia patria*, t. III, p. 175-195.

suffultum »), celles des juments, etc. Les combats de taureaux méritent une mention spéciale (« præsentatio taurorum in Campidolio... tauri occisi, plures homines vulnerati et quidam mortui »). Les cardinaux se promenaient en masque (« larvati »).

Le Carnaval de 1487 fut en outre marqué par une « hastilusio more italico », donnée sur la place de Saint-Pierre, et surtout par le « pulcherrimum festum in Agone more romano », auquel prirent part huit chars triomphaux [1].

1484. 6 octobre. Pro vexillo populi romani et duobus pennonis tubarum et duabus banderiis pro castello Sancti Angeli fl. 88... Pro pulpito facto super gradus Sancti Petri, hoc est cannis 58 1/1 panni viridis in eodem operati in die coronationis S. D. N. papæ, fl. 64, 3. — M. 1484-1886, fol. 9 v°.

» 26 octobre. Federico racamatori in Urbe flor. 22 de k. x pro fl. pro armis et diversis laboreriis a se factis in usum coronationis S. D. N. — M. 1484-1486, fol. 17. — A. S. V., vol. 511, fol. 162 (20 novembre). — Les autres documents ont été publiés ci-dessus, dans le chapitre consacré à la Peinture. Voyez, en outre le vol. 511 des Archives du Vatican : ff. 152, 152 v°, 161 v°, 162 v°, 179, 220 v°, 231, etc.

1485. 19 janvier. Jo. Baptistæ et Hieronimo de Florentia qui confecerunt certa festa pro apparatu coronationis flor. 16 de k. x. pro fl.

Item Alex° et Dominico racamatoribus flor. similes 72 pro racamatura xii copertarum a mulis et duorum gabaniorum et xx armorum pro eodem apparatu pro frenis mulorum. Item Petro Francisci de Senis pro pictura xx scabellorum pro usu palatii flor. similes 8. Item d. Joanni Forchman portenario flor. similes 5 quos S. D. N. donat ei. Item d. Pet° Oppagni scopatori flor. similes 5, quos S. D. N. similiter donat ei. — M. 1484-1486, fol. 35 v°.

» 31 janvier. De mandato facto die 19 dicti florenos 106 de karl. x pro flor. infrascriptis personis pro diversis rebus pro coronatione S. D. N. : videlicet mag° Jeronimo de Florentia flor. 15. M° Alexandro et Dominico recamatoribus pro recamatura 12 copertarum pro mulis et duobus cabaniis ac pro xx armis pro testeriis, m° Petro de Senis pro pictura xx scabellorum, in toto flor. 80. M° Joanni For-

1. *Diarium* de Burchard, t. I, p. 240-242.

china (sic) portinario duc. 5 et m° Petro Opagn scopatori fl. 5 ex commissione S. D. N. Constituentes in totum summam flor. 106, ut supra. — A. S. V., Intr. et Ex. Cam., 1484-1485, fol. 179.

1485. 27 février. Magistro Jacobo de Petrasancta et sotiis florenos 325 de carl. x pro flor. pro residuo summæ eis debitæ pro omnibus eorum magisteriis et expensis factis in construendo cameras conclavi (sic), et coronatione, et pro omnibus aliis per eos factis pro Camera apostolica usque in hunc diem. — M. 1484-1486, fol. 46 v°. Cf. A. S. V., n° 514, fol. 224 v°. Voy. ci-dessus, p. 46.

1492. 19 novembre. Duc. 80 auri d. c. vigore mandati sub die xiii præsentis magro Federico et sotiis recamatoribus pro laboreriis et rebus datis pro exequiis (Innocentii) papæ VIII. — A. S. V., Intr. et Ex. Cam., 1492-1493, fol. 146.

1493. 12 mars. R. Sancti Georgii etc. poni et describi faciatis, videlicet ad introitum a spectabilibus viris hæredibus Laurentii de Medicis et sotiis Paulo Sauli ac Nicolao de Martellis, et Petro de Ricasolis et sotiis, ac Taddeo de Gaddis et sotiis, et Nicolao de Rabactis, mercatoribus florentinis et januensibus, Romanam Curiam sequentibus, summas pecuniarum infrascriptas, pro infrascriptis rebus et causis pro exequiis felicis recordationis Innocentii papæ VIII.

Et primo : Pro cannis 2 272 panni nigri fini primæ sortis pro ducatis 4 de karlenis x pro ducato pro qualibet canna, videlicet ducatos 9088.

Pro cannis 339 secundæ sortis pro ducatis 3 similibus pro qualibet canna, videlicet ducatos 1317.

Pro cannis 624 panni tertiæ sortis pro ducatis 2 similibus pro qualibet canna, ducatos 1248.

Pro libris 17760 ceræ laboratæ pluribus aromatariis per manus Antonii de Canobio, ducatos 5367, bolonenos 55.

Item pro solutis dicto Antonio pro capanna in Sancto Petro ducatos 120.

Item pro solutis magistro Gratiadeo pro conclavi ducatos 300.
Item pro solutis Penitentiariis Sancti Petri ducatos 96.
Item pro solutis d. Sinolpho distribuendos ministris Sancti Petri ducatos 72.

Pro solutis domino Joanni Bruchardo magistro cerimoniarum pro conclavi ducatos 40.

Pro solutis Petro Matheo pictori, videlicet pro taffecta nigro (sic) ducatos 74, pro tela boctana ducatos 47, pro pictura armorum 1500 ducatos cic et aliis pro dictis exequiis, in totum ducatos 327.

Pro solutis canonicis S. Petri pro portatura corporis papæ ducatos 120.

Pro 2 cannis panni rosati pro tabula conclavis, ducatos 9.

Pro solutis magistro Petro et sociis racamatoribus pro parte ra-Camaturæ pallii ducatos 30.

Pro solutis Francisco Nicolini pro cannis 14 cum dimidio velluti nigri pro pallio ducatos 95.

Pro solutis Foresio Bizerii pro cannis 28 boccaccini pro pallio, duc. VIII, b. XLI 1/1.

Pro discretione pecuniarum numeratarum juxta ordinationem cameræ ducatos 150.

Constituentes in toto, computando a ducatis de carlenis 10 pro ducato, videlicet ducatos XV^M CCCLXXXVIIII, bol. XLIII 3/4. Reducendo ad ducatos auri de k. XII pro ducato, constituunt ducatos XII^M VIII^C XXIII k. VIII auri in auro : Ad exitum vero eandem summam pro dictis exequiis et Cameræ apostolicæ, quos, etc. — Datum Romæ, die XII martii M CCCLXXXXIII. — M. 1492-1494, ff. 43-44.

1494. 14 janvier. Duc. 2400 auri d. c., de mandato facto die 30 octobris, hæredibus Laurentii de Medicis, Paulo Sauli, Tadeo de Gaddis et Nicolao de Rabattis pro residuo exequiarum Innocentii. — A. S. V., Intr. et Ex. Cam., 1493-1494, fol. 145.

Le décès du pape fut annoncé aux souverains catholiques par une lettre de faire-part qu'il ne sera pas sans intérêt de reproduire ici :

Miseratione divina Episcopi, Presbyteri et Diaconi Sacræ Romanæ Ecclesiæ Cardinales. Illustri Domino Duci Urbini salutem et sinceram in Domino charitatem.

Placuit Altissimo, in cujus voluntate universa sunt posita, vocare ad se felicis recordationis Dominum Innocentium Papam VIII, cujus obitu, quoniam pius et rectus Pontifex erat, non potuimus non tristari. Divinæ tamen voluntati acquiescentes, peractis exequiis, unanimi consensu ad talis pontificis, Spiritu Sancto cooperante, procedemus electionem, qui Apostolicæ Sanctæ Sedi et toti Reipublicæ christianæ sit salutaris futurus. Hæc autem Vestræ Excellentiæ spe-tialibus litteris significanda duximus, utpote catholico Principi et dictæ Sedis observantissimo filio, cui res Sanctæ Romanæ Ecclesiæ commendamus. — Datum Romæ, in Palatio Apostolico, die xxvi julii MCCCCLXXXXII. — Arch. d'État de Florence; Fonds d'Urbin, cl. 1, div. G, filza CXVII, n° 22.

1487. 16 août. B^{li} 51, den. 12 per 69 arme, videlicet di papa Innocentio. Et 15 del popolo et 18 de Monsignore di S. Giorgio nro protectore. Et 15 di papa Xisto per comandamento de monsignor nostro protectore. Et 2 de monsig^r Ascanio et 2 de monsig^r de Milano. Et 2 de mons. de Racanati. Et bol. 10 per 10 Sancti Aug^{ni}. Et carlini papali 9 per pentura di 3 fonni (?) di bocte per carlini 3 l'uno, uno coll'arme di papa Sisto... Et l'altro dello nostro protectore pure da ogni banna. Et l'altro de mons^r de Rouano bo : me. Et b^{li} 12 ad uno mastro de legname che taglio li dicti foni (?) a modo di scuti et conficcholli, per le mani de mastro Nardo pentore et presente frate Paulo secundo de Roma. — Sagr. S. Agostino, 1474-1496, fol. 39.

» 1er décembre. M° Johanni florentino carpentario flor. 50 d. k. x. pro castro doloris et aliis rebus per eum factis in exequiis ill. dominæ Carolettæ olim reginæ Cipri. — M. 1486-1488, fol. 33 v° [1].

1489. 30 décembre. De mandato facto 16 decembris flor. 1100 auri S^{mo} D. nro pro expensis extraordinariis pro totidem admissis computum (sic) Ludovici de Burgo, videlicet duc. 445 pro pretio quarumdam mercium venditarum Suæ Sanctitati et d. 499 per eumdem Ludovicum solutos de mandato Suæ S^{tis} pro funeralibus reginæ Cipri. Et d. 56 pro interesse decurso quia non fuerunt restituti in tempore, ad introitum a dicto Ludovico, fol. 35. — A. S. V., Intr. et Ex. Cam., 1489-1490, fol. 176 v°.

---

1. Le tombeau de la reine de Chypre († 1487) se trouve dans les grottes du Vatican (Barbier de Montault, p. 29, n° 69). Sur ses funérailles, voy. le *Diarium* de Burchard (t. I, p. 272-273).

ROME A LA FIN DU XVᵉ SIÈCLE, *d'après des dessins de la Bibliothèque de l'Escurial.*
LE TEMPLE D'ANTONIN ET FAUSTINE. — LA « TORRE MILIZIA. »

(Photographies de M. le Dʳ Ficker)

ALEXANDRE VI

11 août 1492 — 18 août 1503

NOTICE PRÉLIMINAIRE

Assez d'historiens ont jugé Alexandre VI pour qu'il soit superflu de nous occuper du souverain pontife, du diplomate, de l'administrateur. On n'ajoutera rien, je crois, au jugement porté sur lui par l'annaliste de l'Église, Raynaldus, ou par le dernier en date des historiens de la papauté, M. Pastor[1]. Du moins sommes-nous en droit d'affirmer que l'histoire s'est montrée injuste en rendant Alexandre VI responsable de la corruption sans nom qui régna dans la capitale du monde chrétien à la fin du xv⁰ siècle. Peut-être n'a-t-il pas assez fait pour enrayer le mal ; en tout état de cause, celui-ci remontait plus haut. On a vu (p. 15) combien, dès le règne d'Innocent VIII, la police de la Ville éter-

---

[1]. Parmi les jugements favorables portés sur Alexandre VI, au début de son pontificat, citons la lettre de Pic de la Mirandole, du 16 août 1492 (L. Dorez : *Giornale storico della Letteratura italiana*, t. XXV, p. 361).

nelle laissait à désirer. Nulle sécurité pour les particuliers. Un capitaine de la marine pontificale ne s'avisa-t-il pas de faire saisir, en pleine Rome, au hasard, « per tabernas et plateas », environ trois cents malheureux, qu'il envoya ramer sur sa galère à titre de forçats [1] ! Jamais encore le culte de la force et le mépris de toute morale ne s'étaient affichés avec autant de cynisme. Est-il nécessaire d'ajouter que l'esprit de la Renaissance n'y fut pour rien ! Les troubles politiques et, par dessus tout, la néfaste infiltration des mœurs espagnoles, tels furent les principaux agents de dissolution. — Sous Jules II, nous le verrons, l'équilibre se rétablit.

Nous attachons nous, comme c'est notre rôle ici, à l'amateur, au Mécène, nous découvrons du premier coup d'œil qu'Alexandre VI n'a pas été caractérisé comme il le méritait. Point de vue bien spécial, me répliquera-t-on. Au moins ces investigations et déductions, corroborées par des documents très précis, serviront-elles à éclaicir par en dessous, en quelque sorte, plusieurs des principes généraux qui ont présidé à un pontificat fameux entre tous [2].

Alexandre VI était une nature vivante et exubérante [3], plutôt

[1]. Burchard, t. III, p. 205.

[2]. Les sources générales à consulter pour ce pontificat sont, à peu de chose près, les mêmes que pour le pontificat d'Innocent VIII (voy. p. 37). Il faut y ajouter les *Diarii* de Marino Sanudo (t. I-V. Venise, 1879 et suiv.), qui sont malheureusement privés d'une bonne table alphabétique, et *Le Storie dei suoi Tempi dal 1475 al 1510* de Sigismondo dei Conti (Rome, 1883 ; voy. notamment t. II, p. 53). — Gregorovius, *Lucrèce Borgia*, trad. franç. Paris, 1876, 2 vol. — Yriarte, *Les Borgia. César Borgia*. Paris, 1889. — Le même, *Autour des Borgia*. Paris, 1891. — *Histoire de l'Art pendant la Renaissance*, t. II, 238-244. — L'ouvrage de Leonetti (*Papa Alessandro VI secondo Documenti e Carteggi del Tempo*. Bologne, 1880) n'est qu'une longue apologie.

[3]. L'iconographie d'Alexandre VI est d'une netteté et d'une richesse qui ne laissent rien à désirer. Le document le plus précieux est le buste en marbre du Musée de Berlin, dans lequel on a voulu, bien à tort, reconnaître Paul II : il suffit de comparer ce buste à une gravure du temps (*Histoire de l'Art pendant la Renaissance*, t. II, p. 238) pour se convaincre de l'identité des deux effigies. Telle est l'opinion de M. Bode (*Italienische Bildhauer der Renaissance*; Berlin, 1887, p. 237-238 *Die italienische Plastik*; Berlin, 1891 ; p. 141). Outre les médailles, reproduites sur une de nos planches hors texte, citons le superbe tableau du Titien, autrefois au palais Pesaro, à Venise, aujourd'hui au Musée d'Anvers, qui représente le pape présentant à saint Pierre son gendre Jean Sforza,

PORTRAIT D'ALEXANDRE VI
PAR LE TITIEN
(Musée d'Anvers.)

que ferme et réfléchie ; avide de distractions et de faste[1], il adorait les spectacles, la chasse[2], les déplacements. On le vit bien lorsqu'il entreprit, en 1501-1502, sans nécessité apparente, une longue série d'excursions à Castel-Gandolfo, à Nepi, à Cività-Castellana, à Tivoli, à Cervetri, à Corneto et même à l'île d'Elbe[3].

On a souvent reproché à Alexandre VI sa parcimonie. Le terme est-il bien choisi? Alexandre VI était à la fois cupide et sobre; mais à l'occasion il savait dépenser royalement[4]. Sa sobriété même était-elle aussi grande qu'on s'est plu à l'affirmer? D'après Gregorovius, il n'aurait dépensé que 700 ducats par mois pour sa table et celle de ses commensaux (« Haushaltung »)[5], tandis que Léon X en dépensait 8,000[6]. Mais M. Gebhart affirme, d'après Bertolotti, que la dépense mensuelle montait parfois à 4,000 ducats[7].

seigneur de Pesaro. — J'ignore ce que pouvait être le tableau qui représentait Alexandre VI en enfer, avec des empereurs et des papes (Brantôme, Œuvres, édit. Lalanne, t. VII, p. 67). Quant au portrait d'Alexandre VI, publié par Jobin dans ses *Accuratæ Effigies* (Strasbourg, 1573; de profil, tourné à gauche, nu-tête, à mi-corps), il n'offre aucune ressemblance.

1. Sur son luxe avant son élévation au pontificat, voy. ci-dessus (p. 22). Cf. Leonetti, *Papa Alessandro VI*, t. I, p. 152-156.
2. Au mois d'octobre 1497, entre autres, il alla chasser à Ostie avec une escorte de 400 cavaliers et de 600 fantassins (Burchard, t. II, p. 410).
3. Il faut rectifier sur ce point l'assertion de Ferlone : *De' Viaggi da' sommi Pontefici intrapresi*, p. 272 (Venise, 1783). Sur le séjour fait par Alexandre VI à Orvieto, voy. Fumi, *Alessandro VI e il Valentino in Orvieto*. Sienne, 1877.
4. C'est ainsi qu'il fait remettre 100 ducats de gratification (au moins 5,000 francs) au courrier qui lui annonce la nouvelle de la prise du cardinal Ascanio (Burchard, t. III, p. 35).
5. *Das Römische Staatsarchiv*; Munich, 1876, p. 20-21, 23-24.
6. *La Renaissance italienne et la Philosophie de l'Histoire*, p. 183. Paris, 1887.
7. Un mot aussi sur les ressources dont disposait Alexandre VI. En 1492, les revenus de l'Église étaient évalués à 260,000 ducats (Gregorovius, *Storia della città di Roma*, t. VIII, p. 402-403). Mais il ne s'agit là que de revenus réguliers et fixes. Qui pourrait évaluer les ressources extraordinaires, les millions recueillis dans la succession des cardinaux ou d'autres prélats! Alexandre VI n'osa-t-il pas revendiquer, à l'encontre des Vénitiens, l'héritage du richissime cardinal Zeno (Sanudo, *Diarii*, t. IV, p. 50.)! Le jubilé, de son côté, versa un fleuve d'or dans les « forzieri » du Saint-Siège. Au mois de mai 1501, les of-

Vis-à-vis des lettres et des sciences, Alexandre se régla sur Innocent VIII, non sur Sixte IV, Pie II ou Nicolas V. Il attachait moins de prix aux jouissances abstraites de l'esprit qu'au plaisir des yeux. En vrai Espagnol[1] qu'il était, il se montra indifférent au culte des lettres non moins qu'à l'enrichissement de la Bibliothèque Vaticane, et crut avoir assez fait, en tant que Mécène, en rebâtissant l'Université et en honorant de sa bienveillance l'illustre archéologue romain Pomponio Leto († 1498), que lui signalait, que lui imposait, la renommée (voy. p. 20).

Et cependant, par la force des choses, Rome devint, sous son règne, une pépinière d'humanistes. A côté de secrétaires apostoliques, tels que Adriano de Corneto et Sigismondo dei Conti, nous trouvons des écrivains et des orateurs de la valeur de Pietro Sabino, de Tommaso Inghirami, qui prêcha à la Minerve en 1500; puis le poète Aurelio Brandolini de Florence († 1497)[2] et son frère, l'aveugle Raffaelo Brandolini Lippi, qui fixé à Rome en 1495, y enseigna jusqu'à sa mort, arrivée en 1517[3]. De nombreux étrangers venaient renforcer la pléiade italienne : Laurent Behaim, qui réunit une précieuse collection épigraphique;

---

frandes faites rien que pour la croisade atteignaient 60,000 ducats (Sanudo, *Diarii*, t. IV, p. 40).

D'après Burchard, à la mort d'Alexandre VI, César Borgia aurait fait enlever du Vatican deux coffres-forts renfermant environ 100,000 ducats (t. III, p. 239).

Ce qui est certain, c'est qu'à ce moment, le Collège des cardinaux se vit obligé, comme presque invariablement en pareille circonstance, de mettre en gage une partie de l'argenterie pontificale. Un document du 13 janvier 1504 nous apprend que les Lomellini de Gênes, entre autres, prêtèrent 1,000 florins sur « nonnulla vasa argentea reperta in bonis... D. Alexandri » (A. S. V., Divers., 1503-1506, ff. 36 v°-37).

1. Ce qui achève de prouver à quel point Alexandre VI était resté fidèle à ses origines, c'est sa prédilection pour ses compatriotes. Il peupla littéralement la Curie d'Espagnols (sur 44 cardinaux créés par lui, 16 avaient pour patrie la Péninsule ibérique). Parmi ses médecins figurent également trois Espagnols, proportion qui ne s'était jamais vue auparavant (Marini, *Degli Archiatri pontificj*, t. I, p. 236 et suiv.).

2. Sur tous ces personnages, voy. Gregorovius, *Storia della città di Roma*, t. VII, p. 673 et suiv.

3. *Römische Quartalschrift*, t. II, p. 175-206.

MÉDAILLE DE G. DES PERRIERS, par J. DE CANDIDA. — II. MÉDAILLE DU CARD. D. GRIMANI, par CAMELIO.
III, V. MÉDAILLES D'ALEXANDRE VI, par un anonyme (ARMAND, t. II, p. 63, n°s 10-12).

Reuchlin[1], qui, après un premier séjour à Rome, en 1482, y retourna en qualité d'ambassadeur du comte palatin et prononça une harangue devant le pape ; Copernic, qui y enseigna quelque temps les mathématiques.

Par un concours de circonstances absolument fortuit, il arriva ainsi que le règne d'Alexandre VI marqua le passage précis de l'esprit ancien à l'esprit nouveau : tandis que les découvertes de Christophe Colomb révélaient à l'Europe un continent inconnu, un champ d'exploration immense, la résurrection de l'antiquité ouvrait à la pensée des domaines plus vastes encore.

Envisageons-nous le pontificat d'Alexandre VI dans ses rapports avec les arts, cette période correspond, somme toute, à un essor magnifique avant les suprêmes triomphes du pontificat de Jules II. Un pape qui se présente devant la postérité escorté de maîtres tels que Bramante, les San Gallo, Michel-Ange, le Pérugin, Pinturicchio, Caradosso,— qu'il ait spontanément choisi ces artistes ou qu'il ait bénéficié indirectement de leur présence, — aura toujours droit à l'admiration, sinon à la gratitude de la postérité.

Dans le domaine de l'architecture, Alexandre VI, tout actif et intelligent qu'il ait été, et malgré son goût pour le luxe et l'éclat, n'a pas réussi à créer un ensemble comparable au Belvédère d'Innocent VIII, ou même au palais élevé par celui-ci à côté de la basilique Vaticane. Il prit plaisir à compléter ou à enrichir l'œuvre de ses prédécesseurs, plutôt qu'à créer des monuments nouveaux (loge de la Bénédiction, appartement Borgia, corridor conduisant au fort Saint-Ange, fontaine de la place Saint-Pierre, fort Saint-Ange, soffite de la basilique de Sainte-Marie-Majeure[2], abside de la basilique de Latran, Uni-

---

1. *Römische Quartalschrift*, t. II, p. 17. — Dès cette époque, les faussaires et mystificateurs en faisaient des leurs : en 1497, Titus Annius (Giovanni Nanni de Viterbe), publia à Rome la liste de dix-sept auteurs forgés par lui de toutes pièces (Gregorovius, t. VII, p. 690).

2. S. dei Conti reproche à Alexandre de n'avoir pas employé les offrandes du jubilé à la restauration des lieux saints : « nil tamen in aedes sacras, aut alios pios

versité, etc.). Son unique création véritablement personnelle fut la « via Alessandrina » ou « Borgo Nuovo »[1].

Les ouvrages de fortification surtout jouèrent leur rôle dans ces entreprises. Non content d'avoir fait du château Saint-Ange un donjon inexpugnable, Alexandre fit fortifier la « Tor di Nona » et éleva, d'un bout à l'autre de l'État pontifical, d'innombrables citadelles.

Par contre, sous ce pontificat, chacune des grandes nations chrétiennes tint à marquer, en pleine Rome, par une fondation grandiose, les liens qui la rattachaient à l'Église. La France fit élever la Trinité des Monts, l'Allemagne, Sainte-Marie « dell'-Anima », l'Espagne, Saint-Pierre « in Montorio » et Sainte-Marie « in Monserrato ». Quant à l'Angleterre, elle était représentée par le palais du cardinal Adrien de Corneto, qui fit don de cet édifice au roi Henri VII.

Pour l'architecture ou pour la sculpture, nos documents nous permettent de vérifier une loi historique assez intéressante : à savoir l'entrée en scène, vers la fin du xve siècle, des Écoles rivales de celle de Florence — Urbin, Milan, etc., — et, par suite, la diminution des représentants de l'École florentine. Je me hâte d'ajouter que le rôle joué par ceux-ci est bien glorieux encore : à Rome, ils comptent, outre une armée d'artistes de second ordre, des maîtres tels que les Pollajuolo, Michel-Ange, les San Gallo.

Eu égard à la peinture, le trait le plus saillant, c'est la prédominance de l'École ombrienne, principalement représentée par

---

usus impendit. Nam laquearia templi B. Mariæ... Majoris..., quod unicum ex ejus piis operibus exstat, voti multo ante concepti reus inauravit » (t. II, p. 218). Bien qu'excessif, ce jugement a une importance réelle, parce qu'il reflète l'opinion des contemporains : ceux-ci trouvaient que le pape ne faisait pas assez pour les édifices consacrés au culte.

1. Une des idées les plus heureuses, dues à l'initiative d'Alexandre VI, fut de faire transformer en motif de décoration le taureau, emblème de sa famille, et d'en faire tirer des variations infinies (peintures de l'*Histoire d'Osiris et d'Isis*, dans l'appartement Borgia ; soffite de Sainte-Marie Majeure, etc.). Les taureaux sculptés sur les chapiteaux de la cathédrale de Città di Castello font penser à ceux des temples assyriens.

ARMOIRIES DES MEMBRES DU COLLÈGE DES CARDINAUX
PENDANT LE PONTIFICAT D'ALEXANDRE VI

D'après le recueil de Panvinio (1557).

Jean Borgia.   J.-A. de Saint-Georges.   J. de la Grolaye.   A. de Carvajal.

R. Pérault.   César Borgia.   F. C. de Pologne.   J. Cesarini.

D. Grimani.   Al. Farnèse.   B. Lunati.   G. Briçonnet.

Jean de Castro.   Jean Lopez.   Jean Borgia II.   Louis d'Aragon.

PROMOTIONS D'ALEXANDRE VI

ARMOIRIES DES MEMBRES DU COLLÈGE DES CARDINAUX
PENDANT LE PONTIFICAT D'ALEXANDRE VI (*suite*)

XXI.	XXII.	XXIII.	XXIIII.
Georges d'Amboise.	Th. Bacon.	J. Serra.	P. Isuaglies.
XXV.	XXVI.	XXVII.	XXVIII.
D. Hurtado.	Fr. Borgia.	J. Vera.	L. Podocator.
XXIX.	XXXI.	XXXII.	XXXIII.
A. Trivulce.	A. d'Albret.	L. Borgia.	M. Cornaro.
XXXIIII.	XXXV.	XXXVI.	XXXVII.
J. E. Ferrero.	J. Castellan.	F. Remolini.	F. Soderini.
XXXVIII.	XXXIX.	XLI.	XLII.
M. Meckau.	N. Fieschi.	A. Castellesi.	J. Casanova.

PROMOTIONS D'ALEXANDRE VI (*suite et fin*)

Pinturicchio. On trouvera, dans une autre section, tous les détails de nature à corroborer cette impression[1].

Si la gravure, tant sur cuivre que sur bois, se maintint dans la même ornière que sous Innocent VIII (voy. p. 19)[2], les arts décoratifs atteignirent à une élégance et à une ampleur inconnues auparavant. Nous y reviendrons plus loin[3].

Une cour nombreuse, opulente[4] et profane, secondait Alexandre VI dans ses efforts pour faire de la Ville éternelle la capitale la plus brillante de la chrétienté.

Seule la famille même du pape se montrait assez indifférente aux choses de l'art; seule cette forme inférieure qui s'appelle le luxe offrait quelque attrait pour elle. On me dispensera d'insister ici sur les goûts et les créations soit de César Borgia, soit

1. Le livre d'heures dit d'Alexandre VI, qui a passé en vente à Paris il y a quelques années, porte bien les armes de ce pape, mais semble avoir été enluminé par un Flamand (Pawlowski : *Gazette des Beaux-Arts*, 1891, pl. I, p. 511 et suiv.).
2. On ne peut guère citer, parmi les ouvrages illustrés, que les *Priscorum Heroum Stemmata* d'Ochsenbrunner (Rome, 1494 ; Lippmann, p. 8).
3. Les « Meditationes reverendissimi patris domini Joannis de Turre cremata, posite et depicte de ipsius mandato in ecclesie ambitu Sancte Marie de Minerva » (Rome, 1498), sont enrichies de gravures inégales, très fines ou très grossières, de simples idéographies. Je doute fort que les peintures reproduites dans ce recueil n'aient pas été plus chargées. Sur le frontispice, on voit la Création du soleil, de la mer, des poissons, des animaux ; au fol. 2, la Création de l'homme ; au fol. 3, le Premier Péché ; au fol. 4, l'Annonciation, d'un caractère italien bien tranché ; puis l'Adoration des Bergers, la Circoncision, l'Adoration des Mages, la Présentation au Temple, la Fuite en Égypte, le Christ parmi les docteurs, le Baptême du Christ, la Tentation du Christ, la Vocation de saint Pierre, la Transfiguration, le Lavement des pieds, la Sainte Cène, l'Arrestation du Christ, le Christ devant Pilate, la Crucifixion, la Vierge consolée par les Apôtres, la Descente aux limbes, la Résurrection, le Christ apparaissant aux apôtres, la Descente du Saint-Esprit, un Évêque sous un dais, une Procession, un Saint agenouillé devant trois autres. — Quant au texte, il se compose de considérations ou de prières très vagues sur chaque sujet.
4. Certains cardinaux, tels qu'Ascanio Sforza, possédaient un revenu de 30,000 florins, soit au moins un million et demi de francs ; les moins bien partagés n'en avaient que 2,000 ; seul le cardinal Cornaro n'avait rien (Burchard, t. III, p. 56 et suiv. ; Pastor, t. III, p. 439-440).

de Lucrèce Borgia : il me suffira de renvoyer aux ouvrages de M. Yriarte[1].

Entre les prélats des anciennes promotions, ce fut le cardinal Raphaël Riario (p. 24), surnommé le cardinal de Saint-Georges, qui fit la plus brillante figure. Sa principale création fut le palais de la Chancellerie, sur lequel nous reviendrons plus loin. Il s'y installa en 1496, et semble y avoir réuni, entre autres, une collection d'antiques : nous savons du moins que vers 1500 on y admirait une statue de Minerve[2].

Le cardinal Riario fut un des premiers à accueillir Michel-Ange (1496), à qui il acheta, comme antique, le fameux *Cupidon*. Il ne fit preuve d'une grande clairvoyance ni dans cet achat, ni dans ses autres rapports avec le jeune sculpteur florentin. Aussi Vasari lui reproche-t-il son ignorance.

En 1498, Alexandre VI chargea Riario de recueillir les informations sur les moyens de faciliter l'accès à la basilique du Vatican ; en 1499, il lui confia la direction des travaux[3]. Mais Riario, irrité de la spoliation de ses parents, les ducs de Forli et d'Imola, ne tarda pas à s'exiler et résida hors de Rome pendant toute la dernière partie du pontificat, de 1499 à 1503[4].

Le cousin du cardinal Riario, Dominique della Rovere, appelé le cardinal de Saint-Clément (p. 31), ne joue plus qu'un rôle effacé. Cependant, lors de son second passage par Rome, Charles VIII lui fit l'honneur de loger dans son palais[5].

Brouillé avec le pape, le cardinal Julien della Rovere vécut presque constamment hors de Rome ; d'abord à Ostie, puis,

---

1. Voy. aussi l'*Histoire de l'Art pendant la Renaissance*, t. II, p. 243-244.
2. Beaucoup d'aures palais contenaient dès lors des statues ou des bas-reliefs, comme l'on peut s'en convaincre en lisant le poème si raboteux, mais si nourri, du « Prospettivo Milanese dipintore » (Govi, *Intorno a un Opuscolo rarissimo della fine del secolo XV intitolato Antiquarie Prospettiche Romane, composte per Prospettivo milanese dipintore.* Rome, 1876. Strophes II et suiv.).
3. Pastor, p. 493.
4. Gnoli : *Archivio storico dell' Arte*, 1892, p. 180.
5. André de La Vigne, *Le Vergier d'honneur*. — Delaborde, *L'Expédition de Charles VIII en Italie*, p. 611.

après une réconciliation passagère, en 1493, suivie d'une rupture absolue, dans le Comtat-Venaissin et en France.

Si les parents de Sixte IV firent preuve de tant de vitalité, ceux d'Innocent VIII (p. 21-22) s'effacèrent de plus en plus.

Il en fut de même de ceux de Paul II : l'opulent cardinal vénitien J.-B. Zeno s'était retiré à Padoue, où il mourut en 1501, léguant 200,000 ducats d'or à la République de Venise et 100,000 pour la croisade [1].

Quant au représentant de la famille Piccolomini, le cardinal François (p. 23), âgé et fatigué, rien ne faisait prévoir que le conclave jetterait les yeux sur lui pour succéder à Alexandre VI.

Un autre neveu de Pie II, Augustin Todeschino († 1496), nous est principalement connu par son tombeau, dans les Grottes du Vatican (Dionisio, pl. L).

Les intrigues et les luttes auxquelles le condamnèrent la situation de son frère Ludovic le More, non moins que sa propre combativité, empêchèrent le cardinal Ascanio Sforza de se consacrer à quelque œuvre transcendante [2].

Il ne semble pas que le représentant d'une autre famille milanaise, ennemie mortelle des Sforza, Antoine Trivulce l'ancien (créé cardinal en 1500, mort en 1508), ait fait figure à Rome. C'est un de ses parents, le cardinal Augustin Trivulce, qui fit élever, plus tard, près de Tivoli, la villa qui porte son nom [3].

---

[1]. S. de' Conti, *Le Storie dei suoi Tempi*, t. II, p. 278. — Sanudo, *Diarii*, t. IV, p. 19, 50, 79. Le numéraire et le mobilier seuls représentaient la somme énorme de 106,173 ducats.

[2]. Sur son palais, situé en face de l'église de l' « Anima », voy. l'*Archivio storico dell' Arte* de 1892 (p. 340). — Désirant marquer l'ingratitude d'Alexandre VI, qui lui devait tant, Ascanio adopta pour emblème la lune éclipsant le soleil, avec la devise : *totum adimit quo ingrata refulget* (Cantù, *Histoire des Italiens*, t. VIII, p. 336).

[3]. Voy. de Fabriczy, *Das Landhaus des Kardinals Trivulzio am Salone*; extr. de l'*Annuaire des Musées de Berlin*, 1896.

Rappelons aussi, mais pour mémoire seulement, le noble Olivier Caraffa, ou le cardinal de Naples, dont le rôle a été apprécié ci-dessus (p. 31-32).

Parmi les cardinaux nouveaux, plusieurs se signalèrent par d'intéressantes fondations d'art.

Le Vénitien Dominique Grimani (créé cardinal en 1493, mort en 1523) s'est immortalisé par la réunion, au palais de Saint-Marc, de la riche collection de marbres qui fait aujourd'hui l'ornement de sa ville natale.

Julien Cesarini le jeune (créé cardinal en 1493, mort en 1510) embellit le palais construit par son oncle († 1444)[1].

Alexandre Farnèse (créé cardinal en 1493, pape sous le nom de Paul III) embellit de même (entre 1493 et 1510) le palais de sa famille[2].

Adrien Castelli de Corneto, d'abord évêque d'Hartford, de Bath et de Wells en Angleterre, puis secrétaire d'Alexandre VI, enfin cardinal (1500), est le bâtisseur du palais Giraud. C'est dans sa vigne qu'eut lieu le banquet à la suite duquel le pape mourut. On sait qu'impliqué dans la conspiration contre Léon X, ce prélat prit la fuite, en 1517, sans que l'on sache quand et où il mourut. C'était un homme instruit, à la fois érudit et poète, quoique hostile à l'esprit de la Renaissance[3].

En tête de la colonie française, s'affirme le cardinal Jean Villiers de la Groslaye, surnommé le cardinal de Saint-Denis (1493-

---

1. « Domus reve. Juliani de Cæsarinis Diaconi Car. cum speciosa porta exornata, quam Julianus ejusdem domus Diaci Card[is] patruus fundavit, in qua sunt statuæ Rom., super portam vero visuntur insignia Ruerea cum his carminibus litteris aureis :
        Julius auratas revirenti in robore glandes
        Pollicitus pacem juraque remque dabit »
        (Albertini, *Opusculum*, éd. Schmarsow, p. 28).

2. « Domus Farnesia ab Alexandro reve. de Farnesio titu. Sancti Eustachii amplificata est atque exornata » (Albertini, *Opusculum de Mirabilibus*, éd. Schmarsow, p. 29).

3. Voy. Pastor, t. III, p. 105.

1499). Son souvenir est lié à celui de Michel-Ange, à qui il commanda, en 1498, la *Pietà* de Saint-Pierre. En 1497, le cardinal fit représenter devant son palais le mystère de l'*Annonciation de la Vierge*, qu'un contemporain traite de « rem satis simplicem »[1]. Le mausolée de ce prélat se dresse, de nos jours encore, dans les Grottes du Vatican (dalle tumulaire en marbre, enrichie de l'effigie du défunt et de riches arabesques)[2].

Un autre prélat français, dont nous avons déjà eu l'occasion de signaler les fondations (p. 34), Guillaume des Perriers (telle est la vraie orthographe de son nom), prolongea son existence jusque vers la fin du pontificat d'Alexandre VI : il mourut en novembre 1500 et fut enterré à Sainte-Marie du Peuple, où Raphaël Lippus (Brandolini) prononça son oraison funèbre[3]. Sa physionomie ouverte et narquoise nous a été conservée par une médaille de Jean de Candida, que l'on trouvera reproduite sur une de nos planches hors texte.

Accordons aussi un souvenir à Jean Burchard, de Strasbourg, le méticuleux et inexorable maître de cérémonies d'Alexandre VI, à la fois si caustique et si cupide. C'était un esprit curieux et méthodique, à la façon des Allemands. Tout l'intéressait et tout était soigneusement consigné dans son journal : la capture d'un pélican, l'exploration des antiquités de Pouzzoles, de Baies, et d'autres cités des environs de Naples, sa visite à la basilique de Monza, etc. (t. II, p. 170 et suiv. ; t. III, p. 15, etc.). En 1499, Burchard était préposé à la direction des travaux de « Santa Maria dell' Anima » (Pastor, p. 502). Mais il s'agissait bien certainement d'un contrôle administratif plutôt qu'artistique.

De même que sous les pontificats précédents, l'aristocratie

---

1. Burchard, t. II, p. 363.
2. Sarti et Settele, *Appendix*, p. 112-113, pl. XLI, n° 2. — Forcella, *Iscrizioni*, t. VI, p. 52. — Sur ses funérailles, particulièrement somptueuses, voy. le *Diarium* de Burchard (t. II, p. 549-560).
3. Burchard, t. III, p. 85, 86-87.

romaine témoigna plus de goût pour les arts de la guerre que pour les arts de la paix.

Faisons une exception pour Virginio Orsini, qui invita, en 1494, Antonio del Pollajuolo à se rendre à Bracciano pour y modeler son buste. Les événements ne lui permirent pas de donner suite à ce projet[1]; notons du moins l'intention.

1. Borsari, *Ant. del Pollajuolo e gli Orsini*. Rome, 1891 (« Per nozze »).

CHAPITRE PREMIER

NOTICE SUR LES PRINCIPAUX ARTISTES DU RÈGNE D'ALEXANDRE VI

LES ARCHITECTES

L'historien de l'architecture à Rome, M. A. Ferri, n'a réussi à recueillir que quatre noms d'architectes ayant travaillé à Rome sous Alexandre VI, à savoir : Giuliano da San Gallo, Bramante, Andrea et Sante de Florence [1]. Les documents conservés dans les archives romaines m'ont permis de décupler, pour le moins, ce chiffre.

Malheureusement ils sont muets sur les débuts du prince des architectes de Renaissance, sur Bramante, qui fit son apparition à Rome vers la fin du pontificat d'Alexandre VI et nous en sommes réduits, à cet égard, à de simples conjectures.

Dans un travail très ingénieux [2], M. le comte Gnoli a soutenu que, Bramante n'étant venu à Rome qu'après la chute de Ludovic le More, ni le palais de la Chancellerie, ni le palais d'Adrien de Corneto [3] ne pouvaient être revendiqués en sa faveur. Mais est-il absolument démontré que Bramante n'ait pas fait quelque excursion dans la Ville éternelle avant 1500, ou, au pis aller, qu'il n'ait pas composé à Milan même les plans destinés au car-

---

[1]. *L'Architettura in Roma nei secoli XV e XVI*, p. 53. Rome, 1868.
[2]. *Archivio storico dell' Arte*, 1892, p. 176-184, 331-347.
[3]. Sur un prétendu document, qui ferait remonter le début de la construction du palais d'Adrien de Corneto à l'année 1496, et qui est manifestement l'œuvre d'un faussaire romain bien connu, voy. l'*Archivio storico dell' Arte*, 1892, p. 343.

dinal Riario? Son ami Caradosso, lui aussi, ne se fixa sur les bords du Tibre qu'après la chute du More et cependant il y avait fait une apparition dès 1487. Quant aux plans composés à distance, rien de plus fréquent dans l'histoire de la Renaissance. L'intermédiaire, dans ce cas, serait facile à découvrir : ce serait le cardinal Ascanio Sforza.

Le style même des deux palais semble à M. Gnoli un argument contre Bramante : il jure, affirme-t-il, avec ses constructions lombardes, non moins qu'avec ses constructions romaines ; on dirait un corps étranger, qui rompt la continuité de l'œuvre et empêche d'en comprendre l'évolution. Aussi le savant directeur de l'*Archivio storico dell' Arte*, tout en constatant (p. 331) que les deux palais forment une innovation à Rome, les revendique-t-il en faveur d'un architecte toscan (p. 336).

Cette manière de voir me semble devoir être combattue sans hésitation aucune. On chercherait en vain, dans n'importe quel palais florentin, la grâce et la morbidesse qui caractérisent les deux palais en question. Les constructions des San Gallo surtout pèchent toujours par une tension qui dégénère trop souvent en sécheresse.

Enfin, n'est-ce pas de la Haute-Italie que vient le modèle des fenêtres de la Chancellerie? J'ai montré, il y a longtemps déjà, qu'elles procèdent de la « Porta de' Borsari » de Vérone[1]. Le même motif reparait dans deux édifices lombards célèbres, l'« Incoronata » de Lodi et la cathédrale de Côme.

L'historien de Bramante, M. de Geymüller, que j'ai consulté à ce sujet, s'élève avec la dernière énergie contre la thèse de M. Gnoli : autant, m'écrit-il, vaudrait dire que la voûte de la Sixtine n'est pas de Michel-Ange que de vouloir enlever la cour de la Chancellerie à Bramante.

Notre revue s'ouvrira, comme de raison, par les artistes et artisans originaux de Rome et des environs. Constatons que les

---

[1]. *Histoire de l'Art pendant la Renaissance*, t. II (1891), p. 324. — Cf. l'*Archivio storico dell' Arte*, 1893, p. 73.

sujets directs du Saint-Siège sont plus nombreux que pendant la période précédente.

Alessandro Cerretano de Tivoli prend part, en 1494, en qualité de charpentier, à l'établissement d'un corridor (probablement celui qui relie le Vatican au fort Saint-Ange); en 1496, il exécute plusieurs travaux au palais du Vatican. En 1497, « magister Alexander Ceretanus, civis tiburtinus, architectus, habitans Romæ in regione Parionis », loue une maison appartenant au Chapitre de Saint-Pierre. Cette maison, surnommée « la Luna », était située dans la région du Pont. Le loyer était fixé à 34 ducats de 10 carlins par an, payables tous les semestres. Le locataire s'engageait à dépenser 500 ducats pour la réparation de l'immeuble [1].

« Magister Antonius, architector », surnommé Mellone, est locataire d'une maison appartenant au même Chapitre de Saint-Pierre (1497-1516) [2].

Peut-être avons-nous affaire au même personnage qu'« Antonius Romanus », qui inspecta en 1502 les forteresses de l'État pontifical [3].

« Magister Antonius de Frosino, murator », pave, en 1494, le corridor qui relie le Vatican au fort Saint-Ange.

1. Archives du Chapitre de Saint-Pierre; Demetrii Guasselli Instrumenta, 1494-1504, fol. 27.
1499. « Domus quæ dicitur la Luna in Parᵃ S. Ceciliæ Turri in campo ad Montem Jordanum locata Alexandro Tiburtino architecto de Cerretanis ad tertiam generationem quolibet anno solvit duc. 34. » — 1508. « Domus la Luna in Parᵃ S. Cæciliæ Turri in campo ad Montem Jordanum locata de anno 1497 de mense martii die 11 magistro Alexandro Tiburtino de Ceretanis architecto ad tertiam generationem masculinam, solvendo annuatim duc. xxxxiiii de carlen. » — Archives du Chapitre de Saint-Pierre, Censual.
2. 1497. Décembre. « Domus ad Turrim Sanguineam cum signo Biccherii locata magistro Antonio Mellono, muratori, ad ejus tertiam generationem, solvendo annuatim ducatos 4, ad bol. LXXII. » — Archives du Chapitre de Saint-Pierre, Censual.
3. 1502. 14 décembre. « Duc. 25 similes de simili mandato sub die 29 novembris præteriti magro Antonio Romano, revisori arcium S. R. E. pro ejus provisione ad bonum compuctum. » — A. S. V., Intr. et Ex. Cam., 1502-1503, fol. 168 v°.

« Rovella » ou « Ruella, murator », est locataire du Chapitre de Saint-Pierre, moyennant le modeste loyer de 3 ducats par an. Cet artiste meurt vers 1502 [1].

« Magister Thomasius Mataratius » ou « Maratius Romanus, murator et præfectus officii », remet, le 24 décembre 1499, à Alexandre VI le marteau destiné à ouvrir la porte sainte (Burchard, t. II, p. 583-599).

« Desiderius, superstans lignorum », qui paraît en 1501 [2], est probablement Desiderio di Leonardo del Fantelli, qui remplit les mêmes fonctions sous Jules II et Léon X [3].

Les environs immédiats de Rome ne sont guère représentés que par de simples maçons.

« Lazaro da Robiano murator in Civitavecchia et Jac° muratore in la rocha de Civitavecchia » sont créanciers, en 1494-1495, de la Chambre apostolique, probablement pour travaux exécutés dans cette citadelle (A. S. V., Div. Cam., 1497-1501, fol. 25).

« Mag. Angelus, murator in Ostia », travaille, en 1495, dans cette localité pour le compte de la cour pontificale.

« Mag. Matheus de Sutrio » reçoit, en 1503, un paiement « pro quibusdam fenestris factis pro Camera apostolica ».

Le nom d'un enfant de Caprarole, Cola di Matteuccio, n'est connu que depuis peu d'années, grâce aux travaux d'Adamo

---

1. 1497. Juin. « Domus post macella Campi Floræ in Par[a] S. Laurentii in Damaso, locata Roelle muratori ad tertiam generationem, solvendo annuatim duc. III pro canone. » — 1499. « Domus post macella Campi Floræ in Par[a] S. Laurentii in Damaso locata Rovollæ [Ruellæ] muratori, solvit annuatim duc. 3. » — En 1502, il est question des héritiers de Rovello. Celui-ci était donc mort à cette époque. « Heredes Rovellæ muratoris pro domo post macella Campi Floræ duc. 3. » Cependant la maison continue à figurer en son nom. — 1508. « Domus locata olim Ruellæ muratori. » — Archives du Chapitre de Saint-Pierre, Cens.

2. 1501. « Salaria officialium januarii 1501. Desiderio superstanti lignorum carl. 7. duc. 0, bol. LII. » — T. S., 1501, fol. 25.

3. *La Gazette des Beaux-Arts*, 1879, t. II, p. 524.

Rossi[1]. Nous y voyons que Cola remplit à Todi, de 1508 à 1512, c'est-à-dire à partir de la fondation de la première tribune, les fonctions d'architecte de la belle église de Santa Maria della Consolazione, avec le titre de « maestro al muraccio della Madonna, maestro della fabbrica », ou tout simplement « architectore ». En 1512, l'évêque de Foligno chargea Cola de restaurer la cathédrale de cette ville, travail auquel l'artiste était occupé en 1515 encore. En 1518, Agostino Chigi lui confia l'édification de la forteresse de Porto Ercole[2].

Un document conservé dans les Archives du Vatican[3] me permet d'ajouter une information importante à la biographie, encore si peu connue, de ce maître : nous y apprenons qu'en 1499, c'est-à-dire neuf années avant la première mention que l'on possédât jusqu'ici sur Cola, Alexandre VI le chargea d'exécuter les « solaria » et la toiture du palais de Nepi. L'artiste, qualifié de « lignarius », devait recevoir 24 carlins par canne de maçonnerie, mesure de Rome : on lui versa comme acompte 200 ducats de 10 carlins. Cola eut pour collaborateurs ou associés dans ce travail Antonio da San Gallo le vieux, ainsi que Perino de Caravagio, Jacopo Donnasano et Jacopo Scotto, tous deux également de Caravaggio.

C'est un plaisir pour l'historien de l'art que de remettre en lumière un de ces maîtres aussi modestes qu'éminents, trop longtemps sacrifiés à des personnalités plus en vue. Cette réhabilitation s'est fait attendre longtemps pour Cola de Caprarole; mais l'heure de la justice a fini par sonner : *sera, tamen respexit inertem.*

Pour compléter cette esquisse, il me resterait à rechercher ce qui, dans la citadelle de Nepi, peut bien rester des travaux d'An-

---

1. *Giornale di Erudizione storico-artistica*, t. I, p. 3 et suiv., t. VI, p. 343 et suiv. — Alfred de Reumont a cherché à démontrer, dans l'*Archivio storico italiano* (1872, t. I, p. 123, 126, 346, 350) que le plan de la « Consolazione » est de Bramante et remonte à l'année 1504. Voir aussi H. de Geymüller, *Les Projets primitifs pour la Basilique de Saint-Pierre de Rome*, p. 96, 97. — Laspeyres, *Die Kirchen der Renaissance in Mittelitalien*, p. 43-44. Berlin, 1882.
2. Cugnoni, *Agostino Chigi il Magnifico*, p. 133. Rome, 1881.
3. J'ai publié ce document dans *Arte e Storia*, 1892, p. 33-35.

tonio da San Gallo, et de Cola de Caprarole. Mais j'avouerai au lecteur que je n'ai jamais visité cette ville et, plutôt que d'en parler par ouï dire, j'aime mieux signaler le problème à qui de droit.

La ville de Viterbe, célèbre par ses belles fontaines, fournit toute une série de maîtres en l'art de bâtir.

« Mag. Angelus de Viterbio » travaille, en 1502, à la fontaine de la place du Vatican. En 1503, il est nommé gardien de la même fontaine, à raison de 4 ducats de traitement par mois [1].

« Danesius et Petrus Dominicus », également de Viterbe, sont invités, en 1501, à donner leur avis sur le même monument.

Il est en outre question de « magister Antonius de Viterbio » [2].

En tête de la colonie florentine figurent les San Gallo.

Si Giuliano fut absent de Rome pendant la majeure partie de ce pontificat, son frère Antonio le vieux prit racine dans la Ville éternelle.

Avant d'aborder l'étude des travaux exécutés par les deux frères, il me paraît important de reproduire un document sur leur situation de famille [1]. Nous y voyons qu'en 1498 encore

---

1. 1503. 19 janvier. « Duc. 4 de karl. de mandato sub die primo præsentis magro Angelo de Viterbio custodi fontis Sancti Petri pro ejus provisione præsentis mensis. » — A. S. V., Intr. et Ex., 1501-1503, fol. 174.

2. 1494. 18 mars. « Duc. 25 de carl. x pro duc. vigore mandati sub die x præsentis mensis mag° Antonio de Viterbio pro valore L lancearum et v tarraconum et picturæ XIIII aliorum tarraconum ad usum palatii ». — A. S. V., Intr. et Exit., 1493-1494, fol. 160.

3. Gaye a publié dans le *Carteggio* (t. I, p. 342-343) un résumé très succinct de la « Denunzia dei Beni » des deux San Gallo. Vu les suppressions faites par ce savant, il m'a paru utile de reproduire le document *in extenso*.

(1498). « Giuliano et Antonio frategli e figliuoli di Francesco di Bartolo legnaiuoli del popolo di San Piero Maggiore di Firenze : entrati a graveza nel 1491 nel decto gonfaloue per gli uficiali sopra cio allora disputati.

Sustanze.

Una casa facta in parte con uno pezzo d'horto posta nel popolo di San Piero Maggiore di Firenze nella via di Pinti, confinata da primo e 2° vie, da 3° beni della Badia di Settimo, a 4° ser Alexandro Braccesi. La quale abbiano cominciata a murare, cioè nella parte habitiano : compreranno il terreno da frati di

ils étaient associés et qu'ils possédaient en commun, à Florence, la maison qu'ils avaient construite à leur usage. Ils tenaient en outre à bail, dans la même ville, la moitié d'une boutique destinée à l'exercice de leur métier de « legnaiuoli », pour le loyer annuel de 8 florins.

D'après Vasari, Giuliano aurait fourni les dessins du soffite de la basilique de Sainte-Marie-Majeure [1]. Mais cette assertion s'accorde mal avec les dates. En effet, les travaux du soffite se poursuivirent de 1493 à 1498, et ce fut précisément pendant cette période que Giuliano, qui s'était attaché à la fortune du cardinal della Rovere, l'ennemi mortel d'Alexandre VI, fut absent de Rome [2].

Castello in due volte, nel 1490 per mano di ser Alexandro di Rinaldo Braccesi, notaio fiorentino. Tiengniamla come di sopra, per nostro habitare.

Beni alienati.

Uno poderuzo con un pocho di chasetta posto nel comune d'Empoli nel popolo di San Giusto a Quercieto nella villa del Pozzale, vigniato, ulivato e lavoratio, che da primo via, a 2° e 3° Benedetto di ser Pagolo Fortini, a 4° Puccio Brogiotti. Vendessi a Lionardo Benci sotto di 18 settembre 1491, rogato ser Giovan Battista d'Albiso notaio fiorentino.

Una chasetta posto nel popolo di San Lorenzo fuor delle mura, dal lato di San Gallo, che da primo via, a 2°... (en blanc) di Biagio Comparini, e 3° Beni della Badia di Firenze, e 4° decta Badia. La quale s'e venduta con lasciarla ricadere alla Badia di Firenze, perchè era a avillare a Francesco di Piero Baccelli oste alla Porta a San Gallo. Funne rogato ser Domenico detto da Fighine notajo fiorentino del detto anno 1491.

Incharichi.

Tegniano a pigione da Lactantio di Francesco Tedaldi, gonfalone Vaio, una mezza bottegha dove facciano l'arte del legnaiuolo, posta nel popolo di San Michele Bisdomini, alla quale tutta bottegha, a primo via, a 2° Beni dell' opera di Sancta Liparata, da 3° detto Lactentio, e 4° Bartolommeo di Papi Tedaldi. Paghianne l'anno di pigione fiorini otto di oro in oro larghi, sanza carta o scripta.

Agiugnesi a questa scripta biancha per virtù di Leggie, et per partito degli ufficiali, roghato ser Giovanni da Romena nostro chancellieri, sotto di xxvi novembre 1498; per una testa, fiori uno largho. » — Archives d'État de Florence; Catasto, 1498; Gonfalone Chiave, vol. 2.

1. « Andò poi a Roma, dove a papa Alessandro VI restaurò il tetto di Santa Maria Maggiore che ruinava, e vi fece quel palco ch'al presente si vede » (t. IV, p. 278).

2. Voy. le travail que j'ai publié avec M. de Laurière : *Giuliano da San Gallo et les Monuments antiques du Midi de la France*, p. 6-7.

La place laissée vide par le départ de Giuliano ne tarda pas à être occupée par Antonio. Qui sait si les deux frères ne se rencontrèrent pas au siège d'Ostie, l'un à la tête des assiégeants, l'autre à celle des assiégés ! L'« Antonius florentinus murator », qui fut envoyé, au mois d'août 1494, au siège de cette citadelle [1], puis occupé, au mois de novembre de la même année, aux travaux du corridor conduisant du palais du Vatican au fort Saint-Ange, n'est certainement autre que San Gallo le vieux.

On ignorait jusqu'ici qu'Antonio le vieux eût pris part à la restauration du château de Nepi. Vasari ne mentionne que les travaux exécutés dans la citadelle de cette ville par Antonio da San Gallo le jeune [2]. Le biographe attitré de la famille, M. Ravioli, est également muet sur ce travail [3]. Par contre il signale, d'après Vasari et Brantôme, la citadelle de Cività-Castellana, pour laquelle il existe, dans la galerie des Offices, un dessin de la main même d'Antonio (Disegni di Palazzi, vol. 216, fol. 82); or la participation d'Antonio, tant aux travaux de Cività Castellana que de Nepi (1499), est établie par les documents que nous publions plus loin.

Un autre architecte florentin célèbre, le Cronaca, fut appelé à Rome, en 1497, pour donner son avis sur le modèle d'un édifice que le pape voulait faire construire [4]. J'ignore de quel édifice il s'agit.

---

1. 1494. 30 août. « Duc. 1224, de carl. x pro duc., vigore mandati sub die præsentis societati de Spanochis depositariis dictæ Cameræ pro totidem, videlicet de mense maii, duc. 900 archipresbitero Caldarolæ, duc. 252 magistro Gratiadei, duc. 72 magistro Antonio florentino per eos solutos guastatoribus missis contra Ostiam. » (A. S. V., Intr. et Exitus, 1493-1494, fol. 191). — Parmi les locataires du Chapitre de Saint-Pierre, figurent en 1490 : « Antonius Florentinus murator », qui paie 3 ducats et 60 bolonais « pro pensione domus ».

2. T. V, p. 465; cf. Ricci, Storia dell' Architettura in Italia, t. III, p. 91.

3. Notizie sui Lavori di Architettura militare, sugli Scritti editi ed inediti dei nove da San Gallo, p. 10. Rome, 1863. Cf. De Geymüller, Documents inédits sur les Manuscrits et les OEuvres d'architecture de la famille des San Gallo. Paris, 1884.

4. Vasari, éd. Lemonnier, t. VIII, p. 127; éd. Milanesi, t. IV, p. 457.

Quant à Baccio Pontelli, il ne fait plus guère parler de lui : G. Milanesi a même pu croire qu'il était mort vers 1492[1]. Mais par un bref du 14 mars 1494 Alexandre VI ordonnait au trésorier de la Marche d'Ancône de séquestrer un immeuble situé sur le territoire d'Osimo et de le donner en garantie aux créanciers de ce maître[2].

Pour les autres architectes, maçons ou charpentiers florentins, je me contenterai d'une simple mention.

« Mastro Sancto de Johanni fiorentino muratore » travailla en 1495 au fort Saint-Ange (*Les Antiquités de la ville de Rome*, p. 66).

Leonardo de Florence fut employé en 1497 à la « porta di Torrione ».

Pippo de Florence travailla en 1497 à la citadelle d'Ostie. Son nom est à rapprocher de celui de Philippus, qui avait travaillé, en 1495, avec Antiquus, aux fossés du fort Saint-Ange.

Albertini cite en outre, parmi les architectes d'Alexandre VI, le Florentin Bart. Gargiolus[3].

« Bartholomeus florentinus, faber lignarius », exécuta en 1501 et en 1502 différents travaux, les uns dans l'appartement du cardinal de Modène, au palais du Vatican, les autres à la fontaine de la place de Saint-Pierre. J'ignore si ce maître est identique à « Bartholomeus florentinus », qui travailla aux deux taureaux destinés à la fontaine de la place Saint-Pierre.

1. Vasari, t. II, p. 661.
2. *Archivio storico dell' Arte*, 1890, p. 299. — A la fin du mois d'octobre 1491, la Chambre apostolique devait à Pontelli 475 ducats pour son traitement de dix-neuf mois, à raison de 25 ducats par mois (*Archivio* de Gori, t. IV, p. 18).
3. « Redeamus ad architecturam, in qua fuit peritus et Bart. Gargiolus et Anton. ambo architecti Alexandri VI » (*Opusculum*, éd. Schmarsow, p. 65).
Je rapproche de ces noms les documents qui concernent un de leurs homonymes :
1500. « Bartholomeus, magister murator, solvit mihi pro medietate pensionis domus in Par\. S\te Ceciliæ Turrim in campo die xx apr. duc. x de carlenis, hoc modo, videlicet : ducatos 5 de laboreriis factis in domo mea et duc. 2 de laboreriis factis in domibus Basilicæ et duc. 3 solvit manualiter et debebat solvere de mense martii » (Paiements analogues en 1503 et en 1504). — 1507. « He-

« Johannes Stagius carpentarius », de Florence, qui collabora en 1494 aux fêtes du couronnement, appartenait probablement à la célèbre famille de ce nom, originaire de Pietrasanta. Peut-être ne fait-il qu'un avec le Florentin Johannes Anastasius, qui restaura, en 1499, le château de Sermoneta [1].

Les architectes favoris d'Innocent VIII, Lorenzo et Giacomo da Pietrasanta, sont relégués dans l'ombre par les nouveaux venus.

Lorenzo élève, en 1492, comme il a été dit (p. 46-49), l'échafaudage du couronnement [2]. En 1493, il travaille à Civitàvecchia; en 1496, il vérifie et taxe les travaux d'Alessandro de Tivoli.

Quant à Giacomo, il semble être mort vers 1495 (et non vers 1490, comme une faute d'impression l'a fait dire ci-dessus, p. 46).

« Raynerius de Pisa, faber lignarius », construit, en 1499 et en 1500, un « palchum » sur les marches de la basilique du Vatican.

« Mastro Francesco da Pisa » reçoit, en 1496, 9 carlins « per lo letto mortaro » destiné à l'église de Saint-Augustin (Sagr. di S. Agostino, 1496-1505, fol. 6 v°).

redes magistri Bartholomei muratoris pro responsione domus in Par^a S. Ceciliæ pro solutione primi semestris duc. 20. » — 1508. « Domus in parochia S. Ceciliæ locata m° Bartholomeo muratori, solvendo anno quolibet duc. xx. » — Archives du Chapitre de Saint-Pierre.

1. 1493. 16 décembre. « Duc. 20 de carl. x pro duc. pro mandato facto præsenti die m° Johanni florentino carpentario pro diversis operibus per eum factis in palatio apostolico. » — A. S. V., Intr. et Ex. Cam., 1493-1494, fol. 139 v°. — 1494. 18 mars. « Duc. 50 de carl. x pro duc. vigore mandati sub die xi præsentis mensis magro Johanni Stagii carpentario pro diversis operibus in coronatione D. N. » — Ibid.

« 24 mars. « De mandato facto xx præsentis flor. 14 de carl. magro Johanni florentino carpentario pro factura cujusdam tribunalis et banei (sic) pro Camera apostolica. » — A. S. V., Intr. et Exit., 1497-1498, fol. 166 v°.

2. 1495. « Ultima martii. Flor. 2150 auri de cam. magistro Jacobo de Petra Sancta bo : me : et pro eo dominæ Camillæ suæ uxori pro satisfactione totidem flor. quos debebat habere pro fabrica domus vineæ palatii apostolici Bellovedere nuncupatæ. » — A. S. V., vol. 527, fol. 178.

En 1495 le Chapitre de Saint-Pierre loue une maison au « discretus vir Bartholomeus Simonis della Valle Lunen. dioces. murator, habitans in regione Parionis » (Archives du Chapitre, Instrum. Petri Merilli, fol. 14). Cf. ci-dessus, p. 51.

« Maestro Lorenzo de Lucca, muratore », restaure, en 1497, le pavement de l'église Saint-Augustin.

Comme d'ordinaire, les « magistri comacini »[1] forment, en regard des architectes toscans, une phalange des plus compactes.

A leur tête figure Graziadei Prato de Brescia ou de Caravage (voy. p. 49). Ce maître déblaie, en 1492, les abords du palais du Vatican pour les fêtes du couronnement. En 1493, il est créancier de la Chambre de 976 ducats, 2/3 (A. S. V., vol. 526, fol. 137 v°; Intr. et Exit., 1492-1493, fol. 176). En 1494-1495, il dirige une série de travaux au fort Saint-Ange, à Ostie, à Porto, à la Magliana. En 1498, il est chargé d'un travail de vérification pour la forteresse de Tivoli. En 1499, il est qualifié de « murator palatii ».

« Mag. Perinus de Caravagio, murator », travaille, en 1497, à la citadelle d'Ostie[2]; en 1498, il figure dans une expertise; en 1499, il soumissionne une partie des travaux à exécuter aux châteaux de Nepi et de Città-Castellana[3]; en 1503, enfin, il démolit le château d'Isola.

Un quasi homonyme, « magister Petrus de Caravagio » répare, en 1497, une fabrique de poudre[4].

Deux autres maçons de Caravage, Jacomo Donnasano et Jacomo Scotto, collaborent, en 1499, avec Perino, aux travaux des châteaux de Nepi et de Città-Castellana[5].

---

1. Voy. l'ouvrage de M. Merzario, *I Maestri Comacini. Storia artistica di mille due cento anni* (600-1800). Milan, 1893.
2. Bertolotti, *Artisti lombardi a Roma*, t. I, p. 27.
3. *Arte e Storia*, 1892, p. 34.
4. 1497. 14 mars. « Duc. 9 et bol. 60 auri d. c. magistro Petro de Caravagio pro reparatione certæ domus ubi conficitur pulvis bombardarum. » — A. S. V., vol. 528, p. 187.
5. *Arte e Storia*, 1892, p. 34.

« Johannes de Caravagio et Johannes Franciscus neapolitanus » sont employés, en 1501, comme charpentiers au fort Saint-Ange[1].

Milan, à son tour, est représenté par une longue série de maîtres.

« Magister Petrus Muracionus » ou « Moraccionus, architectus mediolanensis », ou « Maracanus » (voy. p. 98), figure, en 1494, dans les livres de cens du Chapitre de Saint-Pierre, à propos d'une maison située dans le Transtévère. Il est créancier, en 1498, de la Chambre apostolique d'une somme de 97 ducats, 72 bolonais pour travaux non spécifiés (A. S. V., Divers. Cam., 1497-1499, fol. 55 v°). En 1499, il pave le pont Saint-Ange (Maestri di Strada, 1499, fol. 26).

« Magister Stephanus Antonii de Mediolano » (voy. p. 41) est occupé, de 1501 à 1503, à divers travaux assez secondaires (pavage, etc. M. 1500-1508, fol. 10, etc.).

« Mag. Franciscus de Mediolano » fournit en 1494 (payement du 19 juin) des planches destinées à la construction de bastions en vue d'Ostie (A. S. V., Intr. et Ex., 1493-1494, fol. 179).

Le charpentier « m^{ro} Giovanni Pietro de Milano » exécute, en 1496, de menus travaux pour le couvent de Saint-Augustin (Sag. di S. Agostino, 1496-1505, fol. 5).

L'architecte Johannellus de Milan, demeurant à Sermoneta, s'engage, en 1499, à restaurer le château de cette petite ville.

« Mag. Bastianus de Mediolano » travaille, en 1502, à la fontaine de la place du Vatican. C'est peut-être le même que « M. Batista de Melano », qui fournit en 1500, avec son compagnon « Mastro Berardino », des escabeaux pour la sacristie de l'église Saint-Augustin (Sagrestia di Sant' Agostino, 1496-1505, ff. 40, 40 v°).

« Magister Albertus de Placentia, S. D. N. comestabilis et ar-

---

1. 1501. 20 novembre. « Johanni de Caravagio 15 et Johanni Francischo neapolitano carpentariis arcis Sancti Angeli de Urbe 18 duc. ad rationem K. pro quolibet... » (pour leur salaire de trois mois). — M. 1501-1502, fol. 80 v°. — A. S. V., Div., 1501-1503, fol. 89 v°.

chitector », dirige, en 1501-1502, l'édification de la fontaine de la place Saint-Pierre. En 1503, il construit un pont destiné au siège du château de Ceri[1].

En 1505, il est « custos fontis in platea S. Petri » et reçoit à ce titre 6 florins par mois. En 1514 (28 février), il est chargé de la construction de moulins à Ascoli (« 200 duc. pro molendinis valcheriarum civitatis Asculi per eum fabricatis »).

Je n'ai pas épuisé la liste des architectes, maçons ou charpentiers originaires de la Haute-Italie.

Francesco Graziadei de Côme et Pietro Matteo, « muratores et architecti in arte periti », examinent, le 9 juillet 1497, les travaux exécutés par un locataire dans la « domus Pavonis », appartenant au Chapitre de Saint-Pierre[2].

« Magister Franciscus de Peregrinis de Como, murator », est locataire d'une maison située dans la paroisse de Saint-Celse et appartenant au Chapitre de Saint-Pierre (1497-1508). Il paie un loyer annuel de 15 ducats d'abord, de 30 ducats ensuite. J'ignore s'il est identique au précédent.

L'architecte Antonio de Pavie cède, en 1495, à Pasquale de Caravage ses prétentions au sujet des travaux exécutés dans l'église Saint-Benoît[3].

« Mag. Augustinus cremonensis, faber lignarius » ou « carpentarius », travaille, en 1503, à l'appartement de César Borgia au Vatican.

« Johannes Antonius de Binasco, murator » est chargé en 1499 de paver un tronçon de rue dans le Transtévère.

« Magister Franciscus de Padua murator » travaille en 1493-

---

1. 1503. 4 mai. « Duc. 294, bl. 42 1/2 auri de camera (de mandato) sub die 28 præteriti m° Alberto de Placentia pro ponte per eum facto ad expugnandum castrum Cerii de mandato S. D. N., numeratos d. Æneæ de Bononia. » — A. S. V., Intr. et Exit., 1502-1503, fol. 194.
2. Archives du Chapitre de Saint-Pierre ; Demetrii Guasselli Instrumenta, 1495-1504, fol. 31. — 1497. « Magistro Francisco de Como appretiatori et mensuratori pro parte nostra expensarum factarum in domo nostra Pavonis. » — Ibid.
3. Bertolotti, *Artisti lombardi*, t. II, p. 284.

1494 à la construction de la citadelle de Tivoli (M. 1492-1494, ff. 82, 100).

« Mag. Bartholomeus » (ou « Bartolomus) Luchini, lombardus, murator, » restaure, en 1493, la forteresse d'Offida[1].

« Mastro Jacomino de Marchon et mastro Antonio de Johanni de Marcon, lombardi » travaillant en 1495 au fort Saint-Ange (*Les Antiquités de la ville de Rome*, p. 64-65).

L'Italie centrale ne compte que peu de représentants.

« M°. Alessandro da Bologna » travaille, en 1495-1496, au chœur de l'église Saint-Augustin.

« Jacobus de Ferraria, ingignerius castri S. Angeli », reçoit, en 1496, 6 florins pour son traitement d'un mois[2].

Le royaume de Naples est moins bien partagé encore. Il ne peut se réclamer que de « Johannes Franciscus neapolitanus »[3], et de « magister Adam Arizoni de Monteregali, architector », qui répare, en 1493, l'aqueduc de Terni.

Je réunis dans un dernier paragraphe les noms d'une série d'artistes dont je n'ai pas pu établir la nationalité.

« Mag. Andrea et mag. Santes » sont qualifiés, en 1499, de « fabricatores ædificii studii » (palais de l'Université).

« Mag. Francesco », aussi appelé « mag. Fracasso », exécute, de 1495 à 1502, divers ouvrages de menuiserie pour l'église Saint-Augustin (« solari dello campanile, porta, conciatura dell'altare, telaio che sta innanzi alla Madonna »), etc. — Sagr. di S. Agostino, 1496-1505, ff. 50, 53, 85, 85 v°, 94.

---

1. Bertolotti, *Artisti lombardi a Roma*, t. I, p. 27.
2. 1496. 14 avril. « De mandato facto die 13 septembris florenos 6 de camera Jacobo de Ferraria ingenierioCastri S. Angeli pro ejus provisione mensis septembris » (id. octobre). — A. S. V., Intr. et Ex., 1496, fol. 202. — M. Uzielli s'est demandé si ce personnage n'est pas identique à l'ami de Léonard de Vinci, Jacopo Andrea de Ferrara, qui fut exécuté à Milan en 1501 (*Ricerche*, 2ᵉ édit., t. I, p. 382).
3. 1502. 1ᵉʳ janvier. « Jo. Francisco Neapolitano arcis S. Angeli carpentario ducatos 6 de k. x... [pro ejus provisione] mensis præsentis januarii. » — M. 1500-1508, fol. 60.

« Mag. Petrus, murator », pave, en 1497, les abords de la porte du palais du Vatican.

« Mag. Leo, architectus », construit ou aménage, en 1503, au Vatican, l'appartement destiné à César Borgia. (Ne s'agirait-il pas du Mellone ?)

« Magister Matheus de Lauris » remplit, en 1498, les fonctions de « mensurator publicus », pour la forteresse de Tivoli.

« Lorenzo, falegname », travaille, en 1497, pour l'église de Saint-Augustin (Sagr. S. Agostino, 1496-1505, ff. 7 v°, 9).

« Mastro Domenico di Bartolomeo, carpentario, mastro di palazzo », répare, en 1497, le campanile de l'horloge du Capitole. En 1499, il travaille au palais des Conservateurs.

Un certain « il Naso » est chargé, à la mort d'Alexandre VI, d'estimer, avec un de ses collègues, la valeur des cellules du conclave (Burchard, t. III, p. 206).

« Thomas, faber lignarius », travaille, en 1503, dans l'appartement de César Borgia au Vatican.

Les « magistri Michael et Buccius, lignarii », élèvent le « castrum doloris » d'Alexandre VI (Burchard, t. III, p. 242).

Simone, Marcello, Niccolò, Lorenzo et Cipriano sont employés, comme charpentiers militaires[1], et Bernardo comme maçon[2].

Quelques autres noms, sans importance, semble-t-il, se rencontreront dans les documents reproduits ci-après.

---

1. 1494. 16 octobre. « Flor. 6 et carl. 8 de carlenis 10 pro floreno per mandatum factum sub die xvi præsentis magro Simoni lignario pro valore unius currus pro passavolantibus. » — A. S. V., Intr. et Ex., 1494-1495, fol. 143. — 1496. 3 décembre. « Duc. 24 de carl. x pro duc. vigore mandati facti die v præsentis Marcello, Nicolao, Laurentio et Cypriano carpentariis destinatis in castra S. D. N., pro eorum provisione unius mensis. » — A. S. V., Intr. et Ex. Cam., 1496-1497, fol. 149.

2. 1497. 23 février. « Bernardo muratori fl. 8, videlicet pro x vastatoribus ad conducendas bombardas de Anguillaria ad Urbem. » — A. S. V., vol. 528, fol. 179.

LES SCULPTEURS

S'il était nécessaire de marquer l'importance de ce pontificat pour l'essor de la sculpture, il suffirait de rappeler qu'Antonio del Pollajuolo termina en 1493 le mausolée de Sixte IV et en 1498 celui d'Innocent VIII[1] et que Michel-Ange débarqua le 25 juin 1496 sur les bords du Tibre, muni d'une lettre de recommandation pour le cardinal Raf. Riario[1].

Un autre sculpteur florentin célèbre, Torrigiano, fut employé, d'après Vasari, à la décoration de l'appartement Borgia[2], où il exécuta spécialement les ornements en stuc[3].

« Antonio fiorentino lapicida » travailla en 1501 à la fontaine de la place Saint-Pierre. Ce maître n'a rien de commun avec l' « Antonius marmorarius », locataire du Chapitre de Saint-Pierre : ce qui le prouve, c'est que ce dernier était déjà mort en 1500[4].

« M° Paulo scarpellino fiorentino de Geri » livre, en 1497, à l'église Saint-Augustin, une dalle destinée à un tombeau (voy. ci-après). Il achète, en 1489, des blocs de marbre provenant des fouilles[5].

---

1. Voy. ci-dessus, p. 89-90.
2. *Le Lettere*, éd. Milanesi, p. 423.
3. « Andatosene dunque a Roma, dove allora faceva lavorare Alessandro VI Torre Borgia, vi fece il Torrigiano, in compagnia d'altri maestri, molti lavori di stucchi. Poi dandosi danari per lo duca Valentino che faceva guerra ai Romagnoli, il Torrigiano fu sviato da alcuni giovani fiorentini ; e cosi fattosi in un tratto di scultore soldato, si portò in quelle guerre di Romagna valorosamente » (t. IV, p. 260). — Cf. Schmarsow, *Pinturicchio in Rom*, p. 60.
4. 1500. « Heredes magistri Antonii marmorarii solverunt michi pro integra responsione domus in Par^a S. Jacobi Hispanorum duc. 5 de carl. » (Chapitre de Saint-Pierre, Intr. et Exit., fol. 9). — 1507. « Heredes magistri Antonii marmorarii pro domo in Par^a S. Jacobi Hispanorum duc. 5 de carl. » — Ibid. — 1508. « Domus in parrochia S. Jacobi Hispanorum pro qua heredes olim Antonii marmorarii, ut supra. » — Ibid. — 1516. « La casa in la Parrochiade Sancto Jacobo de Spagnoli allocata ad Antonio marmoraro a secunda generat. pagando ogni anno duc. 5 de carl. »
5. *Les Monuments antiques de Rome au XVe siècle*, p. 18-19.

LE TOMBEAU DES FRÈRES POLLAJUOLO

(Basilique de Saint-Pierre-ès-Liens)

« Magister Bartholomeus » ou « Bartholus florentinus » exécute, en 1502, des taureaux dorés pour la fontaine de la place Saint-Pierre (voy. p. 165).

Le « marmoraro Masotto fiorentino », figure, en 1499, parmi les légataires de Bernardo de Canegio.

« Mag. Petrus de Senis, lapidarius » ou « scarpellinus » travaille en 1495, avec Romulus, au fort Saint-Ange[1] ; en 1497, il taille des boulets de canon[2]; en 1501-1502, il exécute un vase de marbre pour la fontaine de la place Saint-Pierre.

Parmi les sculpteurs milanais, le premier rang revient à Luigi Capponi (voy. p. 55-56).

A sa suite, je citerai le « marmoraro » Bernardo de Canegio, dans le diocèse de Côme, qui dicte son testament en 1499 ; puis « Galeazzo di Domenico della Spezia et Giacomo alias Barbetta », que Bernardo de Canegio institua légataires universels, en 1499[3].

Un fait ignoré jusqu'à ces derniers temps, c'est la présence à Rome de l'habile sculpteur et médailleur Jean de Candida[4]. On sait depuis peu, grâce aux recherches de M. de La Tour, que ce maître, originaire du royaume de Naples, fit son entrée dans la Ville éternelle le 11 novembre 1491, comme ambassadeur du roi Charles VIII de France. Il y retourna, probablement en 1494-1495, en compagnie de son jeune souverain. D'après Heiss, il y aurait exécuté en 1491 la médaille de Guillaume des Perriers. Quant à la médaille de l'écrivain apostolique Antonio Graziadei, elle remonterait, d'après M. de La Tour, à un séjour antérieur (vers 1475).

1. *Les Antiquités de la ville de Rome*, p. 64.
2. 1496 (1497 ?). 17 février. « Duc. 5o de carl. x pro duc., vigore mandati facti die præsenti, m° Petro de Senis lapidario pro parte 3oo pallactarum bombardarum. » — A. S. V., vol. 528, fol. 175 v°.
3. Bertolotti, *Artisti lombardi a Roma*, t. II, p. 285. — *Artisti svizzeri in Roma*, p. 5.
4. *Jean de Candida, médailleur, sculpteur, diplomate, historien*; Paris, 1895, p. 39 et suiv., 68-69. Cf. Delisle, *Bibliothèque de l'École des chartes*, 1890. — Heiss : *Revue numismatique*, 1890, p. 453-479.

Je réunis dans un dernier paragraphe une série de sculpteurs sur lesquels je n'ai pas réussi à trouver d'indications précises. Plusieurs d'entre eux paraissent n'avoir travaillé qu'en sous-ordre; mais vu la confusion qui régnait à cette époque entre les représentants du grand art et ceux de l'art industriel, il importait de ne laisser échapper aucun nom. Qui sait si quelque découverte d'archives ne viendra pas restituer un retable ou un mausolée célèbre à l'un ou à l'autre de nos modestes « scarpellini »!

« M° Francesco scarpellino », sans autre désignation, travaille, en 1492, pour l'église Saint-Augustin.

« Romulus scarpellinus », travaille, en 1495, au fort Saint-Ange.

« Maestro Domenico Antonio marmoraro » sculpte, en 1499, différents écussons destinés à prendre place au coin des rues.

« Dominus Gabriel Avellus » exécute, en 1502, un des vases de la fontaine de la place du Vatican.

« Mag. Johannes Pantera ou Pintore, lapidicina », exécute deux taureaux dorés destinés à la même fontaine. En 1499, « maestro P. alias Pantera, marmoraro », achète des blocs de travertin au « cavatore » Manfredo (Registres des « Maestri di Strada », 1499, fol. 24).

« Mag. Franciscus Gallus, lapidicina », travaille, en 1503, dans l'appartement de César Borgia au Vatican.

Les « marmorarii » Becchiante, Domenico Antonio, Giuliano Belfante, Andrea Masotto, achètent, en 1499, des blocs de marbre et de travertin trouvés dans les fouilles du Colisée, de Santa Maria Nuova et ailleurs [1].

Les fondeurs d'artillerie ont droit à une place à la suite des sculpteurs proprement dits.

Un « maestro Francesco » de Florence fournit en 1494 du métal pour faire des passevolants [2].

---

1. Registres des « Maestri di Strada », 1499, fol. 24. — *Les Monuments antiques de Rome au XV° siècle*, p. 18-19.

2. 1494. 27 septembre. « Flor. 320 de carlenis 10 pro floreno per mandatum

« Mag. Ambrosius Joardi » de Gênes[1] travaille pour le compte d'Alexandre VI à partir de 1499[2].

PORTRAIT DE JEAN DE CANDIDA, ENFANT
Par un médailleur anonyme[3].

PORTRAIT DE JEAN DE CANDIDA
Par un médailleur anonyme.

« Patritius de la Motta, gallus », remplit, en 1502, les impor-

factum sub die xxv præsentis magro Francisco de Florentia pro libris 6400 metalli ad faciendum passavolant(es ?). » — A. S. V., Intr. et Ex., 1494-1495, fol. 137.

1. Voy., sur la famille Joardi, les *Notizie dei Professori del disegno in Liguria*, d'Alizeri, t. VI, p. 408, 410.

2. 1499. 22 mars. « De mandato facto die xviiii præsentis magro Ambrosio Joardi januensi flor. 50 auri d. c. pro parte flor. cxv similium pro fabrica unius cannonis S^{mi} D. N. papæ, numeratos Modesto bombardcrio. » — 13 avril. « Pro residuo (flor. 81,18) et integra solutione manufacturæ unius cannonis facti pro castro S. Angeli (de mand. xii aprilis) ». — 2 mai. « De mandato 29 aprilis flor. auri de cam. 115 (eid.) pro fabrica m^{ii} cannonis pro castro S. Angeli. » — 28 juin. « De mandato facto ut supra (ii præsentis) florenos 232, bol. 45, Alexandro Franciæ pro mercede infrascriptorum, videlicet pro 4^{or} bombarderiis flor. 8, certis carpentariis flor. 4, scarpellinis flor. 12, carrettariis (et) bubalariis fl. 132, bl. 45, magro Ambrosio januensi super artigliaria, fl. 25 et xv guastatoribus flor. 56 pro dictorum salario unius mensis. » — A. S. V., Intr. et Exit., 1498-1499, 181 v°, 188, 189, 198.

1501. 12 juillet. « Ambrosio Joardi januensi præfecto artigliariæ. » — M. 1501-1502, fol. 47 v°.

3. D'après l'ouvrage de M. de Latour.

tantes fonctions de préfet et de fondeur de l'artillerie pontificale. Il reçoit à ce titre 30 ducats par mois [1].

Parmi les autres fondeurs d'artillerie, citons encore : Paulus (1493), Georgius (1494), Alexander Francia (1499) [2].

Terminons par quelques noms de fondeurs de cloches.
« Mag. Paulus, campanarius », livre, en 1493, une cloche destinée à la citadelle de Tivoli.

Les fondeurs de cloches Agostino et Lione de Crémone s'engagent, en 1496, à restaurer les cloches de l'église Saint-Augustin, mais s'acquittent mal de cette tâche.

LES PEINTRES

Un indice du goût d'Alexandre VI nous est fourni par sa prédilection pour l'École ombrienne : c'est elle qui domine sans partage, pendant tout son règne. Innocent VIII avait du moins tenté d'infuser à l'École romaine un sang nouveau en appelant près de lui le grand Andrea Mantegna. Chez Alexandre VI, aucune préoccupation de ce genre.

Quoiqu'une nuée de peintres s'abattît à ce moment sur Rome, le pape témoigna une rare constance dans ses sympathies et, en dépit de toutes les compétitions, il ne retira pas une com-

---

1. 1502. 21 janvier. « Duc. 3o de karl. x pro duc. vigore mandati sub dicta die Patritio de la Mota gallo præfecto et fundatori artigliariæ, pro ejus provisione præsentis mensis, et duc. 6 auri de camera, solutos vigore dicti mandati Johanni de Sabaudia pro suo stipendio ejusdem mensis præsentis. » — Arch. Secr. Vat., Intr. et Ex., 1501-1502, fol. 96 v°.

2. 1493. 20 décembre. « Duc. similes 90 et bol. 37 1/2 pro mandato facto die 19 præsentis mensis m° Paulo bombardario pro duabus spinghardis, IIII archibusis et aliis fornimentis dictorum pro dicta arce (Tiburtina). » — A. S. V., Intr. et Ex., 1493-1494, fol. 140.

1494. 3o août. « Duc. 100 de carl. x pro duc. vigore mandati sub die 29 præsentis magistris Francisco et Georgio bombardariis pro valore metalli duorum passavolantium. » — Ibid., fol. 190 v°.

mande à son favori Pinturicchio : l'ensemble, véritablement monumental, des fresques de l'appartement Borgia, celui, non moins considérable, des fresques du fort Saint-Ange, et bien d'autres travaux lient indissolublement le nom du peintre ombrien à celui du souverain pontife[1].

1. La longue et ennuyeuse histoire de la concession du domaine de Chiugi, près de Pérouse, faite à Pinturicchio par la Chambre apostolique, a été exposée par Vermiglioli, avec preuves à l'appui (*Di Bernardino Pinturicchio... Memorie*. Pérouse, 1837). Ce savant ne semble toutefois pas avoir eu connaissance du bref ci-dessous rapporté, qui est à rapprocher de celui qu'il a publié (p. vii-x) :

1495. 10 avril. « Dilecto, etc. Bernardino Benedicti pictori de Perusia salutem, etc. De speciali mandato S. D. N. papæ, etc. auctoritate, etc., necnon ex deliberatione in Camera apostolica facta præsentium tenore locamus tibi et in affictum sive livellum concedimus unum tenimentum terreni in Chusio Perusino, videlicet in posta nuncupata de Casamajore in podio Sachi juxta villam Ciliani et alios suos veriores confines, quod alias locatum fuit Marcutio caballario de Perusia ad certum tempus finitum vel de proximo finiendum et ad vigintinovem annos a fine locationis dicto Marcutio factæ incipiendo et ut sequitur finiendo : cum pleno usufructu dicti tenimenti et cum juribus et pertinentiis suis. Concedentes etiam tibi plenam facultatem dicti tenimenti possessionem libere apprehendendi omniaque et singula faciendi quæ ad hujusmodi locatarios spectant, ac mandantes thesaurario Perusiæ, factori Clusii omnibusque et singulis ad quos spectat quatenus concessionem hujusmodi observent, et faciant efficaciter observari : quam quidem locationem ideo facimus, quia tu promisisti et ita tenearis solvere sive consignare Cameræ apostolicæ Perusinæ corbes (*sic*) triginta grani annuatim in civitate Perusiæ tempore recollectionum et realiter, quod granum si consignare distuleris pœnam arbitrii Cameræ apostolicæ incurrere debeas. Volentes quoque ab ipso Marcutio possessionem dicti tenimenti finita locatione sibi facta immediate dimitti debere et tibi efficaciter consignari, non obstantibus, etc. ». — A. S. V., Divers. Cam., 1495-1497, ff. 12 et v°.

Un autre bref (selon toute vraisemblance du mois de décembre 1497) complète également les documents publiés par Vermiglioli (p. x-xvi) : « Cum postmodum intellexerimus eundem Bernardinum pictorem multa alia ex suo artificiis (*sic*) in dicta arce et in palatio fecisse, unde debetur ei major recompensa ac suorum laborum retributio, intendentes itaque eum ampliori favore et gratia prosequi concessionem prædictam, nonobstantibus quod ad triennium illam fecerimus, ad viginti novem annos, ut præfertur, extendimus et concessam esse volumus » (A. S. V., Divers. Cam., 1497-1499, fol. 48).

Voy. en outre le travail de Bertolotti dans l'*Archivio* de Gori, t. IV, p. 19, 20 — Luzi, *Il Duomo di Orvieto*, p. 461 et suiv. — Fumi, *Il Duomo di Orvieto*. — Schmarsow, *Pinturicchio in Rom*. — Venturi, *Tesori d'arte inediti di Roma*, 1896. — Je reçois trop tard pour pouvoir l'utiliser le magistral travail du R. P. Ehrle et de M. Stevenson sur l'appartement Borgia. — En 1495, Pinturicchio

Aux côtés de Pinturicchio travaillait Pietro d'Andrea da Volterra, le maître de Bald. Peruzzi. Cet artiste se trouvait à Rome en 1506 encore[1].

Le chef principal de l'École ombrienne, le Pérugin, prit part, de compte à demi avec Antonazzo, aux préparatifs du couronnement d'Alexandre VI, de même qu'il avait participé à ceux du couronnement d'Innocent VIII (p. 58). On trouvera plus loin le texte des mandats délivrés à son nom. Dans l'automne de l'année 1492, il était de nouveau fixé à Florence[2].

Les peintres romains étaient tous plus ou moins inféodés à la manière ombrienne.

A leur tête figure Antonazzo (p. 58-59), qui continue à travailler, soit pour la cour pontificale, soit pour les communautés religieuses. En 1492, il exécute une série de travaux de l'ordre décoratif en vue des fêtes du couronnement; en 1496, il défraie d'écussons l'église Saint-Augustin[3].

« M° Giovan Baptista di m° Antonio », qui travaille en 1498 pour la même église de Saint-Augustin, semble être un aide d'Antonazzo[4].

Pier Matteo Lauro Serdenti d'Amelia (p. 59-60) poursuit, pendant tout ce pontificat, ses travaux pour la cour pontificale. Il lui fournit des bannières[5] ou décore la citadelle de Cività-Castellana.

habitait, dans le Borgo, une maison appartenant à Marco Casale et pour laquelle il payait un loyer annuel de 26 florins (A. S. V., Introitus et Exitus, 1494-1495, fol. 193 v°).

1. Vasari, t. IV, p. 591. — Schmarsow, *Pinturicchio in Rom*, p. 59.

2. Schmarsow, *Pinturicchio in Rom*, p. 99.

3. 1496. 30 août. « Item dedi a mastro Antonacio pentore per renovare tre scuti carlini 12 per carlini 4 l'uno e feci pacto — d. 1, b. xv.
Item dedi al sopra decto maestro Antonio per 28 arme de cardinali b^{li} 27 in foglio comuno et b^{li} 12 per tre figure pente in foglio reale, videlicet S^{to} Augustino, S^{to} Nicola et Sta Monica — d. o, b. LIII-LIIII. » — Sagr. S. Agostino, 1496-1505, fol. 3.

4. 1498. 2 avril. « Item... a m° Giovan-Baptista di m° Antonio dipintore charlini duo et mezo per achionciatura del croxifisso di charta e tela, bl. xviii, d. xii. » — Ibid., fol. 22.

5. 1494. 27 octobre. « Flor. auri d. c. 100 per mandatum dictum (xvii junii)

LES PEINTRES

A un moment donné, pour le couvrir d'une créance de 300 florins, le pape le nomme gouverneur de la cité de Fano, poste qu'il remplit notamment en 1498-1499[1].

Evangelista (de Sutri, voy. p. 62) peint des écussons pour l'église Saint-Augustin[2].

præfatis depositariis pro totidem per eos solutis Petro Matheo de Amelia et Johanni banderaro pro banderia coronationis regis Alfonsi. » — A. S. V., Intr. et Exit., 1494-1495, fol. 145 v°.

1. 1498. 6 mars. « Cum nuper dilecto filio Petro Matheo de Manfredis de Ameria pictori de officio guardianatus sive custodiæ civitatis Fani per nostras literas ad ejus vitam providerimus et 300 ducatos d. c. auri in auro ratione veri mutui ab eodem receperimus pro nonnullis nostris et Cameræ apostolicæ necessitatibus. Nos ejus indemnitati in posterum providere volentes dilectis filiis Raphaëli Sancti Georgii ad Velum aureum diacono cardinali camerario ac ven[li] fratri episcopo Theaensi, thesaurario nostris, mandamus ut ad omnem requisitionem et instantiam ipsius Petri Mathei super hujusmodi mutuo scripturas et mandata quæcunque desuper necessaria et oportuna pro ejus securitate et cautela in ipsa Camera expediatis et expediri permittatis. Ita quod in eventum in quem dictum officium ab eo ullo unquam tempore amoveretur dictæ pecuniæ sibi restituantur. » — A. S. V., Divers., 1497-1499, fol. 159 v°.

1499. 19 novembre. « Spectabili viro Petro Matheo de Manfredis de Ameria pictori guardiano sive custodi civitatis Fani salutem... Exhibitum fuit in Camera apostolica quoddam mandatum S. D. N. papæ sua propria manu signatum sub his verbis, videlicet : Cum nuper... Nos itaque volentes quantum ad nostrum spectat officium mandatum prædictum exequi ac indemnitati et securitati tuæ oportune providere..., te in dicta summa 300 duc. ut præfertur mutuatorum et solutorum ut patet ad ordinarium introitum ipsius Cameræ libro septimo folio LIII verum ipsius Cameræ creditorem tenore præsentiam constituimus... Tibi officium prædictum occasione tui crediti hujusmodi tua vita durante obligantes et assignantes ac etiam decernentes te ab ipso officio ejusque libero exercitio nullo unquam tempore amoveri posse nisi prius summa prædicta 300 duc. fuerit integre tibi restituta. Salarium quoque et emolumenta ejusdem officii ad te libere et licite pertinere, tuaque sint in sortem sive deductionem summæ prædictæ tibi ut præfertur debitæ nullatenus computari debere... » — A. S. V., Divers. Cam., 1501-1503, ff. 153 v°-154.

2. 1502 (août). « It. dedi a maestro Guanguelisto pentore che fece l'arme del Papa messa ad oro et fece otto altre arme, una grande et quatro piole (sic) del nostro protettore e tre di Roanna, montano in tucto bol. xxv. » — 20 août. « Ad. m° Evagelista (sic) depentore per 70 arme picciuine de cardinale... duc. I, bol. XII. — Per 2 arme grandi de card° de Salerno nostro vice proteptore (sic). bol. x. » — 26 août. « ... per fare dipignere S. Augustino, S. Monica, S. Nicola, bol. xv. — Per fare peguere le bacchette della tenda della Ecc[a] de teflecta, bol xv. » — 1503. 5 février. « Per pentura de una rosa che depense bol. 22 1/2. » — Sagr. S. Agostino, 1496-1505, ff. 78-83 v°.

Antonio de Viterbe peint, en 1494, des lances et des targes destinées au palais pontifical [1].

L'École toscane est en pleine déroute pendant toute cette période.

Il est possible que Filippino Lippi ait prolongé son séjour à Rome jusqu'au début du règne d'Alexandre VI, mais ce ne fut pas très certainement au delà de l'année 1493, date extrême de l'achèvement des fresques de la chapelle Caraffa (p. 62) [2].

Raffaellino del Garbo, que Vasari affirme avoir travaillé à Rome avec son maître Filippino, retourna probablement dans sa patrie en même temps que lui.

L'École siennoise compte à son actif Pietro Turini (p. 62), qui peignit, en 1492, les quarante escabeaux destinés au couronnement du pape [3], et Girolamo di Giovanni del Pacchia, qui séjourna en 1500 sur les bords du Tibre [4].

Les représentants des Écoles de la Haute-Italie sont en petit nombre.

Le Garofalo semble avoir visité Rome en 1499 [5].

---

1. 1494. 18 mars. « ... ducatos 25 de karlenis x pro duc. vigore mandati sub die xi præsentis mensis mag° Antonio de Viterbio pro 5o lanceis longis et 5 targonis novis et pro pictura xiii targonarum pro usu palatii — fl. xxvi, 3. » — A. S. V., Intr. et Exit., vol. 526, fol. 160.

2. Schmarsow, *Pinturicchio in Rom*, p. 45.

3. « Chonto dell' opere fatte per le mane de mastro Pietro de Giovanni Torini (sic) dipintore da Siena per la inchoronazione de N̄ro S. Ha dipinto schabelli 58 a karlini 6 l'uno, sono in tutto ducati 34 et charlini 6. » — Arch. Secr. Vat., Divers., 1492-1495, fol. 47 v°. — 1492. 8 novembre. « Duc 26 et karl. 1 de karl. (sic) vigore mandati sub die prima præsentis mensis magro Petro de Senis pro 4o scabellis [pro pictura xl scabellorum] factis pro incoronatione. » — A. S. V. Intr. et Ex., 1492-1493, fol. 144. Cf. M., 1492-1494, fol. 10 v°. Cf. Vasari, t. III, p. 304. — Zahn, *Notizie artistiche*, p. 23.

4. Milanesi, *Documenti per la storia dell' Arte senese*, t. III, p. 7. — Le même, *Sulla Storia dell' Arte toscana*, p. 231.

5. Pungileoni, *Elogio storico di Raffaello Santi da Urbino*, p. 289-290. — Gaye, *Carteggio*, t. I, p. 344-345 : « Se se dovesse credere, el diceva di voler

Un « magister Jacobus, pictor », dont le nom fait penser à Jacobus Ripanda de Bologne, que nous savons avoir vécu à Rome au temps de Jules II[1], travaille en 1493 au palais du Vatican[2].

Un peintre bolonais nommé « Johannes de Sperlino » décore, en 1496, les orgues de la basilique du Vatican (voy. plus loin).

Citons également, parmi les peintres de la Haute-Italie, de passage à Rome, le célèbre Ercole dei Roberti, de Ferrare, qui accompagna en 1492 Alphonse d'Este dans sa visite au souverain pontife[3].

Lorenzo Mariotto de Padoue figure en 1496, parmi les témoins d'un acte notarié[4].

L'Allemagne, de son côté, est représentée par « Johannes Theutonicus », qui est locataire, en 1502, du Chapitre de Saint-Pierre[5].

Pour une série d'autres peintres, le lecteur devra se contenter d'une simple nomenclature.

Ippolito de Villa intervient, en 1499, comme témoin, au testament de Bernardo de Canegio[6].

Un peintre du nom de Paolo, sans autre désignation, travaille pour l'église Saint-Augustin[7]. C'est probablement l'artiste

veder Roma. Potessere ch' el sia andato a quella città ; et sono già dieci dì chel è partito per un fredo di tanta neve, che non si può miga star. E vi bacio le mane. Di Cremona, 29 zenar 1499. Vostro come fratello — Boccacino. » M. Venturi (*Archivio storico dell' Arte*, 1894, p. 96) doute de l'authenticité de cette information.

1. *Les Antiquités de la ville de Rome aux XIVᵉ, XVᵉ et XVIᵉ siècles*, p. 34.
2. 1493. 16 décembre. « Duc. 20 magistro Jacobo pictori pro diversis operibus per eum in palatio apostolico factis. » — A. S. V., vol. 526, p. 139.
3. Venturi : *L'Art*, 1890, t. I, p. 57.
4. Bertolotti, *Artisti veneti*, p. 9.
5. 1502. « Johannes Theotonicus pictor pro pensione loci existentis in dicto atrio in quo venduntur veronicæ duc. 2. » — Cap. S. Pietro, Intr. et Exit.
6. Bertolotti, *Artisti svizzeri*, p. 5.
7. 1494. 20 décembre. « Item die xv mensis dato ad Paolo depentore infra

mentionné ci-dessus (p. 62) comme locataire du Chapitre de Saint-Pierre.

Le nom de « Juliano », qui travailla en 1495 pour l'église Saint-Augustin, est à rapprocher du nom du peintre verrier « Juliano Romano » (p. 63)[1].

Ambrogio est locataire, en 1500, du Chapitre de Saint-Pierre, moyennant un loyer de 18 florins[2]. Il travaille, en 1503, à la décoration de l'appartement de César Borgia.

Du peintre Antonio Lelli nous ne savons qu'une chose, c'est qu'il occupait, en 1497, près du fort Saint-Ange, une maison (une masure, une échoppe?) pour laquelle il payait le modeste loyer de 15 bolonais[3].

Les miniaturistes ne sont qu'en petit nombre.

Un certain « Antonio miniatore » engage avec d'autres personnes un pari sur les chances d'élection du cardinal de Santa Maria in Porticu (Battista Zeno). Le document qui mentionne son nom se trouve à Florence, parmi les « Rogiti di Ser Piero da San Cassiano », et porte la date du 9 août 1493. (Communication de Gaetano Milanesi.)

Un autre miniaturiste, Fra Damiano, de Gênes, écrit et enlumine, en 1496, un antiphonaire et un psautier pour le couvent de Saint-Augustin[4].

pagamento di tavole di noce per lo choro uno ducato et sexanta cinque bol. » — 1495. 22 février. « 2 duc., 10 bol. » — 30 avril. « 2 duc., 8 bol., 8 den. » — 3 juin. « 2 duc., 35 bol. » — 16 juillet. « 3 duc., 22 bol., 8 den. » — Sagr. S. Agostino, 1474-1496, ff. 80 v°-84 v°.

1. 1495. Septembre. « Item dedi ad m° Juliano pentore che a depento lo tabernaculo della Madonna carlini vinti, presente frate Jeronimo, duc. II. » — Sagr. S. Agostino, 1474-1496, fol. 86.

2. 1500. « Magister Ambrosius pictor [solvit] mihi pro secunda medietate pensionis domus in parrocchia S^{tæ} Ceciliæ Turrim in campo olim Gregorii duc. 9 de carl. » — Archives du Chapitre de Saint-Pierre, Intr. et Exit., fol. 20.

3. 1497. Décembre. « Domus ad Portam Milviorum prope castellum S^{ti} Angeli locata Antonio Lelli pictori, sub annua responsione bol. 15. » — Archives du Chapitre de Saint-Pierre, Censual.

4. 1496. 8 janv. « Item dedi ducati 4 d'oro, cio (sic) 2 ducati larghi et 2 di camera et carlini 10 ad frate Damiano da Genua per certi quinterni di Antipho-

La peinture sur verre, elle aussi, ne compte plus qu'un petit nombre de recrues.

Un verrier du nom de Mariano travaille en 1495 pour le couvent de Saint-Augustin [1].

Le même couvent occupe, en 1502, un autre verrier, Pietro Paolo [2].

---

nario et Psalterio parte scripti di novo et parte alluminati = d. v, b. lxx. » — Sagr. S. Agostino, 1474-1496, fol. 88. — Cf. Bertolotti, *Artisti subalpini*, p. 13.

1. 1495. 16 mars. « Item dedi eodem die carlino uno ad fratre Alessandro per mano dello lectore da Braga per adconciar le finestre della Camera per m° Mariano, duc. o, b. vii, d. xi. » — Sagr. S. Agostino, 1474-1496, fol. 82 v°.

2. 1502. 5 octobre. « A Pietro Paulo vetraro che fece una fenestra vetrata nella chiesia nostra... carlini 13 et 1 grosso ». — Sagr. S. Agostino, 1496-1505, fol. 70 v°.

CHAPITRE II

TRAVAUX EXÉCUTÉS A ROME. — PLACES ET RUES. —
PONTS. — PORTES ET MURS. — LE PALAIS ET LA BASILIQUE
DU VATICAN

LES « MAGISTRI VIARUM » ET LES TRAVAUX D'ÉDILITÉ

Eu égard aux travaux d'édilité, le pontificat d'Alexandre VI n'a été ni sans utilité, ni sans éclat : des quartiers entiers furent remaniés de manière à faciliter la circulation ; dans d'autres, les rues furent élargies ou rectifiées [1].

L'apposition d'écussons en marbre et d'inscriptions marqua partout, aux coins des rues, la part que le pape avait prise à ces travaux.

Quelle netteté de vision chez cette génération, quelle force de volonté, pour fixer ainsi par quelque emblème ou quelque épigraphe tous les actes ou tous les événements qui comptaient dans son existence! Il n'y eut pas jusqu'aux crues du Tibre

---

1. Sur la configuration de Rome vers 1500, sur les familles et les palais de chaque région, voy. le magistral travail de Grégorovius, t. VII, p. 810-881. — Sur les constructions entreprises par Alexandre VI, voyez en outre Reumont, *Geschichte der Stadt Rom*, t. III, I, p. 415-416 ; et Ferri, *L'Architettura in Roma nei secoli XV e XVI*; Rieti, 1868; t. II, p. 33 et suiv.

En 1499, les « magistri ædificiorum et stratarum » sont Evangelista de Rubeis (Rossi) et Stephanus Bubalus de Brisulis; les « sub-magistri » Thomas Mataratius et Philippus de Stateriis. Le notaire est Camillus di Bene in Bene.

Le nom d'un autre « magister viarum » nous est révélé par cette inscription : « 1494. Primo Antoni Corneli F. Novicominsi Pontiff. maximor. Xysti, Innocentiiq. et Alexand. aed. ornand. curatori q. v. an. XLV. Blanca marito concordiali B. M. P. Obiit v kal. jul. an. sal. M. VI. D. » Église d'Aracœli (Forcella, *Iscrizioni*, t. I, p. 152, n° 564).

dont les limites ne fussent indiquées par des écussons ou des armoiries. Il ne sera pas sans intérêt de donner ici un spécimen de ces inscriptions, celle qui rappelle la terrible inondation du 4 décembre 1495 :

Alex. V. pont. max.
Campos, templa, domos Tybris spirantibus auris
Sparsit et hoc signum contigit auctus aquis.
M.CCCC.LXXXXV[1].

Pendant son court séjour à Rome, Charles VIII donna au pape l'exemple des démolitions entreprises dans un but stratégique : en 1494-1495, le monarque français fit détruire un certain nombre de maisons afin de dégager le palais de Saint-Marc où il avait établi sa résidence [2].

Ce fut surtout en prévision du jubilé de 1500 que le pape fit entreprendre de grands travaux d'édilité. Dès le 26 novembre 1498, il ordonna au cardinal R. Riario d'aviser aux moyens d'élargir les rues et de consolider les ponts [3]. En 1499, il fit percer la « Via Alessandrina » ou « Borgo Nuovo », qui du pont Saint-Ange conduit à la basilique de Saint-Pierre. Commencés au mois d'avril, les travaux étaient terminés au mois de décembre. A cette occasion disparut la presque totalité de la « Meta Romuli » [4].

1. Forcella, *Iscrizioni*, t. XIII, p. 211-213, etc.
2. « El re Carlo ha messo in fortezza el palazzo de San Marco in Roma, dove l'è alozà ; e ha ruinà alguue case, che era là intorno, e se ha ben munio d'artelarie » (Malipiero : *Annali Veneti*, dans l'*Archivio storico italiano*, 1843, t. VII, p. 329).
3. Voy. Pastor, t. III, p. 493. Cf. Burchard, t. II, p. 530. Le 24 décembre 1499, « completa est ruptura vie nove recte a parte castri S. Angeli ad portam palatii apostolici apud S. Petrum » (Burchard, t. II, p. 601). Une bulle de 1500 accorda des privilèges aux propriétaires qui bâtiraient le long de la nouvelle « Via Alessandrina » (Pastor, p. 49). Sur d'autres travaux d'édilité, cf. Torrigio, *Le Sacre Grotte Vaticane*, p. 346. — Adinolfi, *La Portica di San Pietro*, p. 60 et suiv. — Forcella, *Iscrizioni*, t. XIII, p. 534 (« Via del Pellegrino », 1497), etc.
4. Ce qui prouve que la « meta » ne fut pas entièrement détruite, c'est qu'au mois de décembre 1502 encore, on organisa des courses « de pyramide in Burgo

Des documents, fort curieux, du 22 février et du 22 juin 1499, nous ont conservé la délibération prise par le chef de région de Saint-Eustache de « Parione », de concert avec les « magistri viarum », au sujet des démolitions à entreprendre dans ces quartiers (« Tassa della ruina della piazza de Sancto Pantaleo. — Tassa de la ruina della strada di maestro Joan Angelo de Victorio. — Tassa della ruina de Sancto Stati in nella stada denanze alla dohana della Grascia »)[1].

1499. 4 mars. Da misser Joanni Boccardo[2] maestro de cerimonie recepero in questo di III de marzo duc. doi de carl. per pacarli ad maestro Joannantonio de Binascho muratore que fece certo amattonato denanti alla casa de madonna Maria sua vicina per elemosina, de mandato de dicti signori maestri, duc. 2, bol. — Maestri di Strada, 1499, fol. 25 v°.

» » Ad maestro Joanni Antonio de Binascho in questo di 4 de marzo 1499 duc. doi de carl. per tanto amattonato facto nanti alla casa de madonna Maria quali li paco per lo amore de Dio misser Johan Boccardo, secondo appare nel presente libro ... ad fogli n° 25. duc. 2. bol. — Ibid., fol. 38.

» Ad maestro Antonio de Binascho muratore in questo di dicto duc. doi de carl. per lo amattonato facto nanti alla casa delle pizoche in Tristevere (sic). — Ibid., fol. 38 v°.

» 1er septembre. Entrate de denari dati dallo bancho de Antonio Altoviti per la strada de Ponte Molli, incomenzando a di sopradicto, duc. 719, bol. 49.

» 5 septembre. Usscita de denari spesi per la strada Ponte Molli per misser Vangelista delli Rossi in piu volte... — Ibid., fol. 40-41.

» 16 novembre. Ad maestro Domenico Antonio marmoraro in questo di 16 di novembre duc. 6 per parte di certe arme di Nostro S., del Populo et della Camera delli Signori maiestri in nel cantone

---

usque ad ... plateam (S. Petri). » — Burchard, t. III. p. 179. Cf. mon *Raphaël*, 2e édit., p. 621.

1. Archives d'État, Edifizi pubblici, 1499. — Sur les fouilles entreprises à cette époque dans les ruines, voy. mes *Monuments antiques de Rome au XVe siècle*, p. 18-19.

2. Jean Burchard, le maître des cérémonies d'Alexandre VI.

della casa delli Puritati in nella strada de Sancto Angelo in piaza Judia, duc. 6, bol.

1499. 10 décembre. Ad maestro Domenico Antonio predicto in questo di 10 di dicembre 1499, duc. 15, per parte de una arma del Populo, del camerario, delli dicti Signori maestri, de marmo, la quale se posta in nel cantone della casa delli Puritati in nella strada de Sancto Angelo, duc. 15, bol. — Ad maestro Domenico Antonio scarpellino predicto in questo di 20 detto duc. 10 de carlini per parte dell'arme de Nostro Signore, del Populo Romano, del R̄mo camerario et delli Signori maiestri, per ponerle in nella strada di Ponte Molli, duc. 10, bol. — Ibid., fol. 39.

1501. 22 octobre. Magro Stephano muratori duc. 50 de k. x pro duc. pro aptanda via a Palatio usq. ad castrum Sancti Angeli. — Mand. 1501-1502, fol. 69 v°.

» » Duc. 30 de karl. x pro duc. per mandatum sub die xxii præsentis magro Stephano muratori pro parte solutionis stratæ Palacii. — A. S. V., vol. 532, fol. 80.

1502. 17 février. Duc. 206, bo. 50 de car. x magistro Stefano de Mediolano pro residuo majoris summæ pro mattonata plateæ S. Petri. — Ibid., p. 102.

1503. 10 juin. Duc. 50 de karl. de mandato sub die 29 mensis præteriti magro Stephano de Mediolano pro parte mercedis suæ pro mattonatu apud custodiam palatii S. D. N. — A. S. V., Intr. et Ex., 1502-1503, fol. 204 v°.

» 19 juillet. Duc. 50 de karl. de mandato sub die x præsentis magro Stephano de Mediolano muratori pro suo labore et operibus exhibitis in aptanda platea Sancti Petri. — Ibid., fol. 210 v°.

» 4 août. Duc. 50 de karl. de mandato sub die ultimo julii magro Stephano de Mediolano pro parte solutionis sibi debitæ pro amatonato facto per eum prope palatium. — Ibid., fol. 214.

LES PONTS

Le Pont Saint-Ange.

1497. 23 juin. Duc. similes 400 vigore mandati facti xiii præsentis d. Antonio de Sancto Martino pro mercede muratorum pontis Castri S. Angeli. — A. S. V., Intr. et Ex., 1496-1497, fol. 206 v°.

1499. 8 janvier. Dilectis filiis Evangelistæ de Rubeis et Stephano de Brisulis, civibus romanis, magistris stratarum almæ Urbis, ducatos 100, de carlenis x pro quolibet ducato, pro residuo et complemento mathonatus pontis Sancti Angeli de dicta urbe... — A. S. V., Divers., Cam., 1497-1499, fol. 147 v°.

Le Ponte Molle.

1502. 12 octobre. Duc. 50 de karl. vigore mandati sub die xi præsentis magro Stephano de Mediolano pro reparatione pontis Milvii. — A. S. V., vol. 533, fol. 157.

» 16 novembre. De mandato sub die 14 præsentis duc. 50 de karl. magro Stephano de Mediolano pro parte suæ mercedis et salarii in reparatione pontis Milvii. — Ibid., fol. 163 v°.

LES PORTES ET LES MURS

Les remparts de Rome furent également restaurés par les soins du pape, comme le montrent des armoiries ou des inscriptions entre la sixième et la septième tour en allant de la porte Saint-Sébastien à la porte Saint-Paul[1].

---

1. Forcella, t. XIII, p. 30. Cf. p. 143.

La Porte Settimiana.

Sextus Alexander sublimi fornice portam
Hanc instauravit spatiosis mœnibus augens.
(Fulvio, *Antiquaria*, fol. 16).

Portes de la cité Léonine.

Has et Alexander portas renovaverat omnes
Atque viam stadio currendam stravit aperto,
A Vaticano, molem usque ad principis Heli
Qua Traspoutinæ genitricis limina surgunt.
(Fulvio, *Antiquaria*, fol. 16 v°).

La Porte Posterula.

In Vaticanæ convallis parte sinistræ
Posterula, a quodam porta est Saxoue vocata,
Nuper Alexandro instaurata a præsule sexto.

LE VATICAN

Le Palais du Vatican.

Au Vatican, le rôle d'Alexandre VI consista avant tout à modifier ou à compléter l'œuvre de ses prédécesseurs. Point de

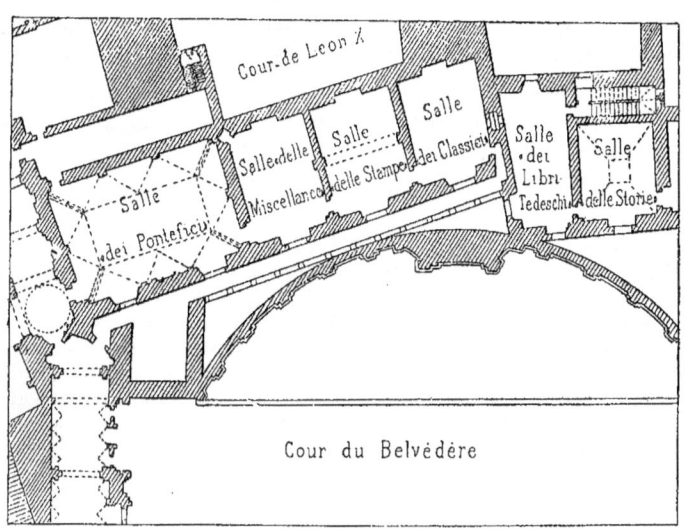

PLAN DE L'APPARTEMENT BORGIA

constructions nouvelles « a fundamentis »[1]. Le plus important

La Porte di Torrione (Posterula).

1497. 23 août. Duc. similes 16 et bo. 6, vigore mandati facti die prima præsentis M° Antonio de la Leccia pro limiti (*sic*) pagatorum magro Francisco Romano et m° Leonardo de Florentia pro factura portæ Turrionis. — Arch. Secr. Vat., Intr. et Ex., vol. 529, 1496-1497, fol. 218.

1. Pour ce pontificat, comme pour celui d'Innocent VIII, le *Diarium* de Burchard offre en abondance des indications précieuses sur la disposition des appartements du Vatican. On en jugera par quelques extraits : Au mois de

de ces remaniements est l'aménagement de l'appartement Borgia. Comme ses derniers historiens, le R. P. Ehrle et M. Stevenson, ont épuisé la matière [1], on me dispensera d'y revenir ici.

Rappelons sommairement quelques-uns des épisodes qui ont marqué, pendant ce règne, dans les annales du palais pontifical : le 5 novembre 1496, la foudre tombe sur l'antichambre du pape [2]. En 1500, comme il a été dit, une partie du palais, et notamment une salle de l'appartement Borgia, s'écroule [3]. En 1500-1501, le Belvédère sert de prison à Catherine Sforza [4].

Je me bornerai à rappeler que, de ce côté, Alexandre VI ne fit construire que la tour qui porte son nom. Quant au reste de cette partie du palais (construite sous Nicolas V), il se contenta de le faire mettre en état et décorer.

---

décembre 1492, il est question de la réception de don Frédéric d'Aragon « in ultima ex novis cameris juxta secretariam »; le pape « intravit per aulas solitas antiquas cameram Papagalli, ubi, depositis sacris vestibus, assignare fecit cameras novas principi supradicto. Paratae autem fuerunt camerae ipsae ornatissimae, tertia, quarta et quinta veluto alexandrino et celesti ac velis bruccato aureo paratis, secunda autem lecto ex veluto cremesino » (Burchard, t. II, p. 17, 24). Il s'agit probablement de l'appartement d'Innocent VIII. Au mois d'août 1500, Burchard parle de la « Turris nova, supra cantinam communem papae, in horto majori palatii apud S. Petrum » (t. III, p. 72). Etc., etc.

1. *Gli Affreschi del Pinturicchio nell' Appartamento Borgia.* Rome, 1897. — Voy. aussi les *Œuvres complètes* de Mgr Barbier de Montault, t. I, p. 264 et suiv.; t. II, p. 264-283.

2. *I Diarii di Marino Sanudo*, t. I, p. 375; Venise, 1879.

3. Landucci, *Diario*, p. 212. — « 1503. Nono enim pontificatus anno, pridie kalendas Julias, qui dies Petro et Paulo sacer erat, cum in sella copiam sui audiri petentibus facturus sederet, coelo sereno vehementissimus insurgens ventorum turbo, tectum superioris aulae Pontificum (hoc enim nomen habet a Pontificibus in numerum Sanctorum relatis in eo depictis) firmissimis compagibus ac clavis compactum, tamquam festucam quamdam vel paleam levem sustulit; cujus ruina etiam tabulatum Alexandri capiti imminens est confractum; sed a ruina trabs quae muro adhaesit a pulvere aureus pannus qui sellae protendebatur, servavit; atterritus tamen, ruderibusque coopertus horae dimidio mansit, vento et pulvere ministros ingredi prohibente : semivivus tamen, et quidnam rei accidisset interrogans erutus est, duobus prioribus dextrae manus digitis collisis, et capite leviter vulnerato » (S. dei Conti, *Le Storie dei suoi Tempi*, t. II, p. 269-270).

4. Pasolini, *Caterina Sforza*, t. II, p. 245.

La date 1494, inscrite sur le plafond de la « Sala del Credo », dans la « Torre Borgia », marque l'achèvement des peintures. Ce qui le prouve, c'est que, dès le mois d'avril 1493, Alexandre VI procéda au lavement des pieds dans la salle de la Vie de la Vierge et que Charles VIII habita, au mois de janvier 1495, l'appartement entier[1].

1494. 20 février. Duc. 100 auri d. c. vigore mandati sub die 17 præsentis facti Cincio priori urbis pro valore certorum marmorum ab eo habitorum pro fabrica palatii, positos ad introitum pro annata sui prioratus in hoc libro fol. 39. — A. S. V., Intr. et Ex., 1493-1494, fol. 152 v°.

1496. 12 octobre. De mandato facto die prima aprilis florenos 41 de karl. pro flor. magro Alexandro de Tyburc carpentario pro diversis laboreriis factis in palatio apostolico taxatis et revisis per magrm Laurentium de Petrasancta, ut patet in cedula subscripta per ipsum Laurentium et in Camera præsentata. — A. S. V., Intr. et Ex., 1496-1497, fol. 158 v°.

» 4 novembre. Duc. 414 de carl. x pro duc. vigore mandati facti die 22 octobris, dno Antonio Gratiadei pro operibus per suum genitorem muratorem factis, et pro valore L rubrorum calcis in fabrica mansionum quas dnus thesaurarius fieri fecit juxta cortile Sancti Petri. — Ibid., fol. 142 v°. — 1499. 6 mars. Flor. 700 auri de ca. Magistro Gratiadeo muratori palatii pro parte fabricæ per cum factæ in palatio apostolico. — A. S. V., vol. 518, fol. 194.

1497. 2 août. Spectabilibus viris heredibus Ambrosii de Spannochiis, Baptistæ Lemellino, Paulo Sauli, Paulo de Oricellariis, Salvio de Bulgarinis, Alexandro de la Casa, Antonio Altoviti, Johanni Berto, Joanni Fucher, Alexandro de Muscaronibus, Stephano de Ginutiis, et Alfonso de Stroziis, mercatoribus Romanam curiam sequentibus, salutem in Domino : Requisiti a Camera apostolica mutuatis eidem ducatos 600 auri in auro de camera in auro (sic), videlicet quilibet vestrum 50, exponendos pro fabrica audientiæ et tribunalis ejusdem cameræ (etc.). — Arch. Sec. Vat., Diversorum, 1495-1497, fol. 226 et v°.

---

1. Venturi, *Tesori d'arte inediti di Roma*, Rome, 1896. — Cf. Steinmann : *Repertorium für Kunstwissenschaft*, 1896, p. 301.

1501. Salaria officialium januarii 1501. Reformatori tectorum palatii c[arl]. 12, duc. 1, bol. xv. — T. S , 1501, fol. 25 v°.

» 19 avril. Magistro Bartholomeo florentino fabro lignario in urbe pro totidem quos ipse exposuit pro reparando cubiculo R^{mi} domini car^{lis} Mutinen(sis) in palatio apostolico, pecunias infrascriptas, vid. (différents menus travaux). — M., 1501-1502, fol. 55.

1502. 4 novembre. Duc. 49 de c. x m^o Stephano de Mediolano pro certis expensis factis in palatio in quadam fenestra ac in quodam stabulo dicti palatii. — A. S. V., vol. 533, fol. 160 v°.

1503. 17 août. Ponit ad exitum suum dictus E$\overline{pus}$ (Ventura, Ep. Massanus) ducatos 108, bol. 48 de karl. x pro quolibet ducato, solutos Jo. Baptistæ Boucart(?) pro totidem quos ipse exposuit in diversis aptaminibus, videlicet tabulis, ferramentis, magisterio et aliis rebus necessariis in reparatione sacristiæ palatii apostolici, prout de omnibus fit mensio (sic) specifica in libro expensarum dicti castri, et constat plurium quitantiarum (sic); constituunt auri de camera ducatos 80 et bl. 50 cum dimidio. — A. S. V., Intr. et Ex., 1501-1502, fol. 152 [1].

L'Appartement de César Borgia.

Une mention spéciale doit être accordée à l'appartement qu'Alexandre VI fit aménager au Vatican à l'intention de César Borgia. Lorsque celui-ci revint à Rome, après l'élection de Pie III, il occupa l'appartement en question : « hospitatus est in domo sua S. Petri »[2]. — On trouvera ci-après les documents relatifs à cet aménagement.

1496. 2 mai. Florenos 12 de carl. 10 pro floreno, per mandatum factum die xxviii^a aprilis mag$\overline{ro}$ Alexandro de Tibure lignario pro valore tabularum et mercede laborerii per eum in camera R^{mi} D^{ui} car-

---

[1]. Je passe sous silence de menus travaux tels que la réfection du pavement.
1497. 19 mai. Duc. 11, bol. 8 de carl. x magistro Petro muratori pro manifactura facti amactonati portæ palatii. — A. S. V., vol. 528, p. 201.

[2]. Burchard, t. III, p. 281. Cf., p. 285, 304, 310, etc.

dinalis de Valentia (facti). — A. S. V., Intr. et Ex., 1494-1495, fol. 186.

1502. 16 janvier. Duc. 22 de karl. vigore mandati sub 13 præsentis magro Stefano de Mediolano, videlicet duc. 12 pro residuo mattonatæ fontis Sancti Petri et duc. x pro porta et scala apud stabulum Ill^{mi} ducis Valentinensis ad Sanctam Catharinam. — A. S. V., Intr. et Ex., 1501-1502, fol. 127.

1503. 9 mai. Duc. 45 de karl. x pro duc. de mandato sub die 6 præsentis magro Francisco lapicino (sic) pro parte fenestrarum marmorearum factarum in tinello Ill. ducis Valentinensis. — A. S. V., Intr. et Ex., 1502-1503, fol. 196.

» 22 mai. Duc. 25 de karl. de mandato sub die 20 præsentis magro Augustino de Cremona carpentario, et sunt pro parte suæ mercedis pro conficiendis quibusdam fenestris in aula Ill. ducis Valentini. — Ibid., fol. 199.

» 3 juin. Duc..... (en blanc) Thomæ fabro lignario pro residuo operum suorum factorum in habitatione ducis Valentini, fl. xxx, b. 18. — Ibid., fol. 202 v°.

».» Duc. 140 de karl. de mandato sub die primo præsentis magro Leoni muratori pro parte operum suorum factorum in habitatione D. ducis (Valentini). — 16 juin. Duc. 50 de karl. de mandato sub die dicta magro Leoni muratori ad bonum computum pro operibus fiendis in palatio Ill. ducis Valentini. — 20 juin. Duc. 50 de karl. de mandato sub die 19 præsentis Augustino Cremonensi lignario fabro pro mercede operum suorum ab bonum computum in palatio apostolico factorum pro Ill. duce Valentino. — Ibid., ff. 202 v°. 205 v°.

» 26 juin. Duc. 135 de karl. de mandato sub die 22 dicti magro Francisco Gallo lapidicino ad bonum computum pro mercede suorum operum factorum in habitatione D. ducis (Valentini). — Ibid., fol. 206.

» 30 juin. Duc. 50 de karl. de mandato sub die 28 dicti magro Augustino Cremonensi fabro lignario ad bonum computum pro diversis operibus factis in habitatione D. ducis. — Ibid., fol. 206 v°.

» 1er juillet. Duc. 40 de karl. de mandato sub die ultimo præsentis magro Leoni architecto ab bonum computum suorum operum in palatio apostolico pro habitatione D. ducis. — Ibid., fol. 208.

» 18 juillet. Duc. 40 de karl. de mandato sub die 17 dicti magro Augustino Cremonensi fabro lignario pro parte mercedis suæ pro operibus factis in palatio pro habitatione dni ducis. — Ibid., fol. 210.

1503. 31 juillet. Duc. 25 de karl. x pro duc. de mandato sub die xxvii dicti magro Leoni muratori pro parte solutionis operum suorum in fabricando (sic) in palatio apostolico habitationem pro duce Valentino. — Ibid., fol. 212 v°.

» » Duc. 43 de karl. de mandato sub die dicto magro Francisco lapidicino alias Gallo pro residuo et complemento diversorum operum factorum in dicto palatio pro habitatione ducis Valentini. — Ibid.

» 12 août. Duc. 15 de karl. de mandato sub die primo præsentis magro Ambrosio pictori pro residuo et integra solutione operum suorum pro diversis picturis factis in quadam camera Ill. D. Valentini. — Ibid., fol. 215 v°.

La Basilique du Vatican.

Dans la basilique vaticane la principale entreprise d'Alexandre VI fut l'achèvement de l'ambon de la bénédiction, commencé par Pie II (voy. notre t. I, p. 279). L'architecte Graziadei reçut le 20 septembre 1492 un paiement de 500 ducats, qui se rapporte à ce travail.

Signalons aussi la confection du nouvel orgue, dont la décoration picturale fut confiée au peintre bolonais Johannes de Sperlino.

Le 30 janvier 1498, les restes d'Innocent VIII furent déposés dans le mausolée définitif et le cadavre « repositum in capsam æream ad ejus memoriam sibi constructam, ab alia dicta parte dicti altaris et ibi, cura magistri, inclusum » (Burchard, t. II, p. 431-432). Cette cérémonie ne marquerait-elle pas l'achèvement du mausolée exécuté par Pollajuolo ?

Le 12 janvier 1500, eut lieu la translation du fer de la Lance dans la chapelle funéraire d'Innocent VIII (voy. p. 85 ; Burchard, t. III, p. 10).

1492. 18 août. Magistro muratori palatii ducatos 500 auri de camera in auro pro ædificio benedictionis in ipso palatio conficiendæ et ad bonum computum. — M., 1492-1494, fol. 2 v° [1].

[1]. « Coronatus est triplici corona vii kal. septembris in suggestu ante primas fores basilicæ ad id structo » (S. dei Conti, *Le Storie de suoi tempi*, t. II, p. 54).

1492. 20 septembre. Duc. 500 auri d. c. vigore mandati d. thesaurarii sub die viii augusti m° Gratiædei pro parte operis pro benedictione. — A. S. V., Intr. et Ex., 1492-1493, fol. 142.

1499. 18 décembre. Dilecto filio Raynerio de Pisa fabro lignario duc. 200 de karl. x pro duc. pro parte solutionis palchi imbussalati per eum construendi et faciendi in porticu magno basilicæ Principis Apostolorum de Urbe super schalas dictæ basilicæ, ad bonum computum, etc. — A. S. V., Divers., 1497-1501, fol. 32 v°.

1500. 11 février. Dilecto filio Raynerio de Pisis architecto duc. 100 pro fabrica palchi per eum faciendi prope schalas et porticum Sancti Petri de Urbe et 15 pro auro inibi impigendo (sic). — Ibid., fol. 37 v°.

1496. 12 février. Instrumentum pro fabrica organi..... R^{di} Patres D$\overline{n}$i Nicolaus de Campania et Franciscus de Anguillaria, basilicæ Principis Apostolorum de Urbe canonici et commissarii ad fabricam organorum a canonicis et capitulo ejusdem basilicæ specialiter deputati..... recognoverunt se debere et teneri solvere honorabilibus (?) viris, videlicet magistro Sigismundo Conon battiloro in summa centum octuaginta octo ducatorum de carlenis pro toto auro posito in fabrica sive pictura organorum hujusmodi, et magistro Johanni de Sperlino Bononien., pictori dictorum organorum, finito tamen primitus opere picturæ organorum hujusmodi, in summa circiter quadraginta duorum ducatorum etiam de carlenis, facto de omnibus cum eisdem magistris Sigismundo et Johanne finali computo,..... quas quidem summas pecuniarum dicti domini Nicolaus et Franciscus, canonici et commissarii debitores et quilibet eorum in solidum pro se suisque heredibus et in futuram successoribus præfatis magistris Sigismundo et Johanni creditoribus respective solvere promiserunt..... — Archives du Chapitre de Saint-Pierre : Demetrii Guasselli Instrumenta ab anno 1495 ad an. 1504, fol. 152.

1499. 24 juillet. Dilecto filio Fabritio de Monte canonico et altaristæ basilicæ Principis Apostolorum de Urbe ducatos 100 de carlenis exponendos pro tegulis et reparatione tecti dictæ basilicæ, de quibus..... — A. S. V., Divers., 1497-1499, fol. 236.

— 1496. 22 mai. « Steterunt supra pulpitum marmoreum, in quo canonici basilicæ Sancti Petri Evangelium et Epistolam decantare consueverunt, Sancia, et Lucretia, filia papæ, cum multis aliis mulieribus, totum ipsum pulpitum, et terram circumcirca occupantibus cum magno dedecore, ignominia, et scandalo populi. »

1499. 21 novembre. Dilecto filio Britio de Monte, canonico et altarario basilicæ Principis Apostolorum de Urbe, ducatos 100 de karlenis x pro quolibet duc., exponendos in reparatione pavimentorum dictæ basilicæ, de quibus teneatur reddere bonum computum et rationem in Camera apostolica, eosque sic solutos, etc. — A. S. V., Divers., 1497-1501, fol. 26 v°.

La Fontaine de la place Saint-Pierre.

Sur la place du Vatican, Alexandre VI fit achever, mais sur un plan plus magnifique, la fontaine commencée par Innocent VIII (voy. p. 90-91). La direction générale des travaux semble avoir été confiée à Alberto de Plaisance, dont le projet fut examiné par des experts appelés de Viterbe.

Deux taureaux en bronze doré, exécutés par Bartolo de Florence, deux autres exécutés par Johannes Pantera, un vase de marbre à anses de bronze, exécuté par le fondeur milanais Gabriele Avello et le sculpteur siennois Pietro, servaient d'ornement à la fontaine.

Au mois de décembre 1501, la fontaine commença à jouer : « incepit currere fons Innocentianus in platea S. Petri »[1].

1501. 11 janvier. Magistro Ste(phano) Mediolanensi ducatos L de karlenis x pro ducato pro parte mattonati circa fontem. — M., 1500-1508, fol. 10.

» 4 septembre. Duc. 100 de karl. x pro duc. vigore mandati sub dicta die Alberto de Placentia architectori S. D. N. pro parte 1000 duc. similium pro fonte in platea Sancti Petri existente. — A. S. V., Intr. et Exit., 1501-1502, fol. 71 v°. Cf. ff. 73, 74, 75 v°, 77, 79. — M., 1501-1502.

» 8 octobre. Magro Bartolo florentino ducatos 25 de karlenis x pro ducato pro parte 100 ducatorum similium sibi promissorum pro opere duorum boum et unius armæ seu insignium S^mi Domini Nostri pro fonte plateæ Sancti Petri de Urbe juxta pacta desuper

---

[1]. Burchard, t. III, p. 173. Cf. p. 64.

confecta (autre paiement le 9 février suivant). — M., 1501-1502, fol. 69. — A. S. V., vol. 532, fol. 77.

1501. 9 octobre. Duc. 20 de karlenis x magistro Petro lapidicino pro parte 30 duc. pro quodam opere facto in fonte S. Petri. — Ibid., fol. 78.

» » Duc. 100 de karlenis x pro duc. vigore mandati sub v die præsentis mensis magro Antonio (sic) de Placentia comestabili et architectori S. D. N. pro parte duc. 1000 sibi debitorum pro aptando fonte in platea Sancti Petri. — 19 octobre. Duc. 100, etc. vigore mandati sub die viii præsentis magro Alberto de Placentia comestabili... (ut supra). — 30 octobre. Duc. 100, etc. vigore mandati sub dicta die magro Alberto de Placentia comestabili pro parte duc. 1000 sibi promissorum pro aptando... — 5 novembre. Duc. 50 vigore mandati sub eademmet die magro Alberto de Placentia comestabili et architectori S. D. N. pro parte solutionis unius aquatorii in platea Sancti Petri. — Ibid., ff. 77 v°, 79, 80, 80 v°, 81, 81 v°.

» 6 novembre. Duc. 25 similes magistro Bartholo Florentino aurifici pro parte solutionis magisterii duorum boum et unius insignii seu armæ S. D. N. ad fontem in platea S. Petri, quos portavit magister Albertus de Placentia. — Ibid., fol. 81.

» 23 novembre. Duc. 13 de car. 2 magistro Alberto de Placentia architectori et comestabili S. D. N. pro mercede certorum sculptorum qui laborarunt ad fontem S. Petri, pro scarpelinis qui fecerunt arma S. D. N. ad fontem. — Ibid., fol. 84. — M., 1501-1502, fol. 79 v°.

» 1er décembre. Duc. 50 de karl. vigore mandati sub die præsenti magro Alberto de Placentia pro parte majoris summæ pro amattonatis fontis in platea Sancti Petri existentis. — Ibid., fol. 86. Cf. ff. 96, 170.

» 21 décembre. Ducatos 20 de karlenis x pro ducato magistro Antonio florentino lapidicino pro aptando et fabricando fonte in platea Sancti Petri et ducatos 6 cum dimidio de k. x solutos... pro cera et pice pro conficiendis duobus bovibus in eodem fonte. — M., 1501-1502, fol. 87 v°; cf. fol. 93 v°.

» 23 décembre. — Magro Alberto de Placentia ducatos 200 de karlenis x pro ducato ultra quos dictos 200 ducatos similes habuit 1000 in diversis partitis pro parte solutionis pro opera per eum facta in diversis locis pro conducendo aquam ad fontem in platea Sancti Petri et pro quadam matonata circa dictum fontem per eum facta. — Ibid.

1501. 23 décembre. Magris Danesio et Petro Dominico de Viterbio ... pro judicando et conspiciendo (inspiciendo) opere magistri Alberti de Placentia per eum facto circa fontem in platea Sancti Petri existente pro eorum expensis factis in commorando hic in Urbe cum duobus equis per 14 dies, ducatos 20 de karlenis x pro ducato. — Ibid. — A. S. V., vol. 532, fol. 90.

1502. 13 janvier. Duc. 11 auri. d. c. vigore mandati sub die xi præsentis dno Gabrieli Avello pro uno vase per eum elaborato et posito supra fontem aquarum in platea Sancti Petri. — Ibid., fol. 95.

» 1er février. Duc. 100 de karl. 10 pro ducato magro Stefano Antonii de Mediolano architectori vigore mandati dicta die dati pro parte majoris summæ mattonatæ factæ apud fontem Sancti Petri. — M., 1501-1502, fol. 96. — A. S. V., vol. 532, fol. 99; cf. fol. 127 (payement de 12 florins pour solde).

» 9 février. Magro Bartho [alias Bartholomeo] florentino ducatos 25 de karlenis x pro ducato pro parte solutionis sui operis duorum boum factorum supra fontem in platea Sancti Petri qui emittunt aquam in fontem. — M., 1501-1502, fol. 100 v° — Ibid., fol. 102.

» 12 février. Duc. 15 de karl. x pro duc. vigore mandati sub die 28 præteriti mensis magro Johanni Pantera [alias Pintore] lapidicinæ pro duobus bobus inauratis quos confecit supra fontem Sancti Petri. — Ibid., fol. 101. — M., 1501-1502, fol. 100.

» 22 mars. Duc. 40 de karl. x vigore mandati sub xviiii præsentis magro Bartholomeo florentino pro duobus bobus inauratis et nonnullis aliis operibus factis supra fontem Sancti Petri, numeratos Scaverzello. — M. 1502, fol. 198 v°. — A. S. V., vol. 532, fol. 108.

» 8 avril. Magistro Gabrieli de Mediolano magistro getti et magistro Petro senen(si) scalpell(ino) pro uno vase marmoreo cum duabus manicis ex metallo et duobus insigniis Smi domini nostri cum uno capite inaurato et pro uno lapide cum duabus parvis columnis et cum aliis artificiis pro fonte in platea Sancti Petri pro residuo totius summæ dicti artificii, ducatos auri de camera 36. — M., 1501-1502, fol. 112. — A. S. V., vol. 532, fol. 114.

» 14 mai. Duc. 8 de karl. vigore mandati sub die xii præsentis magro Angelo de Viterbio pro nonnullis conservis [1] et aliis rebus factis in cloacis prope fontem Sancti Petri. — A. S. V., vol. 532, fol. 121.

---

1. Ducange : « conserva = réservoir ».

1502. 7 juin. Duc. 17 et bol. 52 ½ de karl. vigore mandati sub vi præsentis Johanni Donato de Mediolano pro totidem quos solverat magro Bastiano de Mediolano et magro Angelo de Viterbio pro operibus et aliis rebus apud fontem Sancti Petri. — Ibid., fol. 125.

» 28 novembre. Duc. 7 et bol. 2 de karl. de mandato sub die dicta magro Angelo de Viterbio pro actando fonte in palacio Sancti Petri existente. — A. S. V., vol. 533, fol. 164 v°.

» 4 décembre. Duc. 30 de karl. de simili mandato sub die iii præsentis magro Alberto de Placentia commestabili architectori S. D. N. pro expensis factis in reparatione fontis Santi Petri. — Ibid., fol. 165. — Le 3 avril 1503, 20 ducats, le 22 avril, 22 ducats, 32 bol. — A. S. V., Intr. et Ex., 1502-1506, ff. 164 v°, 165 v°, 188, 191.

1503. 1er mars. Duc. 6 de karl. et karlenos 9 vigore mandati sub die 18 mensis præteriti d. Aeneæ de Bononia pro totidem per eum solutis in duabus partitis, videlicet magro Matheo de Sutrio pro quibusdam fenestris factis pro Camera apostolica, pro duc. 4, karl. 8, et duc. 2 magro Angelo de Viterbio pro quibusdam gradibus factis apud fontem Sancti Petri. — Ibid., fol. 182 v°.

Le Corridor entre le palais du Vatican et le fort Saint-Ange.

Les abords du palais durent à Alexandre VI d'importants embellissements. Il y fit reconstruire le corridor couvert conduisant au fort Saint-Ange[1].

Dès 1493 (2 mai), il est question du mur reliant le fort Saint-Ange au palais pontifical : à cette date, le mur en question s'écroule sur une longueur de 20 cannes environ. Le pape le fait rétablir sur-le-champ (Burchard, t. II, p. 38). En 1494, au mois de décembre, deux prisonniers politiques sont conduits du Vatican au fort Saint-Ange « per murum, sive deambulato-

---

1. La porte de la cour du quartier de la Garde suisse contient, de nos jours encore, l'inscription : « Alexander VI. Pont. Max. Calixti III Pont. Max. nepos, natione Hispanus, patria Valentinus, gente Borgia, portas et propugnacula a Vaticano ad Hadriani molem vetustate confecta, tutiora restituit an. salutis MCCCCLXXXXII » (Forcella, *Iscrizioni*, t. VI, n° 103).

rium ». C'est aussi par ce « deambulatorium, sive corridorium », que le pape se sauve au mois de janvier 1495. A ce moment, le corridor était « discoopertum ». Il prenait naissance dans le second jardin secret du Vatican.

1494. 11 septembre. Flor. 100 d. c. x pro floreno per mandatum factum sub die iii præsentis magro Antonio de Frosino (*en marge* : pro Antonio Frusino), muratori, pro ejus mercede mactonaturæ corritorii de castro Sancti Angeli ad palatium apostolicum. — A. S. V., vol. 527, fol. 133.

» 7 novembre. Flor. 100 de carlenis 10 pro floreno per mandatum factum die iiii præsentis magro Antonio florentino muratori pro mactonatura corritorii de palatio apostolico ad castrum Sancti Angeli. — Ibid., fol. 148 v°.

» 30 décembre. Ducatos 50 d. c. per mandatum factum præsenti die magistro Alexandro Tiburtino pro pluribus operibus laboraturæ lignaminum pro curriturio novo. — Ibid., fol. 160 v°.

CHAPITRE III

TRAVAUX EXÉCUTÉS A ROME (*suite*)
LES ÉGLISES. — LES MONUMENTS ANTIQUES. — LES ÉDIFICES CIVILS

A. — LES ÉGLISES

Les Saints-Apôtres.

Voy. Pastor, t. III, p. 500.

Saint-Augustin.

Il ne s'agit que de menus travaux d'entretien. Du moins, nos mentions de paiement nous aident-elles à pénétrer dans ce que l'on pourrait appeler la vie d'un édifice et nous apprennent-elles combien d'artisans vivotaient sur ce fonds si jalousement gardé par les moines[1].

1492. 13 et 18 novembre. Item dedi... ad m° Francesco scarpellino per adconciare la pietra dello altare di m° Paolo Matta Buffala carlini II, b. xv. — Item die xviii (eidem) carlini 46 per lavorare la pietra de maiestro Paolo, duc. IIII, b. XLV. — Item ad uno altro scarpellino fece li scaloni della cappela di m° Paolo, b. 3 1/2.

» 17 décembre. Item dedi... carlini papali 10 ad m° Stephano per parte di pagamento della cappella di m° Paolo, de mandato prioris. — 1493. 31 décembre. (Eidem) per lavoratura della pietra di Lo-

---

1. Voy., en outre, Sagr. di S. Agostino, 1474-1496, ff. 84 v°, 85, 87, 87 v°, 90 ; 1496-1505, ff. 40, 40 v°.

renzo spetiale, carlini 10, duc. i. — Sagr. di S. Agostino, 1474-1496, ff. 65 v°, 66, 72.

1493. 8 mai. Carlini 18 ad m° Gottifredo per fare adconciare lo pede de la testa di S. Monica, 6 per lo argento e 6 per sua maiestria, duc. 1, b. xlv. — Sagr. S. Agostino, 1474-1496; fol. 69. Cf. ff. 81, 86. — 1495. 21 janvier. (Au même) 5 carl. per resto di manufactura della capsepta (sic) da tenere li paramenti. — (Sans nom). Duc. 2 per angeli di legno per adornamento della Madona. — » 8 septembre. (Au même) carlini 24 per indorare li candelieri di argento.

1494. 7 juin. Item dedi... carlini 3 ad m° Ranieri per fare una croce di legno et adconciare la nicchia che era rocta; b. xvi, d. vii.

Item dedi die lunæ nona mensis carlini 20 per fare depignere dui croci di ligno; duc. ii. — Ibid.

» 31 juillet. Item dedi ad m° Alexandro per parte di pagamento dello cancello duc. 2 di carl. et carl. 6 (En marge : spese per la Madonna). — 1495. 15 juillet. Bol. 6 per citatur (sic) et uno mandato ad m° Alexandro per finire lo choro per manus fratris Jeronimi. — 1496. 4 mars. Carl. 12 ad Matheo piziccarolo per resto doveva avere dello conto per m° Alessandro de Bologna. — Sagr. S. Agostino, 1474-1496, ff. 74 v°, 84 v°, 85, 90 et *passim*.

1494. 6 septembre. Item dedi die sexta mensis allo procuratore dello convento ducati 9 di carlini et bl. 5 li quali sono pagati per mano dello priore, magistro Gasparri de Orvieto (?), ad maiestro Galeazo scarpellino per le banche dello chiostro verso la camera dello generale, summa duc. ix, b. v.

» 2 octobre. Item... carlini 12 ad m° Giuliano per una pietra grande la quale stava di fare che non fossero robati. — Ibid., fol. 78.

» 8 novembre. Item dedi ad m° Lorenzo muratore ducati 2 per suo maiestierio di mattonare et murare le scale dello choro direto (drieto) allo altare maiure (sic). — Ibid., fol. 79 v°. Cf. fol. 89.

1495. 8 septembre. Item dedi eodem (die) carlini 2 ad m° Giovanni per adconciar lo martello della campana mezana che era rocto; bol. xv. — Ibid., fol. 86.

» » Duc. 200 per fabrica della casa de m° Paulo. — Ibid.

1496. 18 février. Item dedi eodem die carlini 34 al tronbettino per dui opere ad riconciare lo tecto; b. xxx. — Ibid., fol. 89.

» 16 août. Item dedi die xvi mensis carlini 19 per fare amattonare nove sepulture e certi altri lochi sfondati a mastro Bertello millanese; d. 1, b. 67, d. 7. — Sagr. S. Agostino, 1496-1505, fol. 2.

1496. 30 août. D. 1, b. x a d° per acconciare sepolture ed accrescere le scalette dell'argenteria e d'uno banchale dove sedevano li cardinali. — Ibid., fol. 2 v°.

» 30 septembre. Carlini 21 a mro Bertollo per parte di pagamento del cottimo delli tecti della chiesia; d. 2, b. 7, d. 8. — Ibid., fol. 3 v°.

» 20 novembre. Carl. 19 per resto del cottimo del tecto et integro pacamento, d. 1, b. LXVII, d. VIII. — Ibid., fol. 5 v°.

» 28 novembre. D. 1 per parte di pacamento de facitura et aconcime della stantia che e facta in nelle scale che andano in chiesia. — Ibid., fol. 6.

» 11 décembre. Item dedi... ducato 1 a mastro Augustino falegname per parte de pacamento de aconciare delle campane. — Ibid., fol. 6 v°. Cf. ff. 7, 8.

» 20 décembre. — D. 1 per muratura della porta a capo de la scala. — Ibid., fol. 6 v°.

1497. 28 février. It. duc. 4 de carlini a m° Paulo scarpellino fiorentino de Geri per facitura de una pietra che fo posta apresso alla nostra sacristia sopra la sepoltura de Giovanni de mastro Antonio de Saminiato (sic). — Ibid., fol. 9.

» 10 mars. It. b. 52 per 2 staffe per la campana grossa per mano de m° Giorgio venetiano falename [mastro Giorgio per aconciatura della campana grossa]. — Ibid., fol. 9. Cf. fol. 10 (M° Angelo, compagno de m° Giorgio).

» 30 avril. Bol. 19 in diversi di alla corte del Governatore contra a mastro Aug° e mastro Lione Cremonesi, li quali avevano tolto a cottimo de aconciare le campane che sonassero bene alla stessa, cioe per uno mandato et quattro citationi e quattro relatione et una secretione per che nolle avevano bene aconcie. — Ibid., fol. 11.

» 21 juin. It. carlini 6 a maestro Lorenzo de Lucca muratore per conciatura del pavimento della chiesia che in molti lochi era smattonato e sfondato ; carl. 6. — Ibid., fol. 12 v°.

1498. 14 mars. It. duc. 8 de charlini a m° Ranieri... per 3 segiole da confessare con gli inginochiatoj et per 20 tavole d'olmo et per 17 trespoli da sedervisu le done et 4 filagnoli d'achordo. — Ibid., fol. 21.

» 5 avril. Item spesi per mano di m° Michelangelo Martini charlini 10 nella segiola da confessare che [s'e] fatta di nuovo nela chapella del crocxifisso (sic), d. 1. — Ibid., fol. 22.

1498. 21 avril. Item a m° Pietro per amatonare et per metter la pietra dove haveva ad esser sepulta essa madonna Pellegrina, d. o, b. xv. — Ibid., 22 v°.

1499. 20 janvier. Dedi a m° Geminiano da Fabriano duc. 3 per aconciare la campana grossa. — Ibid., fol. 30. Cf. fol. 30 v°.

» 23 octobre. A m° Juvanni chiavatieri per parte de pacamento de candelieri che fa per tenere sopra li altari, d. 1. — Ibid., fol. 37 v°.

» 9 novembre. It. dedi duc. 4 deposito et 37 depositariis ut supra li quali foro dati per la sepoltura del' arcivescovo de Arles. — Ibid., fol. 38.

» 20 novembre. It. dedi a mastro Stephano muratore per inpionbare et smurare et murare li candelieri in la cappella de Madonna Antonia carlini... (effacé) duc. o, b. xv. — Ibid., fol. 38.

1500. Octobre. Ad magistro Cristofano che aconcio lo tecto della ecclesia, cioe per 12 opere di magistro et 5 opere de garzone ad rascione di bl. 18 l'opera del mag° et 13 l'opera dello garzone per compieto pagamento ducati 2 et carlini 3 et bl. 6. — Ibid., fol. 48.

1501. 6 février. Ad maestro Beniforti (?) che concio la finestra de vetro sopra la sepoltura di monsignor de Prema carl. 7. — Ibid., fol. 52.

1502. 27 septembre. Ad magistro Vetoreo (?) che ha facto lo solaro all' altare grande et per acconciare lo scabello duc. 1 et bol. 25. — Ibid., fol. 93 v°.

» 21 novembre. Ad cappellecto che muro la pila del' acqua benedecta la quale sta all' uscia del coro et amattono la sepultura, la quale era sfondata in chiesia per suo maisterio, bol. xv. — Ibid., fol. 80 v°. Cf. ff. 91, 94..

Saint-Jacques des Espagnols.

Stat prope Flaminium circum venerabilis ædes
Quam dives præsul patriaque Alfonsus Ibera
Atque Nosecomium convinctum (sic) condidit ædi,
Dive Jacobe tuæ, magnum et venerabile numen
Gentibus Hispanis, quarum tellure quiescis.

Fulvio, *Antiquaria*, éd. de 1513, fol. 56 v°.

Saint-Jean de Latran.

Alexandre VI fit refaire le toit de l'église, ou du moins le toit du transept. Le 5 mai 1493, il visita les travaux « et vidit ibidem structuram tecti » (Burchard, t. II, p. 69). Il fit en outre transporter la table indiquant la taille du Christ dans une des tribunes de la salle du concile.

Parmi les monuments dont le Latran s'enrichit à cette époque, il faut citer le tombeau d'Élisabeth dell' Anguillera, duchesse d'Ascoli[1].

Sainte-Marie « dell' Anima ».

Le 11 avril 1500, l'ambassadeur impérial Mathieu Lang posa la première pierre de l'église nationale des Allemands; le 23 novembre 1511, l'édifice fut consacré, bien que les travaux de l'extérieur se poursuivissent jusqu'en 1519 (Kerschbaumer, *Geschichte des deutschen Nationalhospizes Anima in Rom*; Vienne, 1868, p. 22).

Sainte-Marie de la Piété au Campo Santo.

Le 8 décembre 1500, l'évêque d'Ascoli « consecravit ecclesiam novam in Campo Sancto constructam » (Burchard, t. III, p. 8).

1499. 26 août. De mandato facto xxv præsentis flor. ducentos de carl. x pro flor. R. D. episcopo Tullensi pro parte mercedis fabricæ factæ de mandato S. D. N. in Campo Sancto. — A. S. V., Intr. et Ex. Cam., 1498-1499, fol. 208 v°.

---

1. Rohault de Fleury, *Le Latran au Moyen Age*, p. 257. — Voy. en outre Panvinio, *De septem Ecclesiis*, p. 115. — Une gravure signée Petrus Jaurus (ou Laurus) montre le Latran, tel qu'il était en 1500 (collection Schœlcher à l'École des Beaux-Arts de Paris). Je dois toutefois ajouter que les costumes sont ceux du xviie siècle, non du xve. Il s'agit donc d'une pièce de restitution.

Sainte-Marie du Transtévère.

La fontaine située sur la place de Sainte-Marie du Transtévère fut restaurée par le cardinal Lopez, sous les auspices d'Alexandre VI, ainsi qu'en faisait foi une inscription (Forcella, t. XIII, p. 104, 107).

Sainte-Marie « in Monserrato ».

En 1495, les Espagnols fondèrent l'église et l'hôpital de ce nom (Gregorovius, t. VII, p. 771).

Sainte-Marie « in via Lata ».

On voit encore, à l'extérieur, les armoiries d'Alexandre VI (Leonetti, t. III, p. 301).

Sainte-Marie Majeure.

Alexandre VI dota cette basilique de son riche soffite en bois sculpté et, affirme-t-on, doré avec le premier or rapporté d'Amérique. Le 27 février 1493, il se rendit à la basilique, « visurus quæ pro structura illius ecclesiæ sive supracœlo parata erant... » Le 21 avril 1498, nouvelle visite « ad videndum opus supercœli illius basilicæ quod ibidem fieri ordinavit » (Burchard, t. II, p. 43-44, 459. Voy. ci-dessus, p. 163).

Saint-Nicolas « in Carcere ».

Cette église fut restaurée par les soins d'Alexandre VI (Leonetti, t. III, p. 301. — Armellini, *Le Chiese di Roma*, p. 476).

Saint-Pierre « in Montorio ».

Une inscription rapportée par M. Forcella (t. XIII, p. 468) marque la consécration de l'église et de l'autel.

Saint-Roch.

L'église et l'hôpital de Saint-Roch furent consacrés en 1500 (Gregorovius, t. VII, p. 771).

Saint-Sauveur in Suburra.

Cette petite église fut restaurée par les soins de « Stephanus Coppus geminianensis » (Lanciani, *Il Codice Barberiniano XXX, 89*, p. 8). Elle fut détruite sous Urbain VIII (Martinelli, *Roma ex ethnica sacra*, p. 300, 392).

Saint-Triphon in Posterula.

1493. 4 avril. M° Stephano ducati 7 e bli 51 per 8 canne e 1/2 di mattonato che fece in S. Tripho, duc. 7, b. II.

1494. 4 janvier. (Eid.) ducati 2 di camera per riconparare la canpana di S. Tripho, la quale fo robata la nocte dello Venerdi Sancto, duc. II, b. xxx. — Sagr. di S. Agostino, 1474-1496, ff. 68 v°, 72 v°.

1495. 20 février. Item dedi... carlini 10 ad Martinaccio per adconciare li thecti della chiesa di Sancto Tripho et murare dui finestre della chiesa, duc. I. — Ibid., fol. 81 v°.

La Trinité-des-Monts.

Charles VIII fit commencer cette église, sous la direction de l'évêque de Saint-Malo, en souvenir de son séjour à Rome. La France possédait en outre à Rome l'église et l'hôpital placés sous le patronage de saint Louis (Burchard, t. III, p. 160).

B. — LES MONUMENTS ANTIQUES

Le Capitole.

1497. Item per uno mandato de dy 2 di decembre ducati 9 contati a mastro Domenico carpentario mastro de palazo per lavoro facto in lo campa:.ile de l'oriolo de Campitoglio, come appare per mandato delli signori Conservatori. — Reg. della cam. del Governatore, 1497-1502, fol. 15.

1497. 20 novembre. 8 d. a mastro Johani todescho per suo salario per aconciare l'oriolo. — Ibid.

1499. Item, per uno mandato de di 18 de maio ducati 1, b. 30 conti a mastro Domenico de Bartholomeo mastro de palazo per sua mercede d'uno ochio (sic) che fece in lo palazo delli Conservatori. — Ibid., fol. 93[1].

Le Fort Saint-Ange.

Parmi les monuments antiques, le fort Saint-Ange fut l'objet de la prédilection, de la sollicitude d'Alexandre VI. Il est vrai que celui-ci y voyait avant tout un ouvrage militaire de premier ordre, la citadelle du haut de laquelle il pouvait tenir en respect Rome entière. Toute idée d'art n'était pas exclue, toutefois, des travaux que le pape y fit entreprendre : nous le savons par l'important cycle de fresques qu'il chargea Pinturicchio d'y exécuter (Scènes de la vie d'Alexandre VI et Grotesques)[2].

Une de mes planches hors texte représente, d'après un des-

---

1. Un document publié par M. Lanciani nous donne de curieux détails sur l'aménagement intérieur du Capitole à cette époque :

« In questa prima sala de' Conservatori hanno lasciato, nel renovare, quattro quatri depinti nelle facciate a tempo d'Alessandro VI, che ci son l'armi, hora che risarciscono il Campidoglio, anzi lo rifanno.

« Nel primo quatro è la fondatione del ponte Sublicio, ch'è quello tagliato da Horatio, e quivi apparisce tutta quella historia, ed il vestire delle donne di quei seculi. Nel 2do vedemo lo steccato et il successo tra gli Oratii e Coriatii, con bello ordine e varia moltitudine. Queste pitture sono finissime e lavorate per mani dottissime veramente tutte, ma la presente passa li termini, avanzando forse gli antichi, massime nel ritratto degli occisi con quei gesti e quelle ferite somiglianti al naturale. Di sorte che genera stupore a' riguardanti. Nel terzo sta Cesare dittatore perpetuo con alcune cerimonie. Nel quarto era lo imperatore creato mentre arava.

« Nella detta sala erano 2 quatri. Si rappresenta nel primo la rotta de' Samniti, e nel 2° sono raddunati a dar leggi, e simile » (Il Codice Barberiniano, p. 13. Cf. p. 17). Ces peintures ont été détruites sous Sixte V.

2. Voy. Schmarsow, Pinturicchio in Rom, p. 62-71.

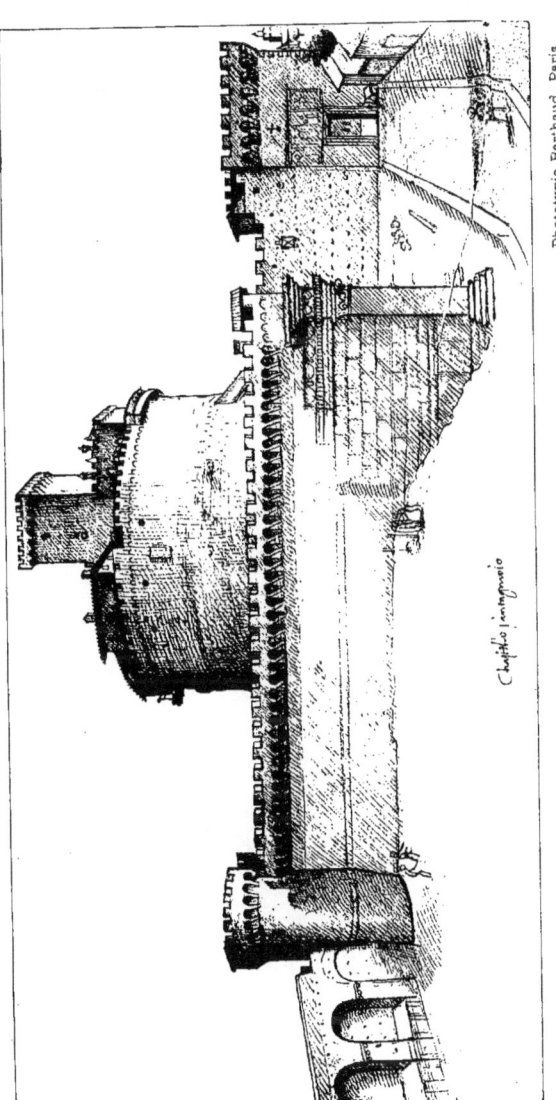

LE FORT SAINT-ANGE AU TEMPS D'ALEXANDRE VI, *d'après un dessin de la 'Bibliothèque de l'Escurial*.

(Photographie de M. le Dr Ficker)

sin de la Bibliothèque de l'Escurial, le fort Saint-Ange tel qu'il était à la fin du xve siècle. On trouvera une série d'autres vues anciennes dans la *Caterina Sforza* du comte Pasolini (t. I, p. 2). Une vue de 1557 est conservée au Cabinet des Estampes de Paris (V. X. 39, fol. 181); une autre, un peu postérieure, accompagne l'ouvrage de Boissard (t. I, *in fine*)[1].

La remise en état du fort commença peu de temps après l'avènement d'Alexandre VI, en 1493[2]. Mais ce fut surtout pendant l'expédition de Charles VIII, qu'Alexandre VI déploya une activité fébrile pour s'assurer dans le mausolée d'Adrien un asile inexpugnable. Le 22 décembre 1494, « incœpta fuit ruina domus Jacobi aurificis et aliorum circa castrum S. Angeli sitarum et designatus fossatus qui castrum ipsum circumdare debet ». Le 10 janvier 1495, une partie du mur supérieur du fort s'écroule. Au mois d'octobre 1497, la foudre occasionne de grands dégâts (Burchard, t. II, p. 200, 211, 220, 412). En 1497 encore, « D. Antonius de Sancto Marino » reçoit d'un coup 400 ducats pour le salaire des maçons employés au pont du fort.

1494. 30 décembre. Duc. 200 d. c. magistro Gratiadeo muratori pro valore lignaminum et aliarum rerum pro munitione castri S. Angeli. — A. S. V., vol. 527, fol. 160.

1495. 17 janvier. Flor. 31 de carl. x pro floreno magistro Thomæ

---

1. Une bonne description du fort, en 1500, nous est fournie par Burchard (t. III, p. 21-22). On trouvera, d'autre part, un aperçu très clair des travaux exécutés sous Alexandre VI dans l'*Histoire des Papes* de M. Pastor (t. III, p. 494-495). — J'ai publié, de mon côté, de nombreux documents sur les mêmes travaux dans *Les Antiquités de la ville de Rome* (p. 59 et suiv.). D'autres documents ont été publiés par M. Pressuti dans l'*Archivio storico dell' Arte* de 1893 (p. 290 et suiv.). Voy. aussi Guglielmotti, *Storia delle Fortificazioni* (p. 91), et Hülsen, dans les *Mittheilungen* de 1891 (t. VI, p. 137-145). En ce qui concerne l'ouvrage de M. Borgatti — *Castel Sant'Angelo in Roma* (Rome, 1890, p. 100-110) — je me bornerai à le citer ici à titre de renseignement bibliographique.

2. Infessura, p. 285. — Alexandre VI prit soin de faire indiquer, par des écussons ou des inscriptions, la place et la date de diverses autres restaurations (Forcella, *Iscrizioni*, t. XIII, p. 143, 144). Les documents ci-dessus reproduits sont à compléter par ceux déjà publiés dans *Les Antiquités de la ville de Rome*, p. 62 et suiv.

Mataratio architectori pro pluribus expensis factis in bastione portæ Sancti (Angeli?). — Ibid., fol. 193 v°.

1495. 19 mars. Flor. 766 et bol. 50 de carl. x magistris Antiquo et Philippo pro parte eorum salarii et mercedis ratione laborerii facti in faciendis fossis circumcirca castrum Sancti Angeli. — Ibid., fol. 176.

1497. 23 janvier. Duc. 400 de carl. x Antonio de Sancto Martino, præceptori præceptoriæ de Torlosa, ordinis Jerosolimitan., præsidenti fabricæ castri S. Angeli, pro mercede muratorum pontis castri Sancti Angeli. — A. S. V., vol. 528, fol. 206.

» 1er avril. Duc. 1120 et bol. 22 de carl. x D. Antonio de Sancto Martino solvendos per eum infrascriptis, videlicet m° Antonio Meloni duc. 400, m° Jacobo et sotiis duc. 334, m° Romolo et m° Petro scarpellinis duc. 60, m° Cristoforo fabro d. 96, b. 22, et m° Thomæ duc. 200, fabricatoribus castri S. Angeli. — Ibid., fol. 191.

1503. 17 août. Duc. 1031 de carl. 9 solutis diversis magistris muratoribus, scarpellinis, fabris, videlicet pro quinque pateis ad conservandum triticum et quinque cameris subterraneis ad detinendum captivos, et pro amatonato plateæ supra mola dicti castri versus S. Mariam de Populo, et pro cisterna, videlicet lapidibus marmoreis, etc. A die xi oct. 1502 usque ad xvii mensis aug. 1503 pro diversis laboreriis in castro S. Angeli factis. — A. S. V., vol. 532, fol. 152.

La Tor di Nona.

Cette prison fut munie de nouvelles fortifications, de manière à dominer le Tibre et en partie la ville (Pastor, t. III, p. 495)[1].

C. — Les édifices civils

L'Université.

Alexandre VI commença, près de Sant'-Eustachio, la cons-

---

[1] « In nocte sequenti, die lune, 9 dicti mensis novembris 1500, ceciderunt quinque domus inter pontem S. Angeli et Turrim None sive Soldani, et martis sequentis papa fecit etiam ruere certas alias domos pontis predicti ab eodem latere contiguas in opposito castri S. Angeli, ubi voluit plateam esse liberam, non domos. Ceciderunt etiam plures alie domus in insula S. Bartholomei, quibus ex crescentia fluminis predicti fundamenta abduxit » (Burchard, t. III, p. 85).

truction de la « Sapienza »[1]. Les versements effectués pour ce travail s'échelonnent de 1497 à 1502. Au mois de mai 1499, le pape « vidit structuram novi studii » (Burchard, t. II, p. 530).

1497. 17 décembre. Motu proprio, etc. Cum nostræ intentionis sit ut domus studii almæ Urbis nostræ reparentur et augeantur, commodiores quoque et aptiores fiant nostris præsertim temporibus, et propterea ordinaverimus ut domus ipsæ quantotius ædificentur, præsentium tenore dilectis filiis camerario et thesaurario nostris committimus et mandamus ut de pecuniis gabellæ vini ad minutum dicti studii et per manus Gabrielis Fusarii dictæ gabellæ et pecuniarum depositarii solvi faciant dilectis filiis dicti studii rectori et modernis reformatoribus summam mille ducatorum de carlenis x pro duc. pro ædificio domorum hujusmodi et juxta ordinationem desuper factam exponendos (sic)... — A. S. V., Divers., 1497-1499, fol. 35 v°.

1498. 16 novembre. Dilectis filiis Sancto et Andreæ florentinis architectis et muratoribus fabricæ dicti studii ducatos 1000 de carlenis 10 pro quolibet ducato pro dicta fabrica, et hoc ad ordinationem venerabilium fratrum nostrorum Petri archiepiscopi Regin. dictæ urbis gubernatoris et Nicolai Nolani præfati studii rectoris et Ludovici Caputaquen(sis) secretarii n̄ri episcoporum commissariorum super dicta fabrica deputatorum... — Ibid., fol. 127.

1499 (entre le 16 mars et le 19 mars). De pecunia gabellæ vini ad minutum sive studii almæ Urbis, etc. solvi faciatis magro Andreæ et magro Sancti fabricatoribus ædificii dicti studii in deductionem summæ ratione ipsius ædificii debitæ et debendæ ducatos trecentos de carlenis x pro ducato, et scripturas expediri faciant, etc... — 3 juin. (Eisdem) muratoribus architectis studii dictæ urbis juxta ordinationem etc. duc. quingentos de carl. x pro quolibet duc. eosque sic solutos in computis dicti depositarii admittatis. — A. S. V., Divers. Cam., 1497-1499, ff. 178 v°, 214. — » 21 septembre. Dilectis filiis magro Andreæ et magro Sancto muratoribus architectis studii dictæ urbis juxta ordinationem... ducatos trecentos de carlenis x pro quolibet duc. pro parte dicti studii operæ et laborerii, ad bonum computum, eosque sic solutos... — A. S. V., Divers. Cam., 1497-1501, fol. 3 v°.

1502. 3 novembre. Gubernatori et rectori studii almæ Urbis duca-

---

[1]. Renazzi, p. 281. — Denifle, Die Universitæten, t. I, p. 314.

tos 400 de k... pro actatione et reparatione ipsius studii. — M., 1500-1508, fol. 92.

> Nec vos Pyeridum reboantia tecta silebo
> Hic ubi gymnasium, media spectatur in urbe,
> Musarum, Phœbique ac Palladis artibus ingens
> Eugenii quarti auspiciis, et munere primum
> Fundatum, cui Roma dedit stipis annua dona
> Collecto, magnis ex vectigalibus, auro
> Persolvenda, sacras illic profitentibus artes.
> Hæc loca Alexander sextus renovavit et auxit
> Adjungens ædes spatio majore propinquas
> Amplaque porticibus designans atria magnis :
> Atque academiacas (sic) priscorum more dictas,
> Et subjecta suis subsellia densa cathedris
> Et spatia in medio ad certamina sacra dearum
> Structa Camœnarum spaciandi pervia cuique :
> Cœpta nec absolvit, captus majoribus ausis,
> Pallas ubi et Musæ, custode sub Hercule florent.

etc. (Il supplie Léon X d'achever l'édifice).

Andrea Fulvio, *Antiquaria Urbis*, éd. de 1513, ff. 56 v°, 57.

Je terminerai par des notes sur quelques maisons particulières.

A l'extrémité de la « Lungaretta », la maison des Castellani porte, sur sa porte de marbre, la date 1495 (Gregorovius, t. VII, p. 819).

La « domus Hungarorum » (en face de la basilique du Vatican) fut restaurée, en 1497, par les soins de Ph. de Bodroq (Forcella, t. XIII, p. 173).

Une maison située en face du « Governo vecchio », la maison de Giampietro Turci, porte la date MD (Gnoli : *Archivio storico dell'Arte*, 1892, p. 184).

L'architecture romaine, comme l'architecture florentine, se distinguait de celle de la Haute-Italie, par sa noblesse, mais aussi par sa nudité. Ici, ni sculptures fouillées, ni riches incrustations en marbre, ni ornements en terre cuite, comme à Bologne, à Venise, à Milan. Rien qui rappellât les portes sculptées de Gênes, les élégants médaillons ou arabesques des palais de Ferrare, de Brescia, de Pavie. La peinture des façades elle-même ne fera son apparition que plus tard.

Les palais, d'après Gregorovius, formaient de véritables camps retranchés. Hauts et spacieux, ils étaient construits en guise de citadelles et munies de petites tours. Des portes bardées de fer protégeaient l'entrée. Un vestibule voûté donnait accès dans de vastes cortiles soutenus par des colonnes; à l'intérieur, des escaliers de pierre; aux étages supérieurs, des loges : on pouvait y cacher des centaines d'hommes armés. Plusieurs palais étaient même pourvus d'artillerie[1]. D'autres étaient munis de cloches; tels ceux des cardinaux Caraffa et Cesarini (Burchard).

1. *Storia della città di Roma.* t. VII, p. 331.

CHAPITEAU A L'EMBLÈME DES BORGIA
(Cathédrale de Città di Castello.)

CHAPITRE IV

TRAVAUX EXÉCUTÉS EN DEHORS DE ROME

Avignon.

Une inscription conservée au Musée Calvet (n° 23) et flanquée de trois écussons sculptés, parmi lesquels celui des della Rovere, rappelle un travail entrepris sous les auspices du cardinal Clément della Rovere (peut-être l'érection d'un cadran solaire). La voici, telle que je l'ai copiée sur la pierre originale :

Deo maximo MCCCCLXXXXVIII gubernante R. D. Clem. De Ruvere epo ac co. Mimatens(i) *et conss. D. Petro Bischaro, Baptista de Ponte, Francisco Mascarone, hic paries erectus est.*
Tempus abit ventoque fugax impellitur etas.
Hoc moneo tantum quod benefacta manent.

Bagnorea.

1496. 13 mai. Communitas Balneoregiensis (exorat) ut sibi remittetur (*sic*) summa 80 ducatorum de bol. 72 pro quolibet ducato in qua obligatur Cameræ apostolicæ ratione residui subsidii per eam de anno præterito debiti : quam summam Sua Sanctitas eidem communitati ita remisit ut converteretur in refectione et reparatione murorum civitatis ejusdem... — A. S. V., Brefs, 1482-1486, 1492-1503, vol. 17, fol. 175.

Candia.

1502. 27 juin. Duc. septem milia similia vigore mandati sub 21 præsentis per introitum et exitum, videlicet duc. iiii^m quæ S^{mus} D. N. habere voluit pro suis necessitatibus et iii^m de Suæ Sanctitatis mandato soluta dnæ ducissæ Candiæ pro fabrica ecclesiæ Terræ Candiæ, ut patet per mandatum ipsius Sanctitatis libro v^{to} Diversorum, folio 194, et sunt ad introitum ab episcopo Legionensi, collectore in Hispania in hoc libro, fol. 92. — A. S. V., Intr. et Ex. Cam., 1501-1502, fol. 128.

Caprarole.

1492. 16 octobre... Subsidium seu censum quem Cameræ apostolicæ solvitis et ad ducatos 25 quolibet anno ascendere asseritis, vobis et communitati vestræ pro duobus annis in reparationem murorum et fontis istius terræ convertendum liberaliter remittimus et condonamus. — A. S. V., Brefs, vol. 17, fol. 135.

Carpio.

1492. 11 septembre. Dilectis filiis prioribus et communi terræ nostræ Carbii. — Tertiam partem subsidii unius anni quod Cameræ apostolicæ annuatim solvere tenemini dividendam in duobus annis incipiendo post præsentem annum vobis liberaliter et condonamus (sic) convertendam in reparationem murorum dictæ terræ ac fabricam et structuram ecclesiæ seu heremitorii Sancti Hieronymi. — A. S. V., Brefs, vol. 17, fol. 134.

Centeno.

1493. 11 juin. Gubernatori et thesaurario provinciæ patrimonii... Salutem. Relatum est S. D. N. et in Camera apostolica quod pons Centeni ubi dividuntur fines temporalis dominii S. R. E. et magnificæ reipublicæ Senarum ruina (sic) minatur, quem (sic) posset brevi manu reparari, si cito occurratur, et, si differretur ultra, graviorem expensam peregrinantibus et ad curiam venientibus magnum incommodum succederet. Orator præfatæ reipublicæ retulit ex parte sua paratos esse ad restaurationem, si ex parte nostra similiter provideatur. Ideo, de spetiali mandato S. D. N. papæ, super hoc vivæ vocis oraculo nobis facto, et auctoritate nostri camerariatus officii, tenore præsentium vobis committimus ut quanto citius providere curetis, quod de pecuniis istius thesaurariæ tantum exponatis quod dicta reparatio omnino fiat, et dictæ reipublicæ ut ipsi etiam eodem tempore possint providere... (Rappel des mêmes instructions le 25 novembre 1493). — A. S. V., vol. 17, ff. 141 v°, 146 v°.

Césène.

1495. 18 février. Flor. auri d. c. 527 per mandatum factum die vi præsentis d̄no Illarioni (sic) Gentilis pro restitutione flor. 46 cum duobus tertiis quos exposuit in reparatione arcis Cesenæ et florenos 10 cum 1/3 in deductionem plurium summarum crediti sui salarii, et sunt ad introitum in primo libro fol. xxviii. — A. S. V., Intr. et Ex., 1494-1495, fol. 169.

Cività-Castellana.

Au mois d'octobre 1494, Alexandre VI fit exécuter d'importants travaux de maçonnerie, de charpente et de menuiserie dans le palais de Cività-Castellana, sous la direction des architectes Antonio da San Gallo le vieux, Perino de Caravage, Jacopo Donnasano et Jacopo Scotto, tous deux également de Caravage, enfin de Cola da Caprarola (*Arte e Storia*, 1892, p. 33-35). On trouvera des détails sur ces travaux dans l'ouvrage du P. Guglielmotti : *Storia delle Fortificazioni*, p. 139-167.

1494. 27 février. Thesaurario patrimonii. Spectabilis vir, etc. Exponi nobis in Camera apostolica nuper fecit spectabilis vir dominus Alfonsus Petion(us), Civitatiscastellanæ arcis castellanus, quod cum ipse certam pecuniarum summam in refectionem diversorum armamentorum, portarum, pontium et aliorum dictæ arci necessariorum exposuerit, nobis propterea supplicari curavit pecunias per eum sic expositas sibi restitui faceremus... (Ordre de vérifier ces dépenses.) — A. S. V., vol. 17, fol. 149.

1500. 24 avril. Thesaurario patrimonii. Magnifice vir, etc. Cum S̄mus D̄nus N̄r compatiens communitati et hominibus Civitatis Castellanæ ratione diversorum onerum et impensarum, quibus ipsi in certa fabrica tam pro reparatione eorum arcis, quam mœnium et fortellitiarum impræsentiarum (sic) subjiciuntur, remiserit et vivæ vocis oraculo supplicantibus etiam dicti loci oratoribus ex toto donaverit eis integrum subsidium præsentis anni, per eos Cameræ apostolicæ in præsentiarum debitum, quod ad ducatos 100 de bol. LXXII pro ducato ascendisse dicitur... — A. S. V., Brefs, vol. 17, fol. 220.

1502. 31 octobre. De mandato Suæ Sanctitatis dicta die... ducatos 500 auri largos Petro Matheo Lauro pictori deferendos et consignandos per eum d͞n͞o Alexandro de Neronibus, commissario fabricæ Civitatis Castellanæ, ad computum dictæ fabricæ, constituunt de Camera duc. DXIII, bl. LXXX. — A. S. V., vol. 532, fol. 147 v°.

1503. 17 juin. Ex commissione S. D. N. ducatos 15 auri d. c. Petro Matheo Lauro de Amelia pictori pro ejus provisione trium mensium futurorum pro laboreriis in arce Civitatis Castellanæ per manus Io. Baptiste Bonconti. — Ibid., fol. 151.

Cività-Vecchia.

1493. 23 juin. Dohanerio tractarum provinciæ Patrimonii... solvatis... magro Laurentio de Petrasancta architectori sive muratori ducatos 1935 de karlenis X pro duc. et bolendinos XLI pro ædificio per eum facto et aliis operibus et expensis factis in Civitavetula et illius arce, de quibus facto computo et diligenti examine in Camera apostolica fuit tandem declaratus creditor in summa prædicta, et factum assignamentum super omnibus introitibus ejusdem Cameræ spiritualibus et temporalibus, prout in literis patentibus nostris in camera prædicta expeditis et sub data VI mensis julii M CCCC LXXXXII continetur... — A. S. V., Divers. Cam., 1492-1495, ff. 131 v° et 123.

1495. 14 octobre. Discreto viro Lazaro de Campiano, habitatori terræ Civitævetulæ et conductori fabricæ arcis dictæ civitatis, salutem, etc. Exhibuisti in Camera apostolica nonnulla tua computa super expensis per te factis tam in reparatione, et munitione dictæ arcis et murorum terræ prædictæ, quam etiam certæ quantitatis feni per te dati satellibus Romanæ Ecclesiæ ... : in quibus quidem expensis comperimus te creditorem ipsius Cameræ in certa pecuniarum summa per nos declaranda, post liquidationem dictorum computorum cum pecuniis per te ab ipsa Camera huc usque receptis faciendam... Idcirco ...te in summa 60 ducatorum de carlenis X pro ducato pro parte majoris summæ dictorum computorum verum ipsius Cameræ creditorem... declaramus. — A. S. V., Divers., 1495-1697, fol. 45 v°.

1497. 22 novembre. De mandato facto xii julii 1495 flor. 100 auri d. c. Gentili de Fulginia (sic) pro totidem quos exposuit pro reparatione et boveragi (sic) arcis Civitævetulæ jam diu. — A. S. V., Intr. et Ex. Cam., 1497-1498, fol. 144.

Fabriano.

1495. 12 mars. Bernardo Garibaldo januensi castellano arcis Fabriani die xii martii 1495 florenos 40 monetæ marchiæ solutos pro totidem quos ipse exposuit in reparatione dictæ arcis... (autres paiements analogues). — R. Tesoreria della Marca, 1499, ff. 20, 33, 38 et 245. — Cf. Bertolotti, *Artisti subalpini in Roma*; Mantoue, 1884, p. 12.

Fiumicino.

1494. 10 octobre. Flor. 170 de 10 carlenis pro floreno per mandatum factum sub die viii præsentis magro Gratiadiu (sic) muratori pro pluribus expensis per eum factis in Flumicino juxta Portum. — A. S. V., Intr. et Ex. Cam., 1494-1495, fol. 141 v°.

Isola.

1503. 30 mai. Duc. 88 et karl. 2 de mandato sub die ii martii magro Perino architectori, et sunt pro ejus mercede in diruendo castro Isolæ. — A. S. V., Intr. et Ex., 1502-1503, fol. 200 v°.

La Magliana.

En décembre 1492, Alexandre VI résolut de se rendre à la Magliana et de souper « in palatio Sancti Johannis... dudum per Innocentium constructo et ornato », mais les salves tirées en son honneur lui inspirèrent des craintes et lui firent rebrousser chemin [1].

1. Burchard, t. II, p. 6-7.

1594. 9 octobre. Flor. auri de camera 600 per mandatum factum sub die xxvii mensis septembris proxime præteriti magro Gratiadiu sic) muratori in deductionem sui crediti plurium laboreriorum factorum in la Maglyana. — A. S. V., vol. 527, fol. 141 v°.

Montalto.

1494. 13 janvier. Thesaurario patrimonii. Spectabilis vir, etc... Quia fide digna relatione percepimus arcem Montisalti in illius tecto et aliis locis indigere non modica reparatione. Idcircho (sic) vobis (sic), mandamus ut illuc te personaliter conferas (sic) et in quibus videris dictam arcem necessario debere reparari, exponas in hujusmodi reparatione usque ad summam 30 ducatorum de carlenis 10 pro ducato... — A. S. V., Brefs, vol. 17, fol. 147.

Monticelli.

1498. 5 septembre. Egregio viro d. Jacobo de Alzina militi Barchinonensi, arcis Monticellorum castellano, salutem, etc. Exhibita fuerunt in Camera apostolica pro parte vestra computa expensarum per vos ex speciali commissione nostra de mandato S. D. N. papæ in reparatione [et] munimine istius arcis legitima hujusmodi fabricæ, per expertos viros extimatione præhabita factarum, per quæ quidem computa in ipsa Camera diligenter visa compensatis pecuniis vestris ad hoc opus exposuistis, comperimus vos restare creditorem in summa 23 duc. de carl. x pro duc. et bol. 60. Nos igitur, etc... — A. S. V., Divers., 1497-1499, fol. 107.

Narni.

1493. 13 décembre. Communitas civitatis Narniæ per oratores suos exposuerunt (sic) S^mo Dno nonnulla necessaria ad reparationem pontium Naris et Naxe ac murorum et aquæductus. Quare de ipsius Sanctitatis mandato scripsimus castellano arcis illius civitatis ut de ruina dictorum pontium et impensa necessaria se informaret et nobis referret. Retulit ergo pontes ipsos ruisse et necessario reparandos, idque absque gravi impensa fieri non posse, licet communitas se accinserit ad reparationem et subministrare parati sint materiam pro ædifitio et refectione dictorum pontium. Quo circha (*sic*) Sanctitas præfata intendens hujus modi refectioni occurrere, vult ut de pecuniis subsidii illius civitatis solvatis eisdem ducatos 150 currentes exponendos pro reparatione pontis Naxe : Procurabitis tamen, etc... — A. S. V., Brefs, vol. 17, fol. 146, n° 147. Un bref du 26 février 1495 confirme cet ordre « pro reparatione cujudam pontis supra Lagiam in via Romana... » — Ibid., fol. 159.

Nepi.

Au mois d'octobre 1499, Antonio da San Gallo le vieux, Perino da Caravagio, Jacomo Donnasano et Jacomo Scotto, également de Caravage, s'engagèrent à restaurer le palais de Nepi et à y exécuter différents travaux de maçonnerie, dont le détail est donné par un document que j'ai publié dans *Arte e Storia* (1892, p. 33-35). Cola da Caparola, de son côté, y exécuta des travaux de charpente et de menuiserie. Ces travaux étaient nécessités par le séjour qu'Alexandre VI se proposait de faire à Népi, en compagnie de Lucrèce Borgia (septembre-octobre 1499). A la fin du mois d'août 1500, nouvelle apparition de Lucrèce; et au mois d'octobre 1501, nouvelle apparition de son père (Burchard, t. II, p. 563; t. III, p. 41, 74, 165, 256. — Gregorovius, *Lucrèce Borgia*, p. 279-291).

Offida.

1493. 10 juin. Dilecto, etc. M° Bartholomeo Luchini Lombardo, muratori, etc. Cum tu ad instantiam Cameræ apostolicæ pro reparatione arcis Auffidæ certam quantitatem murorum ad numerum v^m iii^c lxxv cannarum ascendentium, pro certis pretiis conventis contraxeris, ita quod summam 6555 ducatorum, de baiochis lx pro ducato, et bol. xx a dicta Camera in toto habere debuisses, ex qua summa tantummodo duc. similium 5014 et bol. xxvii habuisti et recepisti, et sic pro eorum complemento summam 1540 duc. similium et baiochos 51 a dicta Camera habere remansisti... (suit la déclaration que Luchini est bien créancier de la Chambre pour la somme de 1540 duc. 20 bol., etc.) — A. S. V., Divers. Cam., 1492-1495, ff. 118 et v°.

Orviéto.

Le 28 mars 1495, Alexandre VI offrit aux habitants d'Orviéto de leur faire remise de la moitié de leur cens «... ut... valeatis melius honera (*sic*) et expensas pro custodia et reparatione murorum civitatis substinere » (A. S. V., Brefs, vol. 17, 1482-1489, 1492-1503, ff. 159 v°-160).

Ostie.

Ostie, dont le cardinal Julien della Rovere avait cru faire un refuge inexpugnable, lui fut enlevée par les troupes pontificales après un siège de moins d'un mois ; occupée ensuite par les soldats de Charles VIII, elle fut reprise en 1497 par Gonsalve de Cordoue. A ce moment, Alexandre VI en confia la restauration à un artiste florentin du nom de Pippo et à Perino de Caravagio. Le contrat, dont on trouvera ci-dessous le texte, entre dans les plus grands détails sur les travaux à effectuer.

1495. 4 mars. Flor. 100 de carl. x magistro Gratiadeo muratori pro residuo expensarum factar. per eum apud Ostiam, Portum et in Castro S. Angeli... — A. S. V., vol. 527, fol. 172.

» 24 avril. Flor. 100 de carlenis x pro quolibet floreno per mandatum factum die vi præsentis societati de Spannochiis pro totidem per eos solutis usque in diem xviii junii magro Angelo muratori in Ostia pro parte instaurationum factarum inibi. — A. S. V., Intr. et Ex. Cam., 1494-1495, fol. 182 v°.

1497. 18 mars. Capitoli inhiti et facti tra la Sta de N. S. da una parte, et mastro Pippo fiorentino[1] et mastro Perino da Caravagio habitanti in Roma, de l'altra parte, sopra lo fare et instaurare la Rocca de Ostia in quel modo et forma che era innanti chel campo andasse contro Ostia.

---

[1]. Le scribe avait écrit d'abord « Antonio Melone fiorentino », mais il a ensuite effacé ces mots.

In primis li predicti mastri promettono fin per tucto l' mese de aprile proximo advenire de refar tucto quello che se convene ala forteza ab extra muro, merli, parapecti et bigatelli de la Rocca de Ostia, de calcina, puzulana, mattoni et bone prede a uso de boni maestri a tucte sue spese, per pretio de duc. 1250, de carl. x per duc. Le stanze et l'altre cose ab intra per tucto maio proximo futuro.

Item de refare et instaurare tucti li conci de marmo in quel modo che erano in prima ante che fussero guasti per le bombarde.

Item de refare tucte le porte et fenestre de legname buon ferrate de ferro, in quel modo et forma che erano inprima.

Item de refare tucti tecti et altre stantie che fossero guaste per dicte bombarde in quello modo che erano prima.

Item de poner et refare a sue spese tucti li ferri neli merli de la torre maestra et tucti gli altri luoghi de la Rocca per poner li mantelleti.

Item far de legname mantellecti per tucti li vacui de li merli de dicte torre maestra et de tucta la Rocca intorno come era in prima, cio è uno si et uno no.

Item de refare li ponti levatori de sotto de la porta falsa de la torre maestra e qualsevoglia altri luoghi fossero guasti per dicte bombarde.

Item de fare due o tre arme de marmo intagliate secundo che sara de bisogno.

Item de levar et netar tucte le ruine facte per le bombarde cascate nela dicta torre maestra o in la Rocca o fosso o in qualsevoglia altro loco ad sua spesa et similiter notare tucti ganioni che sonno in dicta roccha.

Item tucte quelle pallote de ferro overo de piombo con dadi de ferro se trovaranno in la ruina de dicta Rocca donarli ala Sta de N. S. overo ad cui la prefata Sta ordinara.

Item de guastar lo bastione facto ala intrata de la terra et lo reparo nanti la chiesa verso la terra a spesa sua.

Item[1] promettono fare una logia nel curreturo nanti al tinello, verso el fiume, longa dal canto de la cucina fino ala scala mattonata a piano, intunicata a bianco, con sufficto requadrato piano, con uno camino in mezo, con soi conci de tivertini, un larcotravo con l'arme de N. S. et fare verso el Tybere cinque fenestre de serrare con sue porte et col muro che serra verso el turione al canto de la cucina.

1. Ces paragraphes ont été ajoutés après coup.

Item promettono far in testa de la dicta logia verso la torre fino al' ultimo muro et sopra farce el sufficto requadrato bianco et sopra al sufficto el tecto pianellato, et sopra al tecto uno solaro conforme al piano de la volta per fare una logia scoperta astrecata con uno parapecto intorno, alta tre palmi, et sotto dicta volta fare un' altra camera et tucte due fornite del tucto con sofficti intonicati, camini, mattonati, fenestre et porte septe de concio col' arme de N. S., secundo el designo che li e dato.

Item far due porte, una dela (di la), l'altra de qua al ponte de la torre maestra, forti de legname.

Item far due porte in piede de la torre maestra a l'intrare de le volte et murare in doi lochi che non se possa passare come li sara monstrato.

Item coprire el Turione ruinato verso el terzanale a paveglione apianellato.

Item levar la porta de la sala et remetterla a man sinistra a capo de la scala et farli quatro scalani (*sic*) de tivertino et lo concio ornato verso la sala in capo de le scale.

Item fare lo imbussolato ala sala secundo li e stato monstro et incollare la sala intorno.

Item promettono dare per depinti li quatro palchi supradicti, cioe dela logia, sala, et le due camere in forma del palcho de la logia de la Torre nova de palazo S. Pietro.

La prefata S^t promette ali prefati mastri de li sopradicti lavori et instauratione donarli duc. 1250 de carl. x per duc. facendolo (*sic*) per tucto l' mese de aprile proximo, cioe la meta in principio de dicto lavoro et l'altra meta in fine.

Item promette de donar per ciaschuna pallota da ferro deli cannoni uno carlino et de la columbrina uno grosso.

Item dona tucti li legnami et pietre cho sonno in dicte ruine gabumi (*sic*) et ripari et bastioni.

Item che le piglino le spoglie del' arzenale piacendo a Sua Sta.

In arce Ostiæ, die xviii martii 1497. — A. S. V., Instr. Cam., 1464-1502, ff. 228-229.

» 23 mars. Duc. 408 de carl. x pro duc. vigore mandati facti die præsenti m° Philippo Florentino et Perino de Caravagio, muratoribus, pro parte duc. 1250 sibi promissorum pro reparatione arcis Ostiæ. — A. S. V., Intr. et Ex., 1496-1497, fol. 189.

» 26 avril. Duc. 200 de carl. x pro duc. de mandato facto xxiiii præsentis m° Perino, architectori, pro parte mercedis suæ in fabrica arcis Ostiæ. — Ibid., fol. 196 v°.

Pérouse.

1502. 12 mars. Dilecto, etc., Cataldo Menici de Perusia portæ Solis ejusdem civitatis fontis plateæ magnæ revisori et sindicatori, salutem, etc. Cum pro fontis prædicti, ad decorem et ornamentum illius civitatis ab antiquo magna impensa constructi, reparatione ac ejusdem fontis ejusque aquæductuum, buttinorum et conservarum manutentione necessarius sit revisor aliquis qui præmissa circumspiciendo summa cum diligentia efficiat et curet, quod offitialis et conductor reparationis hujusmodi debita offitii sui remedia necessariasque provisiones adimpleat et observet agatque ut pecuniæ ad id deputatæ per offitialem et conductorem prædictum in ipsius fontis et rerum suarum ut præmittitur reparationem et manutentionem et non in alium usum convertantur : de persona tua quam idoneam et fidelem fide digna relatione accepimus de cujusque integritate et diligentia plurimam in Domino fiduciam obtinemus, duximus providendum : quo circa de mandato S^{mi} D. N. papæ, etc., te Cataldum prædictum sindicatorem et revisorem tam officialis et conductoris fontis plateæ magnæ Perusinæ ejusque aquæductuum, buttinorum et conservarum quam ejusdem fontis ac aliarum rerum ad ipsum fontem pertinentium et spectantium... constituimus... — A. S. V., Div. Cam., 1501-1503, fol. 142 v°.

Piombino.

1502. 12 novembre. De mandato Suæ Sanctitatis sub data præsentis diei dno Ludovico Legari misso commissario Plumbinum a Sua Sanctitate ducatos quinquagintaquinque auri de camera pro emendis, deferendis et consignandis nonnullis armaturis gubernatori dictæ terræ Plumbini pro munitione arcium. — A. S. V., Intr. et Ex. Cam., 1501-1502, fol. 149.

Porto.

1495. 19 août. Flor. 347 auri d. c. magistro Francisco de Padua muratori pro residuo fabricæ et expensis provisionatorum in Portu. — A. S. V., vol. 527, p. 205.

Proceno.

1498. 9 mai. Spectabilis vir, etc. Petrus Jacobus nobilis Perusinus, castellanus arcis Proceni, asseruit in Camera apostolica quod pro commoditate castellani pro tempore existenti arx ipsa indiget nonnullis reparationibus et locis admodum necessariis, videlicet cantina et super ea quodam cel(lario), una parva sala et quadam scala lapidea et etiam molendino, quæ omnia putat se facturum pro summa 40 ducatorum auri in auro de camera... (le crédit est accordé). — A. S. V., Brefs, vol. 17, fol. 203.

Sassoferrato.

1500. 25 janvier. Intendendo piu di sonno che quella Rocha de Saxoferrato havea bisogno de qualche reparatione necessaria per posserla habitare et custodire et che voi ce spendereste del vostro quando de la Camera fossite in parte adiutato et li altri facti boni, scrivemmo al thesauriero de la Marcha che vi dovesse pagare ducati 50 de carlini et facta dicta reparatione dovesse farla estimare per homini in tale cosa experti et de quello fusse in cio dispeso donarce adviso, ad questi giorni ce scrive in Camera apostolica che havendo facto fare dicta estimatione trovo come voi havete dispeso in dicta reparatione la summa de fiorini 170 et bol. 35 de moneta de Marcha..., etc. — A. S. V., Divers. Cam., 1497-1501, fol. 55 v°.

Sermoneta.

En 1499, un architecte florentin du nom de Giovanni Anastasio s'engage, avec Johanello da Milano, à exécuter certains travaux dans le château de Sermoneta.

1499. 19 novembre. In Dei nomine, etc. L'infrascripti sonno pacti, conventioni et capituli initi, facti et fermati (*sic*) intra el S^{mo} in Chr° Pre et sig^{re} s^{ro} Alexandro, per la divina providentia papa VI, presente et stipulante per se ipso da una parte, et magro Johanni Anestasio florentino et mastro Johannello da Milano, habitante in Sermoneta, architecti, presenti, stipulanti et recipienti per se et loro heredi et successori sopra el lavoro del palazo de Sermoneta et altri lavori, da l'altra parte, videlicet.

Imprimis che dicti magri promectono et se obligano fare li muri de dicto palazo e altri muri della grosseza e compartimenti e stantie secundo che li sera ordinato dalla prefata Sta., o qualuncha altra persona dalla quale ipsi havissero denari, incollati dove a bisogna, cioe dentro et defora, raschiati ad quatrecti boni suffitienti et recipienti de bona puzulana, pietra, calcina et ben bagnata ad usu (*sic*) de boni magri, e secundo li sera conmandato et ordinato dal commissario et prefecto al dicto lavoro per la prefata Sta o altra persona dalla quale havissoro denari, como de sopra, e se la prefata Sta o altra persona predicta volisse in dicti muri incollati et raschiati alcuna arme, fogliame o hornamenti, ipsi magri siano obligati farli secundo li sera dicto per la prefeta Sta o prefecto predicto o altra persona dalla quale havissero denari, como de sopra e dicto.

Item dicti magri promectono et se obligano fare et compire dicto palazo et lavoro per spatio de misi xv proxime futuri, cominciando kal. martii proximo da venire sotto pena de mille ducati. Et adcioche dicti lavori se possano finire ad tempo promectono et se obligano tenere xxx magri almanco, sensa li manuali, quali debbiano essere ad sufficientia secundo el lavoro de dicti xxx magri.

Item promectono e se obligano dicti magri delli denari che haveranno per dicti lavori dalla prefata Sta o da altri in nome de quella fare tanto muro e fabricare quanto sera la quantita e pretio de dicti denari, tanto prima che cominciano a lavorare per imprestanza, quanto per quelli che successive receveranno per dicto lavoro de mano in mano : Et per questo dare sufficiente et idonea cautione, cioe magro Johanni el bancho de Ghinucci overo de Strozzi, et magro Johannello per dicti in Roma el R^{do} M. Raphaele epo de Melfi overo in Sermoneta Pierri (*sic*) de Alexandro de Sermoneta overo Piacentino de Amelia Cancellero habitante in Sermoneta, li quali promecteranno per li supradicti magri respective al dicto effectu.

Et e converso la prefata Sta promecte dare e paghare alli supradicti magri per ciaschuna canna delli supradicti muri ad misura romana carlini x con questo che dicti muri siano dentro incollati et raschiati fora, como de supra dicto, reducendo li muri ad grosesa de palmi dui e alteza de palmi x, come e consueto in Roma, tanto incollati como raschiati.

Item la prefata Sta promecte e concede licentia a dicti magri che per dicto palazo et lavoro possano tanto in tenimento de Sermoneta quanto de Bassiano in lochi apti tagliare legname per ponti, pertiche, tabule et altri legni necessarii ad usu de dicti lavori, e ancho tagliare preta, cavare puzulana, non facendo danno ad alcuna persona liberamente abastanza, e facendo danno alcuno ad persona ipsi siano obligati ad accordare li patroni delli lochi ad stima de dui humini da elegerse communamente per ambedue le parte.

Item adcioche dicto lavoro se faccia piu presto, et ipsi magri habbiano maiure habilita de fare amanimenti de calcina, puzulana e preta, la prefata Sta li dona al presente ducati 500 de carl. x. per ducato e 300 per tucto dicembre, e 200 altri ducati simili per tucto jennaro proximo futuro, in modo che per tucto el dicto mese de jennaro sia compita la summa de duc. 1000 predicti per fare dicti amanimenti, per li quali promectono dare li predicti banchi o fideiussuri como de sopra, de fare tanti amanimenti quanto montaranno dicti denari... Actum Romæ, in palatio apostolico, in aula Papagalli, præsentibus, etc. — A. S. V., Intr. et Exit., 1487-1496, ff. 340 v°, 341 v°.

Subiaco.

Longtemps avant son élévation au pontificat, le cardinal Borgia, nommé, en 1471, abbé commendataire de Subiaco, se plut à fortifier et à embellir cette ville, qu'il considérait comme un fief de sa famille. Il consacra, entre autres, 9000 ducats à la mise en état de la « Rocca »[1].

Terni.

1493. 5 janvier. Gubernatori Interanmensi vel ejus locumtenenti. Questi sunt in Camera apostolica coram nobis magister Adam Arizoni de Monte regali et socii architectores qui, ex opere in aquæductu fontis Sancti Gemini per eos facte (*sic*), (quod?) quidam Johannes Biancus et Petrus Felix ac nonnulli alii in certis pecuniarum summis obligentur eisdem... — A S. V., Divers., 1492-1495, fol. 76.

---

1. Gori, *Archivio*, t. III, p. 141; t. IV, p. 126-140.

Tivoli.

1493. 31 octobre. Magistro Francisco de Padua, muratori, ducatos CL auri de camera pro parte fabricæ arcis Tiburis. — M., 1492-1494, fol. 82. Cf. A. S. V., Intr. et Ex., 1493-1494, fol. 135 v°.

» 16 décembre. Duc. 15 de carl. x pro duc. pro mandato facto die 12 dicti mensis Paulo de Saulis pro VI capsis passatoriorum ab ipso emptis pro munitione arcis Tiburtinæ. — A. S. V., Intr. et Ex., 1493-1494, fol. 139 v°.

» Duc. similes 6 pro mandato ejusdem diei (12 dec.). m° Paulo campanario pro una campana ad usum dictæ arcis (Tiburtinæ). — Ibid., fol. 140.

1494. 20 mars. Duc. 50 de carl. x pro duc. vigore mandati sub die VI præsentis magro Francisco de Padua, muratori fabricæ arcis Tyburis pro parte suorum operum. — A. S. V., vol. 526, fol. 160.

1498. 26 février. Facto computo expensarum per V. P., in reparatione, fortilitiis, artilliariis et munitionibus arcis Tyburis curæ et custodiæ vestræ commissæ, utiliter ac necessario factarum, constituentium summam 1202 duc., ad rationem x carl. pro duc., ut constat ex mensura et extimatione facta sub die nona novembris 1495 per providum virum magrum Matheum de Lauris, habitatorem Urbis, mensuratorem publicum, præsentibus egregiis viris dno Jacobo Sagarra præsentibus (sic) S. D. N. papæ cubicularii (sic) et magro Gratiadeo de Caravagio, architecto, per Cameram apostolicam ad id deputatis, et dno Nicolas de Castello, ipsius Cameræ notario, inde rogato, ex quibus quidem MCCII duc. deductis 509 cum dimidio similibus fabricatoribus in dicta arce ex pecuniis dictæ Cameræ solutis, comperimus eundem P. V. residuum, videlicet 692 cum dimidio duc. similes, necnon in mansionibus contiguis tribunæ basilicæ Principis Apostolorum ad extra versus stabula palatii apostolici, etiam cura et impensa V. P. fabricatis, cum cortilibus, stabulo, tricliniis, cameris et alii (sic) necessariis officinis pro vestro et familiæ vestræ usu duc. similes 194, bl. xxv, ut similiter constat ex mensura et extimatione per eundem Petrum Matheum sub die XIII februarii 1498 assistente pro ipsa Camera R. P. dno Dominico de Capranica, ejusdem Cameræ clerico, præsentibus dno Ludovico, archipresbitero Caldararolæ, et magro Perino de Caravagio, muratore, pro testibus et extimatoribus ac eodem notario rogato facta de propriis pecuniis exposuisse, constituentes in totum, dictis v°vɪɪɪɪ cum dimidio duc., ut præfertur, deductis, summam 2596 duc. similium et bl. ʟxɪɪ 1/2 (etc. A Francesco Borgia, évêque de Teano). — A. S. V., Divers., 1497-1498, ff. 217-219.

Vasciano.

1497. 12 février. Dilectis filiis communi et unitati terræ nostræ Vassani... Intelleximus nuper non absque animi molestia quod nonnulli... rebelles nostri... castrum nostrum Vassini obsidentes... castrum ipsum vestrasque domos ac muros devastantes concremarunt : vestræ igitur ruinæ et calamitati hujusmodi merito compatientes qui muros et domos reædificare præposuistis... (remise pour trois ans du cens annuel). — A. S. V., Brefs, vol. 17, fol. 184.

Vicovaro.

Alexandre VI s'installa, au mois de juillet 1494, au château de cette ville et y reçut le roi de Naples (Burchard, t. II, p. 181-184).

Viterbe.

Alexandre VI s'était rendu dans cette ville en octobre 1493 (Burchard) : à cette occasion furent exécutés les travaux mentionnés rétrospectivement dans le document ci-dessous publié.

1493. 13 décembre. Solvatis id totum quod debetur pictoribus et ædificiis et fornimentis et artigliariis expositis et factis et faciendis et exponendis in arce Viterbiensi tempore adventus præfatæ Sanctitatis et pro honorando dicto adventu ac etiam pro munitione et reparatione in eadem arce, etc. — A. S. V., Brefs, vol. 17, fol. 148.

1497. 6 novembre. Nichola (*sic*) magistri Antonii lapicida seu scarpellinus de Viterbio promisit et convenit, præsente, etc. castellano arcis Viterbii et michi notario... facere et fabricare omnes lapides concios necessarios ad expeditionem unius turrionis quem dictus castellanus modo elevare et proficere cœpit, qui remanserat imperfectus, pro pretio 9 carlenorum pro qualibet posta integra et perfecta, cum trahentibus seu capitellis, grondice et arcu necessariis ad istar (*sic*) alterius turrionis qui est prope illum elevandum et ædificandum : et ibi non venirent et non essent opus trahenti (*sic*) seu capitelli, sed solum gronde et arcus promisit facere pro pretio 8 carlenorum pro qualibet posta : lapides vero necessarios in angulis seu pontonatis dicti turrionis promisit facere pro pretio 4 bol. pro quolibet pede communi mensurando per quatrum : Et promisit facere et curare quod architectoribus et muratoribus in dicto turrione nunquam deficient lapides : ita ut oporteat desistere ab opere. Quod si culpa sua eveniret quod propter carentiam lapidum prædictorum non possent murare et opus prosequi promisit solvere et reficere omnes expensas, damna et interesse quæ propterea subirent et reciperent : et expleto opere dictus dnus castellanus promisit sibi persolvere pretium et mercedem quæ sibi debebitur : facta etiam mensuratione per peritos : et pro parte suæ mercedis solvet eidem præfatus dnus castellanus ducatos 2 de carlenis ; pro quibus observandis etc. obligavit se etc., præsentibus ibidem magro Johanne Baptista magri Petri muratore, habitatore Viterbii, et Antoniangelo Pauli Britii de Bagnorerio, testibus, etc. — A. S. V., Brefs, vol. 17, fol. 194.

1501. 16 septembre. Duc. 125 auri largos, bol. 41 quos... dns Galtacius (Malvizii olim castellanus arcis Viterbii) exposuit in reparatione dictæ arcis de commissione et mandato Cameræ apostolicæ. — A. S. V., Intr. et Ex., 1501-1502, fol. 73 v°. Cf. Brevia, 1482-1484, 1492-1503, ff. 106, 204 v° (paiements du 4 mars 1495 et du 24 août 1498).

CHAPITRE V

L'ORFÈVRERIE, LA BRODERIE ET LA TAPISSERIE

L'ORFÈVRERIE

Aucun art — on ne le répétera jamais assez — ne se liait aussi intimement que l'orfèvrerie aux rites de la cour pontificale. Ne servait-elle pas à accuser une suite de cérémonies qui, sans elle, n'eussent pas eu de sens! Telles la remise de l'anneau aux évêques nouvellement créés, celle de la rose d'or, celle de l'épée d'honneur, sans compter les innombrables ornements indispensables à l'exercice du culte [1].

Alexandre VI se contenta, conformément aux traditions séculaires du Saint-Siège, de commander les roses d'or, les épées d'honneur obligatoires, les calices destinés à enrichir certaines églises à des fêtes déterminées. Pour le reste, il s'en remit aux décisions du sort : périodiquement, la disparition de quelque haut dignitaire de l'Église faisait entrer dans son trésor les pièces les plus rares ou les plus somptueuses : c'est ainsi qu'à la mort du cardinal Michiel il recueillit pour 150.000 ducats (7 millions et demi de francs) d'argent comptant, d'argenterie, de tapisseries [2].

---

1. Voy. les monographies de l'abbé Barraud, *Les Instruments de la Paix*. — *Les Bagues*. — *Les Encensoirs*.

2. Voici un autre exemple de ces accroissements : 1494. 8 août. « Duc. 2250 auri d. c. vigore mandati sub die v præsentis S^{mo} D. N. papæ in valore gemmarum et jocalium habitorum ab ill. D. Pisauriensi, positos ad introitum ab ipso in hoc libro fol. 89. » — A. S. V., Intr. et Ex , 1493-1494, fol. 188 v°.

Parfois aussi il s'agissait de dégager les joyaux antérieurement mis en gage : 1493. 28 juin. « Duc. 2000 auri d. c. de mandato facto sub die xvii hæredibus

Seule la commande de douze statues d'*Apôtres* destinées à la chapelle pontificale tranche sur le fond terne des travaux courants. Ces statues, en argent doré, prirent naissance de 1493 à 1498. Elles avaient pour auteurs Angelino *et* Domenico de Sutrio, Luca de Foligno et Bernardino di Viviano, également de Foligno, peut-être aussi le neveu de celui-ci, Feliciano di Antonio.

Cette suite n'est pas à confondre avec celle des douze *Apôtres*, également en argent doré, que le pape enleva, en 1501, au cardinal Ascanio Sforza (Burchard, t. III, p. 141).

L'artiste, chargé de fondre et de ciseler les roses d'or et les épées d'honneur, porte un nom absolument inconnu, Angelino di Domenico de Sutri. Ce maître exécuta les épées distribuées en 1493, 1494, 1497, 1498, 1501 (peut-être aussi celles des autres années), ainsi que les roses distribuées en 1493, 1494, 1495, 1497, 1499, 1501, 1502. L'une de ces épées — celle de 1497 — existe encore : elle se trouve au Musée des Hohenzollern à Berlin. En 1493, 635 ducats sont versés à Angelino pour 24 « scutellæ » et 24 » tondi ». La même année, il travaille à l'exécution d'une des statues d'*Apôtres* destinées à la chapelle pontificale.

Domenico de Sutri travaille aux mêmes statues, ainsi qu'à la rose de 1493 et à l'épée de 1494.

L'orfèvre Mariano Balduino nous est connu comme locataire du Chapitre de Saint-Pierre[1].

Philippi de Strozis et sotiis præteritis pro residuo ducatorum 4000 in quibus erant creditores super boctone pontificali, computa(tos) Berto de Bertis. » — A. S. V., Intr. et Ex., 1492-1493, fol. 181.

[1]. 1497. Juin. « Marianus Balduini aurifex solvit die III aug. flor. unum rom. et sol. unum pro censu duarum domorum in Par^a S. Celsi et ad imaginem Pontis. » — Archives du Chapitre de Saint-Pierre. Censual. — « Magister Marianus Balduinus aurifex pro censu domus positæ ad imaginem Pontis solvit bl. 36. » — 1503. « Domus duæ ad imaginem Pontis locatæ olim magistro Mariano Balduino aurifici, solven. annuatim flor. unum romanum current. — 1507. Magister Marianus Balduinus aurifex pro responsione domus ad imaginem Pontis b. 36. — 1508. Domus duæ ad imaginem Pontis pro quibus magister Marianus Balduinus aurifex solvit bl. 35. — 1516. Due case alla imagine de Ponte allocate olim a mastro Mariano Baldoyno oreffice pagando ogni anno bl. 36. » (Mêmes archives.)

Pietro Paolo sous-loua, en 1500, une partie de la maison de Nardo Corbolini (voy. ci-dessus).

Un autre orfèvre, portant également le prénom de Nardo, Nardo Antonazzi, intenta, en 1512, à la fameuse Vanozza un procès en paiement du prix d'une croix en argent à elle fournie en 1500[1].

L'orfèvre « Jacobus » possédait, près du fort Saint-Ange, une maison qui fut démolie au mois de décembre 1494 (Burchard, t. II, p. 211).

L'orfèvre Rainerio ne nous est connu que par la mention faite de sa veuve, en 1497[2].

« Ser Baptista orefice » est contraint de payer, en 1499, une amende à la Chambre apostolique (Maestri di Strada, 1499, fol. 1-22).

Le peintre favori d'Alexandre VI était — on l'a vu — un Ombrien, le Pinturicchio. C'est également à des orfèvres de l'Ombrie que le pape confia l'exécution d'un des rares ouvrages dus à son initiative : les statues en argent doré, destinées à la chapelle pontificale (voy. p. 232).

Bernardino Viviani (peut-être identique à Benedictus Viviani) de Foligno exécute une des statues en question; il reçoit un acompte de 100 ducats, le 21 décembre 1497.

Antonio (peut-être identique à Felitianus Antonii) et Luca de

---

1. « Vannozza andò ab abitar di nuovo la sua antica casa in piazza Branca. Difatti in un instrumento del novembre 1512 vien chiamata « Donna Vannozza de « Catancis della Regiane Regola »; e appunto in questa era posta la casa. Trattavasi di una lite mossale dall'orafo di quella regione stessa, Nardo Antonazzi. — L'artefice richiedeva il pagamento di una croce d'argento da lui fatta per Vannozza nel 1500. L'accusava di essersi, senz'altro, appropriata quel lavoro; la qual cosa, com' ei diceva, erasi permessa « in quel tempo, in cui il duca Valentino dominava su tutta la città e quasi sull' Italia intera. » Non tutti gli atti di tal processo esistono; ma da deposizioni di testimoni della parte accusata risulta che questa fu in grado di provare di essere stata calunniata. » (Archivio Sancta Sanctorum, armadio IV, mazzo VI, n. 5.) Gregorovius, *Lucrezia Borgia*; Florence, 1874, p. 326.

2. 1497. Août. « Apollonia olim Rainerii aurificis uxor solvit die viii dec. pro 1ª medietate, etc. » — Archives du Chapitre de Saint-Pierre, Censual.

Foligno reçoivent, à Pérouse, 100 ducats pour le même motif, le 11 janvier 1494.

En 1498, le 5 février, Benedictus de Viviano touche un acompte pour une fourniture analogue.

En 1493, Luca de Foligno exécute une autre statue, celle de l'apôtre saint Jacques.

L'orfèvrerie florentine, si prospère à Rome au temps de Martin V, d'Eugène IV et de Nicolas V, est décidément en décroissance. Non seulement les Ombriens, mais encore les Milanais la tiennent en échec.

Nous ne rencontrons qu'un certain Bartolommeo, qui est qualifié d'orfèvre à propos des travaux de la fontaine Saint-Pierre.

Quant à Jacopo Magnolino, il donne, vers 1495, sa démission de directeur de la monnaie pontificale [1].

Venise continue à être représentée par Bartholomæus Thomasii (voy. p. 108), qui reçoit, en qualité de joaillier de la Cour pontificale, 3 florins d'or par mois [2]. Ce personnage prend part, dès 1492, aux préparatifs des fêtes du couronnement (voy. les documents publiés ci-après).

---

1. « Die xi februarii 1495. Petrus Manoli de Calvis Romanus, cui nuper de officio præsidentis zecchæ almæ Urbis, per resignationem magistri Jacobi Magnolini in manibus S. D. N. papæ sponte factam et per eundem admissam vacante S. D. N., concessum fuit provideri, comparuit in Camera apostolica coram præsidentibus et clericis ipsius Cameræ qui, eo instante et humiliter petente, ipsum ad dictum officium ejusque liberum exercitium cum honoribus omnibus et emolumentis consuetis admiserunt, ac receperunt ab eo solitum in forma debita juramentum, præsentibus d. Phy. de Pontenuo et Sancte Salvago pro testibus ante N. de Castello. » — A. S. V., Alexandri VI Officiorum, t. 104, fol. 117, vol. 875.

2. 1500. Septembre... « Bartholomeo Thomasii de Venetiis gioillerio florenos 3 auri in auro de camera » (pour son traitement d'un mois). — T. S., 1500-1508, fol. 2. Nombreux autres versements. Voy. aussi, 1500-1503, fol. 2. — Ce n'était pas une sinécure que la place de joaillier pontifical, car la fabrication des gemmes fausses était dès lors en pleine prospérité. Voy. les *Annali della Fabbrica del Duomo di Milano*, t. III, p. 43 (année 1488).

« Magister Franciscus de Mediolano » exécute différents ouvrages pour les fêtes du couronnement.

Mentionnons encore deux étrangers. L'un, « Giliberto francioso orefice », ne nous est connu que par la mention faite de lui dans un registre d'amendes, en 1499 (« Maestri di Strada », 1499, fol. 1-22).

L'autre — un Espagnol — « Alfonso de Tapia » (voy. p. 108) — prend part aux travaux nécessités par les fêtes du couronnement ; il est nommé, en 1493, « barisello » de la province du patrimoine.

Il est douteux que Caradosso ait gravé des monnaies ou modelé des médailles pour Alexandre VI ; mais je suis en mesure d'établir que les premières en date des monnaies frappées pour ce pape eurent pour auteur un artiste de Ferrare, Giovanni Maria. Ce maître est en effet qualifié de « sculptor testæ S. D. N. pro imprimendis monetis cudendis » [1].

Un compatriote de Jean-Marie, l'orfèvre Bernardin de Modène, grava, quelques années plus tard, en 1496 ou en 1497, le sceau destiné aux quittances de la Chambre apostolique [2].

Pier-Maria Serbaldi de Pescia, surnommé « il Tagliacarne », obtint, à son tour, le 24 août 1499, la place de graveur de la monnaie romaine [3].

D'après M. Armand, Lorenzo Corbolini († 1499) aurait été graveur de la même monnaie, pendant les premières années du pontificat d'Alexandre VI, et aurait exécuté trois médailles de ce pape (t. III, p. 29-30, 46). Mais ne s'agirait-il pas de Leonardo Corbolini [4] ?

---

1. 1493 (n. s.). 1er mars. « Duc. 25 auri d. c. vigore mandati sub die xxi mensis præteriti Jo. Mariæ de Ferraria scultori (*sic*) testæ S. D. N. pro imprimendis monetis cudendis. » — A. S. V., Intr. et Ex., 1492-1493, fol. 161 v°. — Archives d'État, M., 1492-1494, fol. 39.

2. 1497. 13 février. « Mer Bernardinus de Mutina aurifex, sigillum quietantiarum..... 7 duc. 32 ».

3. Voy., sur ces artistes, Gualandi, *Lettere*, t. I, p. 350.

4. 1497. Septembre. « Nardus Corbulinus aurifex pro secunda medietate, etc. »

Au sujet de ces sceaux pontificaux, constatons qu'ils se ressemblaient à s'y méprendre (voy. notre planche hors texte). Et cependant, à la mort du pape, on les brisait régulièrement ; Burchard l'affirme formellement : « Ruptum fuit... per plumbatores plumbum Alexandri sexti... » (t. III, p. 242).

Quelques mots, pour terminer, sur la corporation des orfèvres de Rome.

Jusqu'au règne de Jules II, les orfèvres et les argentiers de Rome étaient rattachés à la corporation des selliers et des forgerons, établie dans l'église San Salvatore delle Capelle. Cette association n'a rien qui doive nous surprendre : ne savons-nous pas que les orfèvres florentins formaient une section de l'« Arte della seta », la corporation des fabricants d'étoffes de soie, et que le plus grand des poètes du moyen âge, Dante, était affilié à la corporation des pharmaciens !

Des statuts, conservés dans un manuscrit du fonds Ottobonien, à la Vaticane, nous apprennent que dès le xve siècle, peut-être même plus tôt, le travail des matières d'or et d'argent était soumis, à Rome, à un contrôle sévère : nous y relevons la défense faite aux orfèvres d'employer de l'or au-dessous d'un certain titre, l'obligation de soumettre les objets qu'ils ont fabriqués à un expert qui marquera des lettres S. P. toute pièce en argent dont le titre est inférieur à celui de l'esterlin (« minoris valoris quam de argento sterllini »), des lettres S. P. R., celles d'un titre supérieur.

Après ces recherches sur les artistes, venons-en à l'étude des ouvrages exécutés par eux.

La liste des épées distribuées sous ce pontificat comprendrait, d'après Moroni, les titulaires suivants :

— Archives du Chapitre de Saint-Pierre, Censual. — Cet artiste mourut vers 1499 (document du 24 août 1499).

1500. « Magister Petrus Paulus aurifex et hæredes Nardi solverunt mihi pro secunda medietate pensionis domus cum signo uvarum duc. 5. » — Chapitre de Saint-Pierre, Intr. et Exit., fol. 17 v°.

1492. Le Landgrave de Hesse. — 1493. Ferdinand, plus tard roi de Naples. — 1497. Philippe d'Autriche, duc de Bourgogne. — 1499. Louis XII. — 1501. Alphonse de Ferrare.

Le lecteur va juger, d'après les documents tirés des Archives pontificales, dans quelle mesure cette nomenclature peut être agrandie [1].

En 1492, l'épée est donnée au prince Frédéric d'Aragon (Burchard, t. II, p. 26).

En 1493, 196 ducats sont versés à Angelinus pour l'épée et 80 pour le chapeau. Cette épée est donnée à Ferdinand, plus tard roi de Naples.

En 1494, Angelinus et Minichus de Sutri reçoivent 276 florins pour l'épée et « pro clippeo ». Le 6 mars de la même année, Alexandre VI envoie l'épée en question au roi Maximilien par son camérier, le Dr Antonius Fabrègues.

Pour l'année 1495, Burchard mentionne bien l'envoi de l'épée, mais nous laisse ignorer à qui elle fut donnée (t. II, p. 259).

En 1496, Alexandre VI se borne à donner une épée restaurée. Pour cette année encore, le destinataire de l'épée nous est inconnu.

Au mois de janvier 1497, l'épée est donnée à l'archiduc Philippe d'Autriche (Burchard, t. II, p. 351).

La même année, au mois de décembre, Bogislas X, duc de Stettin, de Poméranie, etc., reçoit l'épée exécutée par Angelino (Burchard, t. II, p. 423). Cette épée existe encore : elle figure à Berlin, au Musée des Hohenzollern (Palais Monbijou). On en trouvera la gravure dans mon *Histoire de l'Art pendant la Renaissance* (t. II, p. 242-243), ainsi que dans le travail de M. J. Lessing, *Die Schwerter des preussischen Krontresors* (p. 19-25).

---

[1]. Les documents qui servent de base à ma liste ont paru dans mon article sur les *Épées d'honneur* (*Revue de l'Art chrétien*, 1890, p. 290-292). Il m'a donc paru inutile de les reproduire ici à nouveau. — Il ne sera pas hors de propos de constater que le type, si caractéristique, du « stocco benedetto » a été imité parfois dans les épées non bénites. Telle est la fameuse épée du duc Eberhard de Wurtemberg (1495), conservée au Musée des Antiquités de Stuttgart (voy. Heideloff, *Die Kunst des Mittelalters in Schwaben*, p. 34, pl. X).

L'année suivante, en 1498 (et non en 1499, comme l'affirme Moroni), le titulaire est Louis XII de France (Burchard, t. II, p. 502-503).

En 1499, le pape se contente de bénir l'épée et le chapeau et de les faire déposer, sans choisir de destinataire, dans le garde-meuble pontifical (Burchard, t. III, p. 1, 2).

En 1501, le nouveau mari de Lucrèce Borgia, Alphonse d'Este, reçoit l'épée (Burchard, t. III, p. 179). L'orfèvre Angelino, de son côté, touche 249 ducats, 30 bolonais, pour fourniture de l'épée, du ceinturon et du béret.

L'épée de 1500 (ou 1501), ainsi que la rose, sont données à César Borgia (Burchard, t. III, p. 18; lettre du 17 mai 1501). — M. Bonnaffé a publié, avec le commentaire que l'on était en droit d'attendre de son érudition, l'inventaire rédigé, le 12 mai 1514, après la mort de Charlotte d'Albret, la veuve de César[1]. Malheureusement pour nous, on n'y trouve nulle mention de quelque joyau pouvant se ramener avec certitude au pontificat d'Alexandre VI.

Une autre épée ayant appartenu à César Borgia, à poignée en or émaillé, se trouve aujourd'hui à Rome, en la possession du duc Caetani, tandis que le fourreau, en cuir, merveilleusement travaillé, appartient au Musée de South-Kensington[2].

Les roses d'or distribuées pendant le pontificat d'Alexandre VI auraient été envoyées, d'après Moroni, aux personnages ou établissements dont voici la liste : 1494. L'église de la Vierge à Halla, dans les Flandres. — 1495. Agostino Barbarigo, doge de Venise. — 1496. Le marquis François II de Mantoue. — 1497. Gonsalve de Cordoue. — 1501. César Borgia.

Cette liste doit être rectifiée comme suit : 1493 (mars). L'Empereur. — 1494. Charles VIII, roi de France. — 1495. Le doge de Venise. — 1496. Le marquis de Mantoue. — 1497. La rose

---

1. *Inventaire de la duchesse de Valentinois Charlotte d'Albret*; Paris, 1878, p. 53.
2. Voy. la monographie de M. Yriarte : *Autour des Borgia*. Paris, 1891.

Détails du fourreau de l'épée envoyée au duc Bogislas (1497).

Détails du fourreau de l'épée envoyée au landgrave de Hesse (1491; p. 109).

n'est pas donnée. — 1498. Burchard n'indique pas le titulaire.
— 1499. La rose est destinée au roi de Naples, mais le pape en
dispose autrement. — 1500. César Borgia. — 1501. La rose n'est
pas donnée [1].

Ajoutons que la rose de 1493 fut payée, le 31 mai, à Angelino
et à Domenico, et les roses des années 1494 (23 mars), 1495
(24 avril), 1497 (28 mars), 1499 (11 avril), 1501 (1er avril), 1502
(18 mars), à Angelino seul.

Le trésor des rois d'Espagne s'enorgueillit longtemps de
la rose offerte à Isabelle la Catholique (1493?). Ce joyau, d'après
un inventaire inédit dont je dois la connaissance à mon regretté
et inoubliable ami, le baron Davillier, se composait d'une tige
montée sur un pied et donnant naissance à neuf branches couvertes de feuilles d'une grande élégance, le tout en or, avec un
saphir au sommet [2].

Les Épées d'honneur.

1493. 26 février..... Magistro Angelino de Sutrio aurifici ducatos
168 auri d. c. in auro, b. 66, pro spata et aliis fornimentis dictæ spatæ.
Item simili modo solvi faciatis Pirro de Spannochis pro capello

---

1. Burchard, t. II, p. 55, 93, 248, 272, 358, 438, 513; t. III, p. 26, 30-31, 121.
Cf. p. 131.

2. « Cargo que se hizo á Juan Velazquez el año de mil quinientos trisco, que recibio en su nombre Lope de Leon de Sancho de Paredes, camarero de la Reyna nuestra Señora, que santa gloria aya, las joyas de oro que adelante serán declaradas, las quales estauan cargadas al dicho camarero en los libros de la Camara de Su Altesa, que son los syguientes : — Cargo : — Que recibio el dicho Lope de Leon un ramo de ore que se arma sobre un pie, que tiene nueve ramos con muchas hojicas muy delgadas, que es todo de oro ; y encima del dicho rame un çafir ; que peso todo junto dos marcos e tres onças e quatro ochanas ; et qual dicho ramo dizen aver enbiado á Su Altesa un santo padre. Que va metido en un cofre de cuero que está desçerrajado. Pesa dos marcos e tres onças e quatro ochanas; el qual dicho ramo es de diez e nueve quilates. Tornaron apreciar e tocar, e fallose de ley de diez y ocho quilates por las soldaduras, e pesose, e se fallaron dos marcos tres onças quatro ochanas » (Extrait d'un inventaire des joyaux d'or et d'argent de la reine Isabelle la Catholique, 1505), — Archives générales de Simancas. Contaduria mayor. 1r Epoca. Leg. 85. fol. 5.

similiter cum spata dato in festo Nativitatis Domini nostri Jesu Christi et ejus fornimentis duc. 77.... similes auri de camera. — M., 1492-1494, fol. 39 v°.

1494. 15 février..... Angelino aurifici Sancti Domini Nostri ducatos 196 auri de camera pro ense pontificali et ejus monilibus per eum laboratis nec non retineri faciatis ab eisdem depositariis ducatos similes 80 pro pileo ad usum dicti ensis quem ipsi fieri fecerunt, constitutentes in totum summam ducatorum similium 276. — M., 1492-1494, fol. 95. — A. S. V., 1494-1495, fol. 164.

» 5 mars. Duc. 276 auri d. c. magistro Angelino de Sutrio aurifici S. D. N. P. pro ense et capello donat. in festo Nativitatis. — A. S. V., vol. 526, fol. 157. Cf. vol. 527, fol. 164.

1497. 21 janvier. Duc. 25 de carl. x magistro Angelino aurifici pro instauratura ensis quem donavit S. D. N. in celebritate Nativitatis D. N. J. C. — A. S. V., vol. 528, fol. 165.

1503. 19 janvier. Duc. 250, bol. 66 de karl. de mandato sub die XII præsentis d. Æneæ de Bononia pro expensis et ornamentis circa ensem et pileum dari solitos in festo Nativitatis per S. D. N. — A. S. V., Intr. et Ex., 1502-1503, fol. 174.

Les Roses d'or.

1493. 8 mai... Angelino aurifici pro una libra x unciis et tribus denariis auri et pro callo et pro uno zaphiro ac manifactura rosæ præsentis anni, in Quadragesima datæ per Sanctum Dominum Nostrum, videlicet in totum ducatos 240 auri de camera in auro. — M., 1492-1494, fol. 59. — A. S. V., Int. et Ext., 1492-1493, fol. 173 v°.

1494. 20 mars... Magro Angelino aurifici S. D. N. duc. 250 cum 3/4 auri de camera pro valore rosæ aureæ apostolicæ præsentis anni per eum factæ. — M., 1492-1494, fol. 100. Cf. A. S. V., Intr. et Exit., 1493-1494, vol. 526, fol. 161.

1495. 24 avril. Flor. auri d. c. 267 per mandatum factum die v præsentis magro Angelino aurifabro pro valore[1] rosæ quæ ponderavit duas libras auri et uno zaffiro qui constitit duc. xx et manifactura ac diminutione ratione fundationis (*sic* pour fusionis) seu conflationis. — A. S. V., Intr. et Ex., vol. 527, 1494-1495, fol. 182 v°.

1. Le mot est surchargé : le scribe avait d'abord écrit « manufactura ».

1497. 23 mars. Duc. 237 auri d. c. Angelino aurifici, 188 videlicet pro libris 2 auri; duc. 30 1/2 pro factura; duc. 3 1/2 pro zaphiro et d. 15 pro diminutione dicti auri in fabricanda rosa data per S. D. N. dominica præterita. — A. S. V., 1496-1497, vol. 528, fol. 189.

1498. 15 septembre. Flor. 5 auri d. c... Angelo aurifice pro reparatione rosæ præsentis anni. — A. S. V., vol. 531, fol. 149 v°.

1499. 11 avril. De mandato facto die vii præsentis flor. 237 de carl. xii pro duc. magro Angelino aurifici pro libris duabus auri et manufactura et calo pro rosa donata per S. D. N. in dominica de Passione. — Ibid., fol. 185.

1501. 1er avril. Magro Angelino aurifici ducatos 252 auri in auro de camera, bon. 38 pro infrascriptis rebus pro rosa aurea expositis, videlicet :

Inprimis pro libris 2 et denariis 9 auri de carattis 22 cum dimidia, ad rationem ducatorum 93 pro libra, fl. clxxxiiii, b. 93.

It. pro uno zaphiro grosso ducatos 17 largos.

It. pro calo unciarum 2 ipsius rosæ ducatos 15 de camera.

It. pro manufactura dictæ rosæ ducatos 30.

It. pro famulis illius apotecæ ducatum 1 auri datum pro bibalibus (sic). — M., 1501-1502, fol. 19 v°.

1502. 18 mars. Magistro Angelino aurifici pro 2 libris et den. xiiii auri scutorum facti et ponderati in zecha ad racionem ducatorum 93 cum uno sexto auri d. c. pro qualibet libra : quod aurum ascendit ad summam ducatorum 191 auri d. c. cum dimidio pro qualibet libra, pro rosa singulis annis per Smum Dominum Nostrum dari solita.

Item pro callo 2 onziarum dicti auri ducatos similes 15.

Item pro uno zaphirio perforato habito a Johannino Caro (?), ducatos similes 19.

Item pro manifactura dictæ rosæ ducatos similes 30.

Item pro bibaliis (sic) datis famulis apotecæ ducatum 1 similem. Constituentes in totum ducatos cclvi 1/2 auri de camera. — M., 1501-1502, fol. 106 v°.

» 19 mars. Duc. 256 cum dimidio vigore mandati sub 18 præsentis magistro Angelino aurifici pro auro et manifactura rosæ præsentis anni per S. D. N. datæ. — A. S. V., vol. 532, fol. 108.

Les Statues d'Apôtres de la Chapelle pontificale.

1493. 10 avril. Magistris Angelino et Menico de Sutrio aurificibus in Urbe ducatos 115 auri larghos auri d. c. in auro pro auro et manifactura ac pictura apostoli S. Jacobi minoris in capella D. D. N. — M., 1492-1494, fol. 57 v°.

1493. 31 mai. Duc. 115 auri largos de mandato facto die x mensis præteriti Angelino de Sutrio et Dominico ejus sotio aurificibus pro manifactura ac deauratura S. Petri apostoli pro capella S. D. N. — A. S. V., Intr. et Ex., 1492-1493, fol. 173 v°.

» 19 juin. Duc. 100 auri largos de mandato facto sub die xiii facto nobismetipsis per (*sic*) retineatis pro totidem solutis Lucæ de Fulgineo pro deaurando (*sic*) Sanctum Jacobum apostolum argenteum. — Ibid., fol. 178 v°.

1494. 11 janvier. Duc. 100 papales de mandato facto die antedicto (28 déc.) depositariis præfatis pro totidem quos ipsi solvi fecerunt Perusiæ magris Antonio et Lucæ de Fulgineo pro deauratura imaginis (*sic*) apostolorum. — A. S. V., Intr. et Ex., 1493-1494, fol. 144 v°.

1497. 21 décembre. Alexander papa VI. Motu proprio, etc. Solvi faciatis dilecto filio Bernardino Viviani de civitate nostra Fulginei aurifici et pro eo recipienti Felitiano Antonii, etiam de Fulgineo nepoti suo, etiam aurifici, nunc in alma Urbe commoranti, ducatos 100 auri in auro larghos remittendos per eundem Felitianum ad ipsum Bernardinum hinc ad dictam civitatem Fulginei pro inauranda quadam figura argentea per eundem Bernardinum in dicta civitate Fulginei de commissione nostra fabricata, videlicet uno ex Apostolis argenteis per eum pro ornamento nostræ capellæ hactenus fabricatis et etiam fabricandis... — A. S. V., Divers., 1497-1499, fol. 37 v°.

1498. 5 février. De mandato facto ultima januarii flor. 109 auri largos Benedicto (*sic*) de Viviano aurifici et pro eo Filitiano (*sic*) Antonii pro auratura unius apostoli pro capella palatii. — A. S. V., Intr. et Ex., vol. 530, fol. 158 v°.

» 9 mai. Spectabilibus viris Ser Lucæ Ser Viviani et magro Bernardino aurifici fratribus de Fulgineo, conductoribus gabellarum generalium civitatis Fulginei, salutem. Cum vos ex conventione inter vos et Cameram apostolicam facta fabricari feceritis certas imagines argenteas certi expressi ponderis pro capella Smi D. N., delatisque ad Urbem dictis imaginibus jam fabricatis et hic ponderatis compertum sit illas xxii libr. et unc. viii ponderis plus habere quam conventum fuerit : illamque excrescentiam accommodam esse et in decorem et magnificentiam dicti operis cedere, proindeque petieritis a nobis et ipsa Camera securos fieri, tam pro excrescentia et augmento dictarum imaginum sic absolutarum quantum alterius imaginis quæ de presenti fabricatur, si forte in pondere hanc etiam imaginem contingeret excresci. Nos igitur indemnitati vestræ ne propterea dispendium patiamini providere volentes,... vos et vestrum quemlibet de præmissis indemnes relevantes in valore tam dictarum xxii libr. quam etiam excrescentiæ si qua erit imaginis non completæ, veros ipsius Cameræ creditores declaramus... — A. S. V., Div. Cam., 1494-1499, fol. 79 v°.

Ouvrages divers.

1492. 8 novembre. Duc. 369 et karl. v de karl. x pro duc. vigore mandati sub die i præsentis mensis magro Alfonso inauratori pro diversis laboreriis datis pro incoronatione S. D. N. — A. S. V., Intr. et Ex., 1492-1493, fol. 144.

» 31 décembre. Duc. 1000 auri d. c. vigore mandati sub die xviii novembris Paulo Sauli pro uno balascio et una perla empta ab eodem pro S. D. N., ad introitum in hoc a S^{mo} D. N. ex dicta causa. — Ibid., fol. 150.

1493. 9 février... Magistro Angelino de Sutrio aurifici in Urbe ducatos 635 auri in auro larghos, videlicet ducatos vi^{c}xxxv similes pro libris lxxii uncia una argenti laborati in xxiiii scutellis (et) xxiiii tondis, et pro ducatis xxiiii larghis pro deaurandis vasibus ipsis quæ habita sunt ad usum S. D. N. papæ. — M., 1492-1494, fol. 37 v°. —

» 1er mars. Duc. 635 auri largos vigore mandati sub data viii mensis præteriti magro Angelino aurifici pro libris 72 argenti laborati pro 24 scultellis (*sic*) et totidem tondis computatis duc. 24 pro deauratura pro usu S. D. N. — A. S. V., Intr. et Ex., 1492-1493, fol. 161 v°.

» 5 mars. Sub die iii januarii retinuerunt duc. 40 auri largos pro uno bacile et uno bochale argenti assignatis S. D. N., quæ habebant in pignus a dno episcopo Ortano. — Ibid.

1494. 10 octobre. Flor. d. c. 130 per mandatum factum sub die viii præsentis Clementi Schiavarzalla pro valore unius bandieræ et plurium ferramentorum ac unius calicis et planetæ pro arce Ostiæ. — A. S. V., Intr. et Ex., 1494-1495, vol. 527, fol. 141 v°.

1495. 8 mai. Flor. auri largos 592 per mandatum factum die prima præsentis S^mo D̄no N̄ro papæ pro pretio unius collani (*sic*) auri falciti perviis robinis et diamantibus, habitis a Michaeli de Casalibus, qui sunt ad introitum a dicto Michaele usque in diem primam præsentis in summa de duc. 4650 auri de camera. — Ibid., fol. 188.

» 26 juin. Flor. auri d. c. 14 per mandatum factum die XXI maii Angelino aurifabro pro valore quatuor serarum argenti pro certis libris pro S. D. N. papa. — Ibid., fol. 194 v°.

1498. 12 novembre. De mandato facto prima præsentis flor. 24 auri largos magro Ambrosio Mantichæ aurifici pro uno signo militari S^mi D. dato D. Mario Salamonis. — A. S. V., Intr. et Ex. Cam., 1498-1499, vol. 531, fol. 158.

1499. 11 septembre. Item dedi eodem die a m° Antonio orifice per aconciare et per sua manifattura dell' argentiere (*sic*) della sacristia, imprimis per lo pomo novo della croce indorato... (etc.) d. 4, b. 15. — Sagr. S. Agostino, 1496-1505, fol. 37.

1505. 4 avril. Cum alias Michael de Ciampolinis civis romanus de regione Arenulæ vendidisset et titulo meræ et puræ venditionis dedisset fe : recor : Alexandro papæ VI quosdam lapides preciosos, videlicet unum diamantem et unum rubinum pro precio duc. 225 auri in auro largorum, et unum balassum (*sic*) pro precio ducatorum 60 similium, cumque præfatus Alexander precium prædictum eidem Michaeli alias non satisfecisset seu satisfieri mandasset, sed pro solutione prædicta quandam domunculam positam in Urbe, in regione Arenulæ, juxta bona ipsius Michaelis, viam publicam et alios suos veriores confines, quæ fuerat bo : me : cardinalis Montis Regalis, ad Cameram apostolicam per ipsius cardinalis obitum devoluta, in effectu in solutum et pagamentum seu ad bonum computum dicti precii dictorum lapidum eidem Michaeli venditori dari et consignari fecisset... etc.). — A. S. V., Div., 1503-1505, ff. 166, 167.

LA BRODERIE ET LA TAPISSERIE

Les registres de la comptabilité pontificale et les registres de la Sacristie du couvent de Saint-Augustin à Rome nous font connaître les noms de plusieurs brodeurs :

« Alfonsus de Sibilia, serviens armorum D. N. P. et racamator » (19 septembre 1492 : A. S. V., arm. XXXIV, Instrum. n° 73, fol. 47).

Baldassare, qui prit part aux préparatifs du couronnement.

Fra Sebastiano (1500).

Angelus (1498-1503), peut-être identique au célèbre brodeur du temps de Clément VII.

Le « setaiuolo » florentin Bartolommeo, qui fit plusieurs fournitures à l'occasion des fêtes du couronnement.

Eu égard aux tapisseries, Alexandre VI paraît s'être peu soucié d'augmenter la collection formée par ses prédécesseurs; au temps de Léon X, c'est à peine si trois ou quatre pièces y perpétuaient son souvenir[1]. Par contre, au mois de mars 1498, le cardinal de Valence fit venir « una infinità de panno d'oro et sete per vestire e lui et la fameja »[2].

1496. 25 octobre. De mandato facto per introitum et exitum die 12 dicti florenos 4000 auri de camera, videlicet flor. 2666 2/3 S^{mo} Duo Nro numeratos R^{do} N. archiepiscopo Cusentino per manus Antonii de Palatio, et flor. 1333 1/3 Carolo Martelli et sotiis in allis 662 2/3 pannorum ratiorum de diversis historiis pro eorum cautione unius promissionis factæ nomine Cameræ apostolicæ societati de Strozzis, ad introitum a dicto Antonio in præsenti libro, fol. 14. — A. S. V., Intr. et Exitus, 1496-1497, fol. 164.

» 29 octobre. Duc. 100 auri d. c. vigore mandati facti die 19 præsentis D. Bernardo Textoris forcrio sive magro aulæorum palatii apostolici pro valore pannorum aulæorum dicti palatii per ipsum

---

[1]. « Tapezariæ tempore D. Alexandri VI.
Imprimis duo panni ex auro, argento et serico cum historia Veteris et Novi Testamenti.
It. unus magnus cum historia Credo. — It. unum supercelium cum figuris et suis pendentibus antiquum et laceratum (*en note* : vid. hauto de Araz) ».

Parmi les « palia facta sive empta tempore fe. re. D. Alexandri papæ VI », l'inventaire de la garde-robe pontificale rédigé en 1518-1521 ne mentionne que « palia duo parva brochatelli albi, circumdata raso cremisino » (fol. 4 v°).

[2]. Sanudo, *Diarii*, t. I, p. 896. — Sur les broderies religieuses, voy. Barraud, *La Mitre épiscopale*. — *Les Gants épiscopaux*.

emptorum in nundinis Racanatensibus, solutos per manus de Spannochiis. — A. S. V., Intr. et Ex. Cam., 1496-1497, fol. 140 v°.

1504. 29 mai. Duc. 100 auri d. c. de mandato sub die xxiii præsentis per introitum et exitum d̄n̄o Andreæ de Jacobatiis canonico et sacristæ basilicæ Principis Apostolorum de Urbe pro complemento et perfectione pallii aurei fc : re : Alexandri papæ VI, videlicet pro palmis sex brochati aurei et palmis sex velluti nigri ac pro fodera et manufactura cum octo armis sive insigniis...... ac titulo nominis ejusdem Alexandri dicto pallio imponendis... — A. S. V., Intr. et Exit., 1503-1504, fol. 189 v°.

1495. 16 juillet. Item dedi carlini 1 1/3 per una francia di uno friso di uno palio facto novo di velluto che fo donato alla Madonna da m° Antonio medico romano in Parione; duc. i, b. xv. — Sagr. S. Agostino, 1474-1496, fol. 85. — » 6 août. Item b. xv per 3 braccia di fodere per foderare lo palio dono m° Antonio et carlini 2 al m° di manufactura; duc. i, b. xv. — Ibid., fol. 85 v°.

1497. 9 août. Johanni banderario pro valore banderiarum datarum mandati regis Frederigi in ejus coronatione, duc. 150 auri d. c. — A. S. V., vol. 528, fol. 216.

1498. 31 janvier. Item adi 31 decto dati per apichatura del fregio che aconezio Angelo richamatore b^{li} 18, d. 12. — Sagr. S. Agostino, 1496-1505, fol. 19.

» 5 mai. Item... a m° Cesare Landetajo charlini 16... per aconciatura d'una pianeta nera et una dialmaticha et d'un altra pianeta di veluto pagonaza a figure chor (*sic*) una stola manipulo di decta pianeta... d. 1, b. 45. — Ibid., fol. 24.

1500. 12 juin. Dedi ad fra Sebastiano raccamatore per comprare oro et per sua spesa carlini 3 et bolognini 2, d. o, bl. xxiii, d. viii. — Ibid., fol. 43. Cf. ff. 44-45 v°, 47-49.

1502. 31 décembre. A maistro Fidelo per manifetura de quatro paliote per la Madona duc. 1, bol. 60. — Ibid., fol. 95.

CHAPITRE VI

LES FÊTES

Si les époques les plus artistes sont celles qui font le plus pour le plaisir des yeux, peu de pontificats peuvent se comparer à celui d'Alexandre VI. Alors que toutes les règles de la morale se relâchent, il y a comme une recrudescence des jouissances du luxe : cérémonies et fêtes, costume et mobilier, tout se ressent du besoin de pompe et de la passion pour la couleur. Les minuties du protocole : autant de conquêtes faites en faveur de l'art. Ces changements incessants de costumes, ces théories savamment ordonnées, cette solennité et cette fixité dans le cérémonial, n'étaient, après tout, qu'un moyen de flatter la vue.

Jamais encore la Ville éternelle n'avait assisté à tant de spectacles plus ou moins mondains. On en jugera par la liste succincte que j'ai dressée [1] :

« Possesso » d'Alexandre VI [2]. Les documents reproduits ci-après nous dispensent de tout commentaire.

---

1. Sur la décoration des rues au moyen de tapisseries lors de la procession du Saint-Sacrement, voy. Burchard, t. I, p 288, etc.

2. Cancellieri. — Corio, *Historia di Milano*, éd. de 1648, p. 887 et suiv. — Gregorovius, t. VII, p. 368-369.

Veut-on un exemple du luxe déployé lors du couronnement, on le trouvera dans cette description du costume de Pierre de Médicis : « Haveva Piero in dosso la robba sua grande di velluto nero col brocchato tirato, che pareva una maestà. La collana non portò, la quale si messe in più pezzi su le maniche delle robbette de' ragazzi, che era una cosa signorile. La famiglia tucta con le robbette ricamate senza ghabbani. Li 8 giovani veste lunghe di brocchato argento foderate

Entrée de don Frédéric de Naples (décembre 1492).

Fêtes du mariage de Lucrèce Borgia avec Jean Sforza, célébrées au Belvédère (12 juin 1493).

Fiançailles de don Jofré Borgia avec Sancia, la fille du duc Alphonse de Calabre (août 1493).

Au mois de juillet 1498, à l'occasion de l'abjuration de nombreux Mores, on dresse « suggestum magnum et amplum ante porticum basilicæ... inter ipsum et alium qui est super scalas accessus ad eamdem basilicam papa in cameris novis, omnia prædicta vidente et eis benedicente » (voy. Burchard, t. II, p. 492).

En 1499, on représente, sur la place Navone, le *Triomphe de Vespasien et de Titus*, avec cinquante couples de citoyens romains, tous costumés à l'antique, montés sur de beaux chevaux et richement parés.

Pendant le même carnaval, à la fête du Testaccio, on défend, sous peine de la potence, de porter des masques.

A un dîner du cardinal Colonna, on voit apparaître un Brutus, avec deux têtes à la main en signe de la délivrance de la patrie. On joue en outre la « Mustellaria » de Plaute (Ademollo, *Alessandro VI, Giulio II e Leone X nel carnevale di Roma*; Florence, 1886, p. 23-27. — Cf. Burchard, t. II, p. 508 et suiv.).

Entrées triomphales de César Borgia. Citons surtout celle du 26 février 1500, après la prise de Forli (Gregorovius, p. 115).

Pendant le carnaval de 1500, le défilé des chars se termine par le *Triomphe de Jules César*, allusion à César Borgia (Burchard, t. III, p. 22).

La même année (1500) on organise des courses de taureaux qui n'avaient évidemment rien à envier à celles de l'Espagne ou de nos villes du Midi (Burchard, t. III, p. 22, 64).

Fêtes du mariage de Lucrèce Borgia avec Alphonse d'Este

---

di ghatti di Spagna. Li altri sei, excepto però quello della Gherardesca, veste lunghe di vellutto paghonazzo, foderate di ghatti, etc. E ragazzi voi sapete, e gli staffieri comme possono andare. Degli altri non vi curo dirvi, che saria lungo : solo vi dico di M. Puccio, che aveva in dosso una bella veste di brocchiato d'oro : cætera coram » (Fabroni, *Vita Leonis X*, p. 261).

(décembre 1501 à janvier 1502; Burchard, t. III, p. 176 et suiv., 180 et suiv.).

Illuminations en l'honneur de la prise de Faenza (avril 1501; Burchard, t. III, p. 130-131).

Célébration de l'anniversaire de la fondation de Rome (1501; Burchard, t. III, p. 131-132).

Au mois de décembre de la même année on promène douze chars des régions, « de antiquitatibus Romæ, quæ non intelliguntur » (Burchard. t. III, p. 182).

Dans cette ville internationale par excellence, chaque nation célèbre ses fêtes spéciales : en 1500, les Allemands illuminent en l'honneur de la naissance du futur Charles-Quint (Burchard, t. III, p. 24-25).

Les provinces ne montrent pas moins d'empressement, pas moins de libéralité. Sur l'entrée d'Alexandre VI à Pérouse (le 6-20 juin 1495), voy. le *Giornale di Erudizione artistica*, t. III, p. 286-288.

Les Fêtes du Couronnement.

1492. 14 août... Magro Laurentio de Petrasancta et sotiis ducatos 300 auri in auro pro ædificiis coronationis ad bonum computum. — M., 1492-1494, fol. 2. — Cf. A. S. V., Int. et Exit., 1492-1493, fol. 141 v°.

» 22 novembre. Duc. 3 et bo. 25 d. c. vigori mandati sub supradicta die magro Gratiædei muratori pro terreno remoto ante palatium pro die incoronationis. — A. S. V., Intr. et Ex., 1492-1493, fol. 146 v°. Voy. ci-dessus, p. 195.

» 21 août. Domino Ludovico Musce (sic), camerario Cameræ almæ Urbis, ducatos 100 de karl. x pro ducato pro apparatu viarum in coronatione Sanctissimi Domini Nostri. — Ibid., fol. 2 v°. Cf. A. S. V., Intr. et Exit., 1492-1494, fol. 142.

» 23 août. Conto di Baccio Sasso banderario. — Cherici de Chamera del papa deono dare adi 23 de aghosto per 1ª peza di bochacino bianco a k. 35 la peza, duc. 3, k. 5 (etc... franges, boutons, etc.; total : 163 duc. 6 carl. 4 b. 1/2, réduits par les vérificateurs à 104,45). — A. S. V., Divers. Cam., 1492-1495, fol. 44.

1492. 25 août. Conto de Ridolfo setaiolo. La Santita de N. S. de dare questo di xxv d'aghosto per 2 chapelli de velluto chermusi chon 2 pendaglia chermusi et d'oro, in tutto duc. 100.

Et per 4 bastoni choperti de velluto chermusi per portare e 4 chapelli..., duc. 1.

Et de dare per la fattura del regno duc. 10 = 6 (?).

Extimati li pendenti per li chapelli che pesano libre 6, once 6 d'oro et seta chermusi, per duc. 8 la libra, in tutto duc. 52.

Per fettuccia d'oro intorno a detti chapelli lunga br(accia) 3, pesa once 3, a duc. x la libra..... duc. 2, b. 45.

Per chordoni d'oro et chermusi et fiochi sotto detti chapelli, pesano once 6, per duc. viii la libra 1/1, duc. 4.

Per el feltro de 2 chapelli et manifattura de tutto, duc. 2. (Somma duc. 67,45 1/1.) — A S. V., Divers., 1492-1495, fol. 44 v°.

Chonto de m° Bartholomeo sellaro.

Per 2 selle de N. S. fornite cinghie et staffili a rasone (sic) de 3 duc. d'oro l'una, cioe una per lo chavallo et l'altra per la mula, somma duc. 9, k. 6 = duc. vii, b. xv (etc.). — A. S. V., Divers. Cam., 1492-1495, fol. 44 v°. Cf. fol. 45.

» 14 septembre. Honorabilibus viris Antonio de Altovitis et sotiis zecheriis Zechæ almæ Urbis infrascriptas pecuniarum summas pro solutione et satisfactione totidem per ipsos datarum Reverendo patri domino J° Gerona, apostolicæ Cameræ clerico, partim ad projiciendum populo per vias, partim ad dandum omnibus prælatis et officialibus Romanæ Curiæ in capella Sancti Silvestri in die coronationis Sanctissimi Domini Nostri papæ, videlicet... (en tout 598 fl., 7 bon. 1/2). — Ibid., fol. 5; répété fol. 5 v°).

» 20 septembre. Duc. 50 auri de camera vigore mandati d. thesaurarii sub die 20 augusti conservatoribus Urbis pro parandis stratis [pro emendis pannis ad coperiendum vias principales] die coronationis. — A. S. V., Intr. et Ex., 1492-1493, fol. 141 v°. — M., 1492-1494, fol. 20 v°, sous la date du 25 août.

1492. 31 octobre. Duc. similis 50 de karl. x vigore mandati sub die xxviii dicti mensis Francisco de Teolo. civi romano, pro recuperatione baldachini [amissi] in die coronationis. — Ibid., fol. 143 v°.

» 1er novembre. Antoniaccio de Roma et sotiis infrascriptas pecuniarum summas pro infrascriptis operibus per eos factis pro coronatione S. D. N. papæ.

Et primo, pro pictura vexilii (*sic*) magni qui (*sic*) tenetur in castro Sancti Angeli et pro auro posito in frixiis circumferentiæ et omnibus aliis quæ in eo sunt juxta ipsius discreptionem (*sic*), prout patet ex cedula registrata libro primo Diversarum D. Alexandri folio — florenos auri in auro de camera c, qui valent de k. fl. cxx.

Item pro uno vexilio quadro qui ponitur imparte (*sic*) rotunda dicti castri similiter juxta descriptionem in eadem cedula factam, florenos auri in auro d. c. lx, qui valent de k. fl. lxxii.

Item pro duobus vexiliis positis super duobus turribus revellinii dicti castri juxta descriptionem in eadem cedula factam florenos auri in auro similes l, qui valent de k. fl. lx.

Item pro pictura vexilii populi Romani juxta descriptionem in eadem cedula factam florenos auri similes xxxvi, qui valent de k. fl. xl, b. vv.

Item pro pictura xx pendonum tubarum qui fuerunt ad dandum diversis comunitatibus, etiam juxta descriptionem in eadem cedula factam, florenos auri in auro similes cxx, qui valent de k. fl. cxliiii.

Item pro pictura xiiii vexilium (*sic*) quos portaverunt cursores juxta eandem descriptionem florenos similes xxxvi, qui valent de k. fl. xliii, b. xv.

Item pro pictura drapellonum duorum baldechinorum ubi fuerunt xxviii drapellones pro quolibet baldachino, juxta ipsius descriptionem in cedula registrata ut supra, florenos similes xxx, qui valent de k. fl. xxxvi.

Item pro pictura unius alterius baldechini un auro de micade, juxta eandem descriptionem, florenos similes x, qui valent de k. fl. xii.

Item pro xiii vexiliis xiii regionum Urbis, juxta eandem descriptionem, florenos similes xx, qui valent de k. xxiiii.

Item pro commutatione insignium papæ et aliorum in quatuor vexilliis, videlicet Sanctæ Romanæ Ecclesiæ papæ, Fidei cristianæ et Religionis Rutenorum quæ fuerant facta temporibus fe : re : Innocentii et mutatis dictis insigniis servierunt dictæ coronationi, juxta eandem descriptionem, florenos auri in auro d. c. similes xx, qui valent de k. fl. xxiiii.

Item pro pictura xx baculorum palafrenariorum deauratorum, juxta eandem descriptionem ut supra, florenos similes xx, qui valent de k. fl. xxiiii.

Item pro pictura unius hastæ ad portandum lanternam ante corporis (sic) Christi, juxta descriptionem ut supra, florenos similes ii, qui valent de k. ii, b. xxx.

Item pro xx (sic) pennonum tubarum et tribus pifariis castri Sancti Angeli, juxta eandem descriptionem, florenos similes xxv, qui valent de k. xxx.

Item pro pictura xxiiii hastarum pro baldachinis et v hastarum seu lancearum pro vexiliis prædictis et hastarum xiii pro vexiliis regionis et xiiii pro vexiliis cursorum et baculorum xv pro famulis qui duxerunt equos albos ante papam, juxta eandem descriptionem, florenos auri similes v, qui valent de k. fl. vi.

Item pro rescitura et reachapatura supradicti vexilii magni castri, qui inadvertenter fuerat destructus in sua parte inferiori, ita quod oportuit ipsum de novo pingere et dehaurare (sic), juxta descriptionem in eandem factam, florenos similes xii, qui valent de k. fl. xiiii, b. xxx.

Quæ omnes summæ, licet facerent majorem summam, fuerunt reductæ ad summam quingentorum florenorum auri in auro d. c., qui constituunt de k. fl. cccccc (sic). — M., 1492-1494, fol. 10.

1492. 10 novembre. .... Magistro Petro de Senis[1] florenos 26 de k. x pro floreno, bl. 30 pro pictura xl scabellorum pro cardinalibus in coronatione Sanctissimi Domini Nostri papæ. — Ibid., fol. 10 v°.

1492 (entre le 29 octobre et le 8 novembre)[2]. Cedulæ seu partitæ diversarum rerum pro coronatione S. D. N. Dni Alexandri papæ sexti per diversos magistros factarum et R^dis dnis de Camera apostolica consignatarum, et per eos taxatarum et reductarum ad justam solutionem, prout sequitur de verbo ad verbum[3].

---

1. Pietro Turini. Voy. Vasari, t. V, p. 109.
2. Ce document semble faire double emploi avec le précédent; mais en réalité ils se complètent l'un l'autre.
3. On voit par ces comptes que dès cette époque le système des vérifications

LES FÊTES

Et primo pro pictoribus hoc modo, videlicet :

Per lo stendardo grande che va allagnolo (sic) del Castello, lungo canne 6, largo in asta canne 4, chon un freso d'oro fino atorno, largo palmi 1 et mezo con l'arme del papa, quanto si contiene nel detto stendardo et campo seminato a corone d'oro razate alla divisa del papa, duc. CL (réduits à C ducats).

Et piu una bandiera quadra che va al tondo del detto castello, longa canne 2 et palmi 2, larga canne 1 et palmi 3, con uno freso d'oro fino atorno, largo palmi 1 et 1° quarto con l'arme della Chiesa con el campo seminato a corone d'oro razate con arme pichole et divise duc. LXXXX (net LX).

Et piu 2 bandiere che vanno alle terre basse delle detto Chastello, longe canne 1 et palmi 5, large canne 1 et palmi 1 con un freso d'oro atorno, largo palmi 1 l'una con l'arme della Chiesa ; l'altra con l'arme del papa con alchune arme pichole et divise, duc. LXXXX (L).

Et piu la bandiera del Popolo, longa canne 2 et palmi 2, larga canne 1 et meza, con un freso d'oro fino atorno largo palmi con le lettere alte palmi 2, li tituli della medesima alteza, con li fresi atorno alle lettere di sotto et di sopra, largo palmi 1, li drappelloni lavorati con fresi d'oro ..., duc. L (36).

Et piu 20 pennoni da trombetti con fresi d'oro fino atorno con l'arme del papa, duc. X l'uno, duc. CC (120).

Et piu 14 bandiere de cursori, longhe palmi 9 et larghe palmi 4 con l'arme del papa, duc. 4 l'una, duc. LVI (36).

Et piu 2 baldachini a 28 drappelloni per uno, lavorati con l'arme del papa, duc. XXX l'uno, duc. LX (30).

Et piu uno baldachino d'oro di meta simile a questi, duc. XV (10).

Et piu XIII bandiere de Regioni depinte sopralizandale (sic) et commesse con una banda de sopra con 3 arme di qua et di la, duc. 2 l'una, duc. XXVI (20).

Et piu a rimutare l'arme delle bandiere vecchie, cioe l'arme grande et altre 32 fra arme et divise et altri achonciamenti delle dette bandiere, duc. XXV (20).

---

brillait de tout son éclat à la cour des papes. Il était rare qu'un mémoire d'artiste ou de fournisseur ne fût pas taxé et parfois réduit dans une proportion énorme, à moins qu'il n'y eût forfait (voy. l'*Histoire de l'Art pendant la Renaissance*, t. II, p. 199-200). Nos vérificateurs modernes comptent, on le voit, des ancêtres jusqu'en plein XV° siècle, peut-être même plus haut.

Et piu 20 bastoni de palafrenieri d'oro brunito con fresi de stuco et arme del papa, duc. 3 el paro, duc. xxx (20).

Et piu una asta de lanterna che va innancti (*sic*) al chorpo di $\overline{\text{Xpo}}$, d'oro brunito con l'arme del papa, duc. III (2).

Et piu 2 pennoni per li tromboni del Chastello, longhi palmi 9 et larghi palmi 5, con l'arme del papa a fresi d'oro intorno, duc. xxII l'uno, duc. xxxIIII (15).

Et piu 3 banderole per li pifferi del castello, longhi (*sic*) palmi 4 et larghe palmi 2 con l'arme del papa a fresi d'oro atorno, duc. 5 l'uno, duc. xv (10).

Et piu lance 5 per le bandiere grande. Et piu aste 24 per li baldachini. Et piu aste 3 per le bandiere de le regioni. Et piu bastoni 15 per li famigli che menano li chavalli del papa. Et piu aste 14 per le bandiere de chursori, duc. VII (5).

Et piu per achonciatura delle bandiere grande del Chastello et oro, etc, duc. XII.

Noi compagni pictori notifichiamo alla S. V. che per rispetto l'arme del papa essere tutta d'oro et fresi maggiori chome ne stato commesso et piu altre chose che non s'usavano de fare ne ito una grande spesa. Ci rachomandiamo alla S. V. — A. S. V., Divers., 1492-1495, fol. 41 v°.

1492. 5 novembre. Duc. similes 600 vigore mandati sub die prima novembris $\overline{\text{dnis}}$ Petro de Perugia[1] et magro Antonazio de Roma et sotiis pro corundem manifactura et rebus datis pro in coronatione (*sic*) S. D. N. — A. S. V., Intr. et Ex., 1492-1493, fol. 144.

La pictura fatta per Pier Matteo de Amelia per la inchoronazione de Sancto Janni.

In prima impannate cinque depinte con l'arme del papa, a duc. 1, monta duc. 5 (net 2 1/2).

Grande del legname depinte l'arme de N. S., duc. 4 (2,4).

Arme del papa in fogli reali, duc. 3 (1,68).

Dieci scabelli depinti con l'arme de N. S., adoperati in capella alla incoronazione, a karlini 6 l'uno, duc. 6,9 1/2 (3,4). — A. S. V., Divers. Cam., 1492-1495, fol. 46.

1492. 1er novembre. Magistro Baltasari recamatori infrascriptas pecuniarum summas pro infrascriptis operibus per eum factis.

---

1. Le Pérugin.

Et primo pro libris 19, unciis 4, denariis 3 franziæ de auro et cremosino pro uno fornimento brochati de auro filato, ad rationem ducatorum x pro qualibet libra juxta ipsius descriptionem... florenos auri in auro de camera 94, bol. 39, qui valent de k. fl. 114, b. 24.

Item pro 10 insigniis sive armis recamatis de auro tirato pro eodem fornimento (etc.), b. 30. (Total. 134 d., 9 1/2 b. d. c.) — M., 1492-1494, fol. 9 v°.

Chonto de m° Baldassare rechamatore.

In primis de havere per libre 9, onze 4, danari 3, de franza richa per lo fornimento de brochato d'oro della Santita de N. S., a ragione de k. 14 per onza, ad rationem duc. 8 pro libra, duc. CLVIIII, b. 6. (duc. 77).

Item per lo par che dale retene si piglia dal fondacho de Benedetto Tornaquinci, duc. VI.

Item per lo pizo dell'oro et bottone et fiocho de detto retne (sic), netto pesa libra 1ª, onze I, duc. XVIII, bol. 15 (duc. 8, bol. 60).

Item per x arme de oro tirato per detto fornimento de Sua Santita, se(con)do furono giudichate per 2 rachamatori dell'uficio (sic) et gia pregio fatto a ragione de duc. 4 per ogni arma de Sua Santita, duc. XXXX. Total 233 d., 8 k., réduits à 138 duc., 9 1/2. — A. S. V., Divers. Cam., 1492-1495, fol. 43.

Recamatori.

Per arme XI d'oro nell' ambrella (sic) sanza chiave et tiara, duc. 33 (22).

Arme simile 6 alla choperta della chassa Corporis X̄p̄i, duc. 18 (12).

Arme due grande con le chiave et tiara in la choperta del chaval del Chorpo de X̄p̄o, duc. 12 (8).

Arme 4 grande con le chiave et mitra in due choperte de cavalli, duc. 24 (18).

Arme tre, una grande et 2 pichole, sopra veli da choprire calici sanza chiave et mitra, duc. 10 (7).

Arme una sopra la chassa delli Officii romani, duc. 2 (1).

Choperte XXIIII rosate rachamate per muli.

Item una choperta maggiore per lo gabasso, duc. 200 (125).

Quibus suprascriptis adducuntur duc. XVIII pro medietate valoris librarum trium auri positarum in dictis operibus ex communi voto et deliberatione Cameræ, et sic tota summa facit ducatos CCXI. — Ibid., fol. 48.

1492. 8 novembre. Duc. 161 de karl. x pro duc. vigore mandati sub die prima præsentis mensis magro Baldassari recamatori pro diversis rebus datis et factis pro incoronatione S. D. N. — A. S. V., Intr. et Exit., 1492-1493, fol. 144.

1493. 22 janvier. Duc. 4 auri de camera vigore mandati sub die xv præsentis mensis m° Baldassari recamatori pro residuo di lavori (sic) facti pro incoronatione. — Ibid., fol. 153.

» 8 novembre. Duc. 281 et bo. xv de karl. x pro duc. vigore mandati sub die II dicti mensis Bartolomio florentino setaiuolo (sic) pro diversis laboreriis factis et rebus datis pro incoronatione S. D. N.
» » Duc. XII, bo. 45 de karl. vigore mandati sub dicta die eidem pro pluribus laboreriis datis dicta de causa. — A. S. V., Intr. et Exit., 1492-1493, fol. 144 v°.

Bartholomeo setaiolo alla Zecha vechia debba havere per le sottoscripte chose date a mastro de stalla del N. S., presente el depositario.

In primis per 14 libre, once 1·1/1 de frangie d'oro et de seta chermusi, le quali furono per 3 choperte de velluto chermusi et per uno fornimento de velluto chermusi alla chinea, per duc. 14 de charlini la libra, duc. 197, b. 18 3/4 (net 141,22).

Et per libre 6, once 8 de fiochi d'oro et de seta chermusi per la frontiera della chinea numero 14, et in detti 14 fiochi sonno 2 che ciaschuno gietta 3 fiochi, per duc. 14 la libra, somma duc. 93, b. 25 (53,30).

Et piu per 2 libre, once 4, de chordoni d'oro de seta chermusi per menare la detta achinea (sic), per duc. 14 la libra, duc. 32, b. 50 (18,60).

Et piu per 2 libre de fiochi et bottoni d'oro de seta chermusi per 4 par de redine per duc. 14 la libra, duc. 28 (16).

Et piu per oncie 6 de franze d'oro de seta chermusi, la quale mancho alla testiera del fornimento della chinea, per duc. 14 la libra, duc. 7 (5). — Somma duc. 358, bol. 18 3/4 (net 234,22). — A. S. V. Divers. Cam., 1492-1495, fol. 43 v°. Cf. fol. 44.

» 9 novembre. Duc. 98 de karl. x pro duc. vigore mandati sub die secunda dicti mensis magro Francisco de Mediolano pro fornimentis deauratis (sic) datis pro incoronatione S. D. N. — Ibid.

» 9 novembre. Duc. 9 karl. 6 de carlenis vigore mandati sub dicta

die magro Alberto briliario pro laboreris datis in die coronationis.
— A. S. V., Intr. et Exit., 1492-1493, fol. 144 v°.

Chonto di m° Alberto brillaro. — In primis per 2 briglie fornite di rame, una per el chavallo, l'altra per la mula de N. S., duc. 4, b. 60 (etc.). — A. S. V., Divers. Cam., 1492-1495, fol. 45.

Cedola del chonto de m° Francisco fornimenter (*sic*) de N. S.

In primis ha fet (*sic*) un forniment (*sic*) de or tirato in lo quale ha messo deu tronchons ben dorats, a un duc. l'un, somme deci ducas, duc. x. (etc.). — A. S. V., Divers. Cam., 1492-1495, fol. 45 v°. Cf. fol. 46.

1492. 10 novembre. Duc. 24 d. c... m° Johanni magro lignaminis pro rebus datis pro incoronatione. — A. S. V., ibid., fol. 145.

» 15 novembre. Duc. 253 de karl. x pro duc. et bo. xv vigore mandati sub die vii præsentis mensis magro Petro recamatori et sotiis pro laboreriis factis et rebus [datis] pro incoronatione. — Ibid., fol. 145 v°.

» 21 novembre. Duc. 104 et bo. 30 de karl. x pro duc. vigore mandati sub die xii præsentis mensis m° Juliano Sasso banderario pro laboreriis et rebus datis pro incoronatione. — Ibid., fol. 146.

» 22 novembre. Ducatos 100 largos vigore mandati d. thesaurarii. sub dicta die Jo. Mariæ pro tappetis emptis pro usu palatii (?). — Ibid.

» 24 novembre. Duc. 12,072 auri d. c. vigore mandati per (*sic*) retineatis sub die dicta pro pannis diversarum sortium datis ufficialibus Urbis et aliis personis in die incoronationis. — Ibid., fol. 147.

La Santita di N. S. de dare a me Piero de Mariano merciaro per chose datoli per la choronazione di Sua Santita chome apresso.

Per once 6, d. 15 de fettuza d'oro per la sella della chinea, a k(arlini) 14 l'oncia, duc. 9, b. 16 1/2 (net 5, 47 1/2).

Per once 5, d. 18 de frangia chermusi e oro per le selle a k. 12 l'oncia, d. 6, 67 1/2 (4,55 1/2).

Per libre 13 1/2 de fiochi per le valigie et 1° chordone per l'ombrella, tutto chon oro et seta chermusi per k. x l'oncia, duc. 162 (108).

Per libre 3 1/2 de frangia alla napoletana chermusi et oro per l'arma delle sedie, a k. 12 l'oncia, duc. 4, 45 (2,82 1/2).

Per libre 5 de frangia alla napoletana chermusi et oro de qua et de la per la bandiera del Popolo romano, a k. 14 l'oncia; duc. 84 (50).

Per once 6 1/2 de frangia d'oro richa alla napoletana de sopra le sedie, per k. 12 l'oncia; duc. 7,60 (5,37 1/2).

Per libre 6, once 2 de frangia chermusi de pelo per li pendenti de baldachini a k. 10 l'oncia; duc. 74 (30 1/2).

Per libre 1, once 2, de frangia de filatico rosso per una choperta per duc. 3 de k. libra; duc. 3, 37 1/2 (2,30).

Per libre 18, once 1, de frangia et bottoni per li trombetti de filaticho a divisa, a k. 30 libra, duc. 54,17 1/2 (33,4 1/2).

Per libre 11, once 4 de frangia de seta fini el 0/3 chermusi et li 2/3 biancha et gialla, per le bandiere de chastello (S. Angelo) et per l'ombrella, per k. 5 l'oncia l'una per l'altra, duc. 68 (45 d., 30 1/2).

Per libre 3 de frangia de filatico per la bandiere del vescovo del l'ordine de Pruscia (*sic*), a duc. 3 libra, duc. 9 (6 1/2).

Per libre 5, once 4 de frangia et bottoni per li pifferi et trombetti de chastello [S. Angelo] de seta fina alla divisa del papa, per k. 4 l'oncia, duc. 25,45 (20, 45). (Total: duc. 240, b. 41, au lieu de duc. 508, 64 demandés). — A. S. V., Divers. Cam., 1492-1495, fol. 42.

Questa e l'opera fatta per la choronazione de N. S. per chommessione (*sic*) de cherici de Chamera da mastro Alfonso (en marge: deauratoris ferri).

In primis una sedia grande pontificale, 4 palle grosse et 4 piedi grande et 4 arme grande et 4 ferri indorati donde si mette le stanghe, et rosette 850, tutte queste chose per la detta sedia, monta duc. 120 d'oro (net 100 duc.).

Item una sedia mezana, 4 palle et 4 pedi mezani et 2 arme et rosette 400 et 4 ferri indorati per mettere le stanghe, monta in tutto duc. 65 d'oro (50).

Item martelli 20 dorati a duc. 11 el paro, montano in tutto (duc.) 110 d'oro (90).

Item per indoratura dell'angelo che va sotto (*sic*) allo parvone, duc. 25 d'oro (20).

Item per indoratura (di) 4 morsi con tutti suoi fornimenti et para 2 de staffe dorate dentro et fora con l'arme del papa, duc. 60 d'oro. Somma 380 duc. (308). — A. S. V. Divers., 1492-1495, fol. 43.

M° Giovanno banderaro. La Santita de N. S. de dare per manifacture per la incoronazione de Sua S. delle chose qui sottoscritte.

Per factura d'uno baldachino de brochato biancho, duc. 6 (net 3), etc., etc.

Et de dare per la sedia de legname grande fatta merlata con lo scabello pontificale, duc. 6 (3)... — A. S. V., Divers., 1492-1495, ff. 46 v° et 47. Cf. fol. 49.

1493. 26 janvier. Magistro Johanni banderario summam pecuniarum infrascriptam pro infrascriptis rebus datis in coronatione D. N. papæ, juxta descriptionem cedulæ registratæ libro primo Diversarum folio... (*en blanc*) et primo :

Pro taschis corei ad portandum banderias, duc. II.

Pro unciis XI, d. 4 sirici cremosini (*sic*) et auri pro papa, d. VIIII, bo. 24.

Pro libris 4 frangiæ cremosini ut supra pro parva sede papæ, duc. XL.

Pro libris 3 unc. 3 similis franziæ pro alia sede; d. XXXII, b. XLV.

Pro uncia 1ª, den. 12 frangiæ ut supra, pro umbrella, d. 1, b. XXII 1/2.

Item pro libris 2, unc. 2 frangiæ filaticii ad divisam pro pendonibus cursorum, duc. IIII, b. XXX.

Item pro libris 3, unc. 4 similis frangiæ pro banderiis cursorum, duc. VI, b. XLV.

Constituentes in totum summam florenorum auri de camera LXXXXV, bol. LXXVI. — M., 1492-1494, fol. 31 v°.

M° Giovanni legnarolo. Lavori fatti per m° Giovanni legnaiolo per l'anchoronazione (*sic*) de N. S.

40 scabelli da sedere per chardinali per karlini sette l'uno, montano duc. 23 d'oro et k. 4, cioe, duc. 23, k. 4 (net 18).

2 antenne d'abeto grosse per in (*sic*) chastello Sancto Agnolo, l'una per la bandiera grande, l'altra per la croce della luminara de notte, chostono (*sic*) k. XXVIII, l'una chon la portatura ; duc. 4 d'oro, k. 8 (3).

Et per la bandiera achoncia a facil modo per dette antenne pichole per le bandiere da basso achoncie a bisogno, duc. 4 d'oro (3).

Et per altre simile antenne per li stendardi da portare in mano a chavallo, achonci a buon modo, etc., duc. 8 d'oro (6). — A. S. V., 1492-1495, fol. 47 v°.

Dorature per Nicholo Benzo Infrascritti sono lavori dorati per Nicholo Benzo alla mastri (*sic*) de stalla de N. S. per la choronazione di Sua Sta.

Prima per uno morso indorato con un paro de borgie indorate, facte di nuovo dati per Sua S.

Et per uno morso vechio fattoli una guardia de nuovo et il resto reindorato et 1° par de borgie per il detto morso reindorate, dati per Sua S., in tutto duc. vIII (net 6). — A. S. V., Divers. Cam , 1492-1495, fol. 47 v°.

1493. 21. janvier. Jannocto Artes ducatos 43 de k. x pro ducato pro residuo fornimentorum equi S. D. N. in coronatione ipsius S. D. N. — M., 1492-1494, fol. 30 v°.

Les Funérailles d'Alexandre VI. — Son Tombeau.

Le collège des cardinaux décida que l'on dépenserait pour les funérailles du pape et pour le conclave une somme maximum de 15.000 ducats de la Chambre. Les Spanocchi[1] et Ghinucci s'engagèrent à livrer des draps de première qualité pour 60 carlins la canne, de seconde qualité pour 42, de troisième pour 34 (Burchard dit par erreur 12). D'autres déclarèrent se contenter de 45 à 50 carlins pour la première qualité, de 30 à 35 pour la seconde[2].

Les continuateurs de Ciacconio (éd. de 1677, t. III, p. 164) ont publié un mausolée d'Alexandre VI, conservé dans les Grottes Vaticanes, mais qui me semble des plus douteux. On remarquera d'abord que le défunt y est coiffé d'une mitre, non d'une tiare; en second lieu, le style des ornements appartient à l'année 1515 ou 1520, non à l'année 1503. (On y voit dans les tympans la reproduction d'une Vierge de Raphaël!)

[1]. Antonio Spanocchi, le dépositaire du pape, mourut dans la nuit du 14 au 15 août 1503 (Burchard, t. III, p. 245). Le 8 octobre suivant, Giulio Spanocchi fut nommé à sa place (p. 283).

[2]. Burchard, t. III, p. 239 et suiv., 250-251, 257 et suiv., 447-448. — Le catafalque fut vendu 12 ducats (p. 265).

D'après la légende de la gravure, il s'agirait d'ailleurs d'une restitution tentée par les continuateurs de Ciacconio : « Alexandri IV monumentum in veteri Vatic. Basilica olim erectum, cujus in cryptii nunc vestigia servantur » (p. 164).

Les mêmes auteurs mentionnent, comme se trouvant dans les Grottes, une statue couchée du pape : « Alexandri papæ VI effigies marmorea. »

Par contre, Dionisio (pl. I, p. 120-123) a publié, comme étant le tombeau d'Alexandre IV, un sarcophage des Grottes du Vatican qui supporte une statue couchée. Mais Sarti et Settele doutent de cette identification[1]. Tout en déclarant qu'ils n'ont pu se procurer de portrait sculpté ou peint d'Alexandre VI (!), ils estiment que la statue couchée sur le tombeau des Grottes du Vatican représente en réalité Calixte III, opinion fort plausible, si l'on rapproche la statue de la médaille de ce pape. Ils font en outre observer que le sarcophage est en marbre, tandis que tous les auteurs anciens parlent d'un « lateritium et vile monumentum ».

Le procès-verbal d'exhumation, rédigé par Grimaldi et publié ci-dessous, prouve qu'en 1610 la dépouille terrestre d'Alexandre VI se trouvait dans le même sarcophage que celle de son oncle, Calixte III. Ce sarcophage portait aux angles les statuettes du pape Calixte (Ier ?), de saint Vincent Ferrier, de saint Nicolas et de saint Augustin.

On sait que de nos jours seulement quelques âmes pieuses se sont occupées d'élever un tombeau à Alexandre VI dans l'église de Santa Maria de Monserrato[2].

1504. 8 janvier. Duc. 10 auri d. c. pro distributione pannorum et ceræ in exequiis fc : re : Alexandri et Pii defunctorum juxta ordinationem Clericorum (Cameræ), fl. 13, 39. — A. S. V., Intr. et Exit., 1503-1504, fol. 158.

» 26 février. Duc. 160 auri d. c. de mandato sub die iii januarii dnis penitentiariis Sancti Petri de Urbe pro exequiis et divinis officiis per

---

[1]. *Ad Dionysii Opus de Vaticanis Cryptis Appendix*; Rome, 1840, p. 85-86.
[2]. Pastor, *Geschichte der Päpste*, t. III, p. 472.

cos administratis in obitu fe : re : Alexandri sexti et Pii papæ III, numeratos eisdem, fl. 216,48. — Ibid., fol. 164.

1504. 7 octobre. Duc. 90 similes et bol. 15 de mandato, etc. Depositario pro pannis datis per cum... pro exequiis Alexandri sexti et Pii III, acpro coronatione Julii papæ II, fl. 93, 69. — Ibid., fol. 219 v°.

1505. 1ᵉʳ février. Dicta die solvit similiter florenos 26 similes vigore mandati sub die x novembris m° Bachio carpentario pro capsa et fabrica depositi fe : re : d. Alexandri papæ VI et d. Pii papæ III, numeratos suo filio pro ipso, fl. 27,6. — A. S. V., Intr. et Exit., 1504-1505, fol. 158.

Voyez en outre le document du 22 août 1503 (A. S. V., Intr. Cam., 1492-1519, fol. 58-59 v°), que j'ai communiqué à M. Thuasne et qu'il a inséré dans son Burchard (t. III, p. 447-448).

1512. Missa in die animarum... omnes cardinales collegialiter processerunt ad basilicam Sancti Petri, et ibi primo in capella Sixtina facto circulo ad sepulchrum Sixti absolverunt, stantes omnes, et non genuflexi, quod fuit me sic notificante benefactum. Deinde accesserunt ad illud Alexandri sepulchrum, sive potius depositum, cum nullum ei positum fuerit sepulchrum, imo nec hodie una candela apposita ad sepulchrum fuit, et ibidem stantes absolverunt, ut prius vel potius numerarunt(?). Inter se admirantes quod ex tot ejus superstitibus alumnis cardinalibus et prælatis nemo ex pietate ei signum fecerit in hac die commemorationis universalis animarum[1]; inde processerunt ad altare majus, et ibidem genuflectentes oraverunt, quod rite et legitime factum (Paris de Grassis, Bibliothèque nationale de Florence, t. II, ff. 335 v°-336).

1610. Aperitio sepulcri Callisti tertii et Alexandri sexti.

Die sabbati trigesima januarii 1610. In mei, etc. præsens et personaliter constitutus Reverendissimus dnus Joannes Baptista Vives Valentinus, Sedis Apostolicæ protonotarius, de numero participantium, in sacrario sacrosanctæ Vaticanæ basilicæ Principis Apostolorum, tenens manibus suis quoddam memoriale Sᵐⁱ Domini Nostri, necnon quandam schedulam, seu fidem IIIᵐⁱ et Rᵐⁱ dnī cardinalis Cusentini, accessit ad sepulcrum felicis recordationis Callisti papæ

---

[1]. Est-il rien de plus poignant que cette marque d'indifférence donnée à Alexandre VI, si peu d'années après sa mort, par ceux qui lui devaient tout !

LE PRÉTENDU TOMBEAU D'ALEXANDRE VI
(Grottes du Vatican)

tertii et Alexandri papæ sexti, situm ante sacellum chori Sixti IIII, ad effectum illud aperiendi, et inde ossa prædictorum pontificum transferendi ad venerabilem ecclesiam Sanctæ Mariæ Montis Serrati, Coronæ Aragonum de Urbe, juxta mentem S^{mi} Domini Nostri papæ. Cujus originalis memorialis tenor talis est prout sequitur, quod penes me notarium servandi gratia in archivo dictæ basilicæ remansit. Beatissimo padre. Havendosi da guastare il sepolcro di Alessandro sesto e Callisto terzo che sta nella fabrica vecchia di S. Pietro, Monsignor Vives a nome del regno di Valenza, supplicò alla Sanctità Vostra si degnasse dar licenza di trasferire l'ossa di detti papi nella chiesa nationale di detti papi sotto il nome della Madonna di Monserrato per poter ivi fabricare novo sepolcro, et la Santità Vostra se ne contentò con conditione che l'arciprete di detta chiesa se ne contentasse, il quale non fara difficoltà ogni volta che li constarà la volontà della Santità Vostra : supplica per cio detto oratore si degni rimettere questo memoriale al sig^r cardinale di Cosenza, arciprete di S. Pietro, per essecutione di detta gratia, che il tutto si havera per gratia della Santità Vostra, quam Deus, etc. In fine dicti memorialis leguntur hæc verba scripta manu Ill^{mi} et R^{mi} domini cardinalis Cusentini archipresbyteri : die viii junii MDCVIII, feci verbum cum Sanctissimo qui supra narrata concessit. C. Cardinalis Cusentinus archipresbyter.

Tum cæmentarii aperuerunt sepulcrum factum in modum pyramidis, ornatum a lateribus figuris marmoreis, sc. Callisti papæ, Vincentii Ferrerii, Nicolai et Augustini. In facie erat tabula marmorea sculpta his litteris CALISTVS PAPA III. ALEXANDER PAPA VI. Quo aperto extraxerunt inde capsam ligneam in qua erat alia capsa plumbea, in cujus tegmine hæc inscriptio incisa est : CALLISTI III ET ALEXANDRI VI A GENTE BORGIA (etc.).

Lecta dicta inscriptione, fuit aperta capsa, et testes infrascripti, ac sibi circumstantes viderunt ossa corumdem pontificum. His actis fuit clausa, et in sacrarium basilicæ cum luminibus delata, et posita in quodam armario. Super quibus, etc.

Ego Jacobus Grimaldus, notarius publicus de præmissis rogatus, in fidem manu propria scripsi, subscripsi et signavi (etc.). — Bibliothèque Barberini, n° XXXIV, 50, fol. 235 et suiv.

Delatio corporum Callisti III et Alexandri VI ad ecclesiam S. Mariæ Montis Serrati. Eodem die 30 januarii 1610 hora 23.

In mei, etc., in sacrario memoratæ basilicæ, accessit ad armarium prædictum apertum a domino Francisco Maccionetto sacrista, et lectis ibi publice supradictis scripturis ac inscriptione capsæ plumbeæ, visisque prædictorum pontificum Callisti et Alexandri ossibus ab infrascriptis testibus et aliis ibi circumstantibus accepit ex armario capsam cum iisdem ossibus, quæ tunc posita fuit supra feretrum contecta panno aureo, dicto psalmo *De profundis* cum prece et oratione pro iisdem summis pontificibus, portitores elevarunt feretrum, ac præcedentibus luminibus et præsbyteris per viam Alexandrinam rectam extulerunt eadem corpora ad eandem ecclesiam Sanctæ Mariæ Montis Serrati; eodem R^{mo} protonotario, Chianadiensi episcopo, prioribus et secretario præfatis, meque notario subsequentibus. Super quibus, etc...

Ego Jacobus Grimaldus, notarius publicus (etc.).

Consignatio corporum eorundem pontificum Callisti et Alexandri prioribus ecclesiæ Sanctæ Mariæ Montis Serrati.

Eodem die xxx januarii MDCX hora prima noctis cum dimidia. In nostrorum Joannis Hieronymi Rabbassæ, publici notarii et secretarii venerabilis ecclesiæ Sanctæ Mariæ Montis Serrati de Urbe, et Jacobi Grimaldi etiam publici notarii archivistæ archivii sacrosanctæ basilicæ Principis Apostolorum in solidum rogatorum (præsentia), præsens et personaliter constitutus supradictus R^{mus} Joannes Baptista Vives Valentinus in præfata venerabili ecclesia Sanctæ Mariæ cum interventu et præsentia supranominatorum dominorum priorum ejusdem Ecclesiæ; cantato responsorio *Libera me Domine* cum prece et oratione dicta ab ipso R^{mo} domino, stola indutus, cum aliis subsequentibus; lectisque publice præfatis scripturis, et ossibus eorundem pontificum Callisti III et Alexandri VI ab infrascriptis testibus et aliis ibi circumstantibus inspectis, ac etiam a dictis dominis prioribus; idem R^{mus} protonotarius tradidit et consignavit eandem capsam cum ossibus eorundem maximorum pontificum dictis dominis Bernardo Ludovico della Cabra, et Raphaeli Monar prioribus memoratæ ecclesiæ Sanctæ Mariæ in vim gratiæ contentæ in dicto memoriale S. D. N. Pauli V, pontificis maximi (Bibliothèque Barberini, XXXIV, n° 50, ff. 35 et suiv.).

Fêtes diverses[1].

1493. 10 avril. Duc. 251 auri largos de mandato facto die xxvi mensis præteriti Pirro de Spannochis pro brochato et veluto et aliis expensis factis pro palliis pro Carnisprivio proxime præterito. — A. S. V., Intr. et Exit., 1492-1494, fol. 166.

1500. 17 février. Dilecto filio priori capitum Regionum almæ Urbis nostræ duc. 100 auri in auro de Camera pro supplemento festi Testacei dictæ Urbis in proxime futuro Carnisprivio celebrandi ut moris est, eosque sic solutos, etc. — A. S. V., Intr. et Exit. 1497-1501, fol. 73.

1502. 21 février. Duc. 317 cum dimidio de karl. x pro duc. vigore mandati sub die xxi januari Gabrieli Fusario pro expensis factis in braviis Carnisprivii præsentis anni. — A. S. V., Intr. et Exit., 1501-1502, fol. 103.

---

1. Les particuliers prirent exemple sur le souverain pontife. Rien de plus curieux que leur préoccupation de la mise en scène : qu'on lise le curieux récit de Burchard (t. III, p. 204-205), où il nous montre le capitaine d'une galère pontificale qui prend soin, sur son lit de mort, de se préparer une splendide toilette funéraire.

PIE III

22 septembre 1503 — 18 octobre 1503

NOTICE PRÉLIMINAIRE

Après un conclave des plus agités, qui se tint au fort Saint-Ange (rien que dans le palais du cardinal de Naples, il y avait eu une douzaine de réunions préparatoires), le cardinal François Piccolomini, infirme et quasi moribond, fut élu au trône de Saint-Pierre.

Francesco Todeschini, fils d'une sœur de Pie II, qui lui fit adopter le nom de Piccolomini, était né à Sienne, le 9 mai 1439. Créé cardinal par son oncle, en 1460, il fut nommé, la même année, archevêque de sa ville natale.

Ne se doutant pas encore des hautes et si éphémères destinées auxquelles il était réservé, le futur Pie III n'avait voulu se souvenir, par un excès de piété familiale, que des devoirs que lui imposait son titre de neveu de Pie II. A ce titre, son nom est indissolublement lié à la décoration du dôme de Sienne. Dès

1485, il y avait fait ériger, en l'honneur de son oncle, un autel, dû au ciseau d'Andrea Bregno. Vers 1495, il y fit commencer la construction de la fameuse « Libreria »[1]. Le 5 juin 1501, il chargea Michel-Ange de sculpter les figures du retable des Piccolomini[2]; le 29 juin 1502, Pinturicchio reçut mission de décorer de fresques la « libreria » du même sanctuaire[3]. Ce dernier travail tenait tellement à cœur au futur Pie III que, dans son testament, en date du 30 avril 1503, il y revient encore.

On voit quel long passé de libéralité et de magnificence le cardinal François Piccolomini avait derrière lui; lorsqu'il monta sur le trône de Saint-Pierre : c'est donc d'après ces éléments rétrospectifs qu'il convient de le juger (voy. ci-dessus, p. 23, 153).

L'histoire de l'art pendant le pontificat de Pie III comprend les fêtes de son couronnement et les cérémonies de ses funérailles; rien de plus. Rarement encore la catastrophe finale avait succédé si rapidement à l'éblouissement de l'exaltation. Les pièces comptables, que j'ai recueillies dans les Archives vaticanes, nous initient amplement à ce double spectacle.

Ces cérémonies, ruineuses entre toutes, mettaient périodiquement en détresse la cour pontificale. Il est presque sans exemple que celle-ci ne fût pas réduite, pour y faire face, à recourir aux prêteurs sur gages[4]. Rien d'étonnant, dès lors, à ce que le règlement des créances se fît attendre : certaines four-

---

1. Vasari, éd. Lemonnier, t. V, p. 282.
2. Milanesi, *Documenti per la Storia dell' Arte senese*, t. III, p. 18-27.
3. Pungileoni, *Elogio storico di Raffaello Santi*; Urbin, 1829, p. 58-65. — Vermiglioli, *Di Bernardino Pinturicchio*; Pérouse, 1837, p. 254-251. — Milanesi, *Documenti per la Storia dell' Arte senese*, t. III, p. 9-16. Voy. mon *Raphaël*, 2ᵉ édit., p. 118. — Schmarsov, *Raphael und Pinturicchio in Siena*.
L'inventaire de l'argenterie du cardinal François et celui du garde-meuble de sa famille à Sienne, en 1505, a été publié par un descendant de cette race illustre, M. Enea Piccolomini : *Alcuni Documenti intorno a Pio II et a Pio III* (Sienne, 1871, p. 31-39).
4. Le 25 octobre 1503, la Chambre apostolique constate qu'Ulrich Fucher et ses frères lui avaient prêté une somme de 1000 florins d'or, à la mort d'Alexandre VI, « super certis argentis... subpignoratis et depositatis », et 3000 florins à la mort de Pie III (A. S. V., Divers. Cam., 1503-1506, ff. 13 v° et 14 v°). Le

LA DALLE FUNÉRAIRE DU CARDINAL FRANÇOIS PICCOLOMINI
(Grottes de Saint-Pierre).

nitures faites à l'occasion de l'intronisation de Pie III ne furent soldées qu'en 1509, au bout de six ans !

L'exemple de Pie III nous prouve que le sentiment de la famille était plus puissant en ces temps que la gloriole inspirée par les dignités ecclésiastiques. De quoi s'enorgueillit le futur Pie III : non d'avoir fait partie du Sacré-Collège, mais d'être le neveu de son oncle, aux pieds duquel il aspire à reposer.

Et de même le seul nom de peintre que nous rencontrions pendant ce pontificat éphémère est celui d'un Siennois, du nom de Pietro (voy. p. 62).

Parmi les autres artistes employés aux fêtes du couronnement, il convient de citer les charpentiers Bartholomeus, Baccius (peut-être identique à Bartholomeus) et Antonius de Tibure (Alexander?), enfin le brodeur Angelo di Giorgio de Crémone. « Il Naso » fut chargé, avec un de ses collègues, « de æstimando conclave » (Burchard, t. III, p. 266-267) ; le devis se monta à 64 ducats de carlins.

L' « Anello piscatorio » de Pie III est indiqué comme se trouvant au Musée national de Florence (salle de Giotto). Mais ne s'agirait-il pas tout simplement d'un anneau cardinalice ?

On ne connaît pas de médaille contemporaine de Pie III, qui ne régna que vingt-cinq ou vingt-six jours. Par contre, il existe trois sortes de médailles de restitution : 1° celles de Paladino ; mais l'on ne sait pas au juste à quelle époque vivait ce médiocre graveur, qui paraît assez moderne ; 2° celle inscrite à la Bibliothèque nationale, série des Papes, sous le n° 99, ayant au revers l'inscription « Optimo principi ». C'est peut-être la meilleure comme art ; mais l'exemplaire est fort défectueux comme conservation (Armand, t. III, p. 197). Une troisième médaille

même jour, un certificat analogue est délivré à « Petrus » et à « Nicolaus del Bene, mercatores florentini », pour une somme de 950 florins prêtée à la mort d'Alexandre VI « super certis argentis », et une somme de 2869 florins, prêtée à la mort de Pie III (*Ibid.*, fol. 14). Voy. aussi Burchard, t. III, p. 250.

L'ANCIEN TOMBEAU DE PIE III
(Grottes du Vatican)

(Armand, t. II, p. 109) appartient à une troisième série de restitutions ; elle se trouve à la Bibliothèque nationale, série des Papes, n° 99. Il doit exister de cette dernière pièce des exemplaires frappés. (Note communiquée par M. Valton.)

Le cardinal François Piccolomini avait fait exécuter, sous ses yeux, sa dalle tombale et celle de son neveu Agostino Todeschi († 1496). Il y est représenté de face, revêtu des ornements épiscopaux, les mains jointes[1]. Ce monument, conservé dans les Grottes Vaticanes, sert aujourd'hui de couvercle à un sarcophage, datant des premiers temps du christianisme, dans lequel avaient été déposées les cendres du pape. Je l'ai fait reproduire d'après la gravure de Dionisio.

Quant au tombeau même de Pie III, érigé par les soins de ses frères, Jacques et André, il orna, jusqu'en 1614, la chapelle Saint-André, à la basilique du Vatican. A ce moment, il fut transporté, avec le tombeau de Pie II, à Sant'Andrea della Valle, où on le voit encore. Il semble résulter d'une minute publiée par M. Enea Piccolomini que l'exécution en fut confiée aux sculpteurs florentins Francesco di Giovanni et Bastiano di Francesco[2]. Quoi qu'il en soit, l'œuvre, comme l'on pourra en juger par notre gravure, ne brille ni par la richesse de l'invention ni par la pureté du style.

Fêtes du Couronnement et Funérailles[3].

Seul d'entre tous les papes, Pie III fit célébrer son « possesso », en raison de ses infirmités, à la basilique du Vatican, non à celle du Latran (8 octobre. — Burchard, t. III, p. 282).

1503. 19 novembre. Duc. auri d. c. 1500 R^{do} domino R. episcopo

1. Voy. Dionisio, pl. L. Cf. p. 133-134. — Voy. aussi Barbier de Montault, *Les Souterrains et le Trésor de Saint-Pierre à Rome*, p. 40.
2. *Alcuni Documenti inediti intorno a Pio II e a Pio III*, p. 22-23, 39-43.
3. Voy. Cancellieri, *Storia de' solenni Possessi*. — Burchard, t. III, p. 282 et suiv.

Melfica(nensi), domino Dominico de Maximis, ac domino Alexandro de Neronibus, commissariis super convivio fiendo in ecclesia Sancti Johannis Lateranensis in die coronationis S. D. N., duc. 2031, 18. — A. S. V., Intr. et Exit., 1503-1504, fol. 151.

1504. 14 février. Duc. 300 d. c. heredibus Juliani Galli civibus Romanis pro totidem in quibus erant creditores S. D. N. et Cam. ap. pro 30 cannis panni rosacei pro dicta summa, concordatis, datis et debitis Rmo dno card^{li} S. Georgii camerario ex causa coronationis S. D. papæ Pii III, fl. 406, 18. — Ibid., fol. 163 v°.

» 15 mars. Duc. 105 et carl. 2 de karl. x pro duc., de mandato sub die xxiii decembris Angelo Georgii cremonensi racamatori pro residuo duc. 171 et k. 6 similium pro 22 coopertis racamatis juxta taxationem factam per R^{dos} dominos An. de Viterbio et F. Ponzettum et Bon. episcopum Clusinum [1], cam. ap. clericos, et duc. 33 et karl. 6 pro 14 armis pro... (*en blanc*) Corporis Christi, de quibus partitis habuit duc. 100, remanet (*sic*) ut supra duc. 105 et karl. 2, fl. 109,4. — Ibid., fol. 169 v°.

» 26 mars. Duc. 500 de karl. x pro duc... dno Petro Busdraga, Lucio Petri et sotiis artificibus sericæ pro parte majoris summæ eis debitæ. — Ibid., fol. 171.

» 2 avril. Duc. 8839 auri de cam. et solidos 16 de mandato pro pannis rosaceis et aliis rebus datis et solutis in coronatione S. D. N. papæ (etc.). — Ibid., fol. 173 v°.

» 5 avril. Duc. 337 de k. x pro duc. de mandato sub die xviii februarii. Mutino capitaneo triremium pro valore trium banderiarum ex taffeta ex auro depictarum ei dono datarum per S. D. N. — fl. 351,3. — Ibid., fol. 175.

» Duc. 83 et carlenos 8 de karl. x. pro duc... magistro Francisco pelizario pro dosiis octo centum (*sic*) pro quadam veste et pro filaturis 19 infularum de armellinis ad usum S. D. N., fl. 87,21. — Ibid., fol. 174.

» 11 avril. Duc. 253 et carl. 1 de k. x pro duc..... Aloyso de Burgho mercatori florentino pro pretio cannarum 5 et pannarum (*sic* pour palmarum) 3 veluti cremesini et cannarum xxiiii et pannarum ii damaschini et cannarum 3 panni unius cum dimidio panni rosacei dati S. D. N. pro ornamento cameræ Suæ Sanctitatis, fl. 263, 4. — Ibid., fol. 176 v°.

---

1. Bonifazio de Castel di Lotario, évêque de Chiusi, de 1503 à 1504 (Gams, *Series Episcoporum*, p. 754).

LE TOMBEAU DE PIE III
(Église Sant' Andrea della Valle)

1504. 20 avril. Duc. 662 et carl. 6 de carl. x pro duc. De mandato (per) introitus et exitus sub die xi præsentis S. D. N. pro pannis datis Cam ap. per Guidettum Guidetti et sotios pro coronatione Pii papæ III, et sunt ad introitum a dictis Guidetto et sotiis in hoc libro, fol. 35 — fl. 690, b. 15. — Ibid., fol. 178.

» » Duc. 114 de karl. x pro duc. de mandato per introitum et exitum, etc. S. D. N. pro pannis datis Cameræ ap. per Petrum Delbene et sotios de Curia Romana in coronatione fe : re : Pii papæ III et sunt ad introitum supradictis Petro et sotiis in præsenti libro, fol. 35 — fl. 118,54. — Ibid.

» 30 avril. Duc. 20 de carl. x pro duc... magro Bartholomeo carpentario pro antenis banderiarum in castro S. Angeli, numeratos eidem, fl. 20,60. — Ibid., fol. 180.

» 24 mai. Duc. 148 auri d. c... Antonio Bonzi et sotiis... et sunt, videlicet duc. 22 de carlinis pro 2 cannis panni rosacei pro tabula fe : re : Pii papæ III, duc. 136 similes pro 34 cannis panni rosacei, ad rationem 40 carl. pro qualibet canna, et duc. 24 1/2 similes pro tribus cannis cum dimidio panni monachini, ad rationem 70 carl. pro canna qualibet, et duc. 10 pro 2 cannis cum 1/2 panni rubei dati Petro Jo. Castelli, sunt in totum duc. 192 1/2 de k. x pro duc., ... pro pannis supradictis pro coronatione Pii papæ III fl. 200, 30. — Ibid., fol. 188.

» 1er juin. Duc. 60 auri de cam... magro Petro Busdragha pro valore frangiarum cum insigniis fe : re : Pii papæ III ad usum Suæ Sanctitatis, fl. 81,18. — Ibid., fol. 191.

» 18 juin. Duc. 120 de karl. k. x pro duc. et karl. 8 de mandato, etc., heredibus Baldi de Baldis pro cannis 12 panni rosacei primæ sortis, ad rationem 84 carl. pro qualibet canna, et pro cannis 5 sortis secundæ, ad rationem 40 carl. pro qualibet canna, datis pro coronatione fe : re : Pii papæ III, et sunt ad introitum a dno Gisberto Eneder et a dno Saladino Galiani in duabus partitis, fol. 50, fl. 125,60. — Ibid., fol. 194 v .

» 24 juillet. Duc. 555 et carl. 3 de carl. x pro duc... Antonio Bonsi et sotiis pro precio librarum 28 taffeta (?) ad rationem 60 carl. pro qualibet libra et cannarum 6 panni rosacei, ad rationem carl. 85 pro canna, et cannarum 8 panni rosacei ad carl. 56 pro canna, ac cannarum 2 1/2 panni etiam rosacei, ad karl. 40 pro canna, datarum pro coronatione fe : re : Pii papæ III, etc., fl. 578,34. — Ibid., fol. 206.

» 29 août. Duc. 116 auri larghos... magro Bernardo Ser Silvani florentino pro valore unius banderiæ taffecta (*sic*) cremesini cum insigniis S. D. N., empta ab eo et tradita oratoribus Beneventanis, fl. 161,8. — Ibid., fol. 212.

1504. 3 octobre. Duc. 21 de k. pro duc. de mandato sub die xvi aprilis Bernardo Ser Juliani pro 1 canna cum dimidia brochati pro 2 cusinis ad usum S. D. N., numeratos eidem, fl. 21,6. — Ibid., fol. 218 v°.

» 5 octobre. Duc. 30 (?) auri de cam. de mandato, etc. per introitum et exitum Beltramo de Rodi et sotiis pro cannis 10 et palmis 6 panni rubri datis in coronatione fe : re : Pii papæ III, et sunt ad introitum a dno Petro Severini et Johanni Fraucoys, fol. 80, fl. 41,48. — Ibid., fol. 219.

» 18 octobre. Duc. 39 de k. x pro duc. de mandato sub die xxviii septembris magro Antonio de Tibure carpentario pro ejus mercede pro operibus per eum factis in coronatione papæ Pii III, numeratos eidem, fl. 40,45. — Ibid., fol. 221.

» 22 octobre. Duc. 28 cum duobus tertiis de k. x pro duc. sub die xx præsentis magro Baccio carpentario pro operibus factis per eum in coronatione Pii papæ III, numeratos eidem, fol. 29,62. — Ibid., fol. 221.

» 17 décembre. Flor. 28 et bol. 40 (de) carlenis x pro ducato vigore mandati sub die xv octobris magro Blaxio regio pro sua (rata) duc. 96 pro laboribus factis pro coronacione fe : re : Pii papæ III, numeratos dno Donato Volterrano fl. 29,52. — A. S. V., Intr. et Exit., 1504-1505, fol. 148 v°.

1505. 24 janvier. Florenos 167 cum dimidio auri d. c... pro totidem solutis ordine R. episcopi Terracinensis clerico Cam. pro pretio velluti et facturæ palii fe : re : Pii papæ III, fl. 226,60. — Ibid., fol. 155 v°.

» 30 avril. Florenos 50 auri largos.... magro Petro de Sena pictore (*sic*) [pro] nonnullis pictoribus (*sic*) et laboribus fe : re : papæ Pii tertii, numeratos ipsi fl. 69,30. — Ibid., fol. 178.

1509. 31 mars. Duc. 204 cum dimidio similes... Jo. Guiducci et sociis pro cannis 2 1/2 panni rosacei et pro can. 9 ejusdem sortis et can. 4 panni alazati larghi et pro can. 12 1/1 panni rosæsechæ mediæ granæ, datis pro coronatione Pii papæ III. — A. S. V., Intr. et Exit., 1508-1509, fol. 175.

1503. 15 décembre. Duc. 115 de k. x pro ducato Rev. dno episcopo Terracinensi pro constructione et lignis castri doloris fe : re :

Pii II (sic) papæ nuper defuncti, fl. 119,57. — A. S. V., Intr. et Exit., 1503-1504, fol. 154 v°.

1503. 30 décembre... Pro cera pro exequiis, fl. 22,66. — ibid., fol. 156.

Description de la Sépulture de Pie III[1].

Aperitio sepulcrorum Pii II, Pii III et Julii III.

Anno Domini 1608, die 13 novembris, coram Illmo et R^{mo} domino Metello Bichio Soanæ episcopo, atque nonnullis canonicis basilicæ, et R. D. Alberto Magno, subdiacono apostolico, fuit apertum sepulcrum sanctæ memoriæ Pii papæ secundi Senensis Piccolominei, quiescentis in quadam tumba, ejus marmoreo tumulo, subjecta retro altare S. Andreæ, quæ tegebatur tabula marmorea sculpta PIVS. II. PONT. MAX. Corpus situm erat in quadam capsa lignea, in ossa redactum, cum frustis sacrorum indumentorum, quod inde elevatum conditum fuit in arca marmorea, sacris imaginibus sculpta, ad subjectum exemplum juxta Bonifacium VIII. In tumba pictæ erant, a capite et ad pedes, cruces; capsa corporis hastis ferreis à terra suspensa erat... (*Suit un dessin* : Exemplum marmoreæ arcæ in qua nunc requiescit Pius II papa Senensis.) Postea fuit apertum sepulcrum Pii tertii, ejus nepotis, sepulti ad pedes sanctissimi avunculi Pii, cum titulo desuper PIVS. III. PONT. MAX., in simili tumba, quam dum cardinalis erat sibi vivens elegerat, qui pontifex maximus renunciatus, brevium dierum spatio ab hac luce subtractus, ibi sepultus est, et exteriorem memoriam cum imagine sepulcrali in habitu diaconi marmore incisam, quæ tumbam claudebat, verterunt deorsum, et est talis : Franciscus Piccolomineus card. Senensis, Pii II, pont. max. nepos, hic ad avunculi sanctiss. pedes sepulchrum sibi et Augus. nepoti posuit. Capellamq. hanc ornavit, etc. Proprio aere dotavit. vix. an. mens... (Voir le fac-similé de cette inscription sur la gravure de la p. 271.)

Corpus dicti summi pontificis Pii tertii etiam consumptum erat,

---

1. Cette description, ou plutôt ce procès-verbal — car son auteur, Jacques Grimaldi, était notaire apostolique — diffère sensiblement de la description due au même auteur et publiée par Dionisio (*Sacrarum Vaticanæ Basilicæ Cryptarum Monumenta*, p. 123). L'original se trouve dans le ms. XXXIV, 50 (fol. 217 v°) de la Bibliothèque Barberini.

indutum optima casula broccati aurei ad figuras sanctorum, et ossa corporis cum sacris vestibus condita fuerunt in arca marmorea inter Pium secund. et Hadrianum IIII. Erant in ipso sacello duo nobilissima sepulcra Pii secundi, et Pii tertii, quorum exempla hic non apponuntur; cum hodie extent eo modo, quo erant in Vaticana basilica muro affixa in ecclesia Sancti Andreæ Theatinorum, regionis Sancti Eustachii, Pauli V auctoritate illuc translata; in sepulcro Pii secundi legitur suum antiquum epitaphium, quod erat in dicta basilica. In sepulchro autem Pii tertii epitaphium antiquum, sed brevius redactum; ideo hic subjicere placuit quod in vetere eadem basilica legebatur et est hujusmodi... (Pius III. pont. max. a Pio II avunculo, duos et viginti annos natus..., etc.). — Grimaldi, Bibl. Barberini, n° XXXIV, 50, ff. 217 v°-218.

APPENDICE

I

LES MONUMENTS ANTIQUES DE ROME

Les Portes.

1495. 17 juin. Flor. 31 de carl. x pro floreno per mandatum factum die quinta præsentis magro Thomæ Mataratio architectori pro pluribus expensis factis in bastione portæ Sancti... (en blanc). — A. S. V., Intr. et Ex., 1494-1495, fol. 193 v°.

1496. 24 décembre. Duc. 10 de carl. x pro duc. vigore mandati facti die 20 præsentis Alexandro de Tyburc carpentario palatii, 5 videlicet pro 2 fenestris pannatis pro Camera apostolica et alios 5 pro parte expensarum in porta Turrionis quam fecit. — A. S. V., Intr. et Exit., 1496-1497, fol. 155.

1498. 2 novembre. D. 4, 22 1/2 a Bernardo Lomardo guardiano della porta de Settignano et per aconcime de ditta porta. — Reg° Cam^a Governatore, 1497-1502, fol. 89 v°. Cf. fol. 90.

1499. 2 septembre. Ducati 25 cont. per tante spese facte in le porte de Roma, come apare per ditto foglio 2 7bre et comandamento del governatore. — Ibid., fol. 95.

Les Ponts.

1484. 29 septembre. Egidio de Tocco pro reparatione pontis Milvii et Salarii, fl. 17,36. — A. S. V., vol. 511, fol. 152. Cf. 160 et 182.

1487. 22 septembre. Flor. 29 de carl. 10 pro flor., magistro Rovello muratori pro reparatione pontis Sancti Angeli. — A. S. V., vol. 516, fol. 156.

1487. 3 novembre. Egidio de Tocco pro reparatione pontis Melvii [et] Mammoli, fl. vii, b. 30. — Ibid., fol. 168 v°.

1495. 30 mars. Flor. 25 de carlenis 10 pro quolibet floreno per mandatum factum die xvii decembris magro Alexandro Tiburtino carpentario pro parte ejus mercedis laborerii per eum facti in pontibus Milvii et Salariæ. — A. S. V., Intr. et Exit., 1494-1495, fol. 178.

1497. 27 novembre. De mandato facto ut supra (15 maii 1495) flor. 40 auri d. c. dicto Gentili (de Fulginia) pro diversis expensis factis in reparatione dictorum pontium usque tunc. — A. S. V., Intr. et Exit., 1497-1498, fol. 146 v°.

1499. 9 janvier. De mandato facto die viii præsentis flor. 100 de carl. x pro flor. D. Evangelistæ de Rubeis et Stephano de Bubalis magris stratarum Urbis exponendos juxta ordinationem S. D. N., pro manutentione pontis S. Angeli in matonatu. — A. S. V., Intr. et Ex., 1498-1499, fol. 169.

1494. 2 décembre. Flor. 58 ad rationem 10 carlenorum pro quolibet floreno per mandatum sub die xv octobris Beneassay (sic) Petri Benassay (sic) pro valore tabularum datarum et ab eo emptarum pro portu almæ Urbis. — A. S. V., Intr. et Ex., 1494-1495, fol. 156.

1495. 19 août. Flor. auri d. c. 347 de mandato facto die xxv maii magro Francisco de Padua muratori pro residuo fabricæ et expensis provisionatorum in portu. — Ibid., fol. 205.

Le Capitole.

1499. 16 janvier. B. 35 cont. a certi fachini che portoro certi preti de porfido ad palazo, come apare per mandato delli conservatori. D. 0, b. 35. — Id. baj. 20. — 1499. 21 janvier. Id. baj. 10. — 1499. 26 janvier. Id. baj. 20. — Reg° Cam.ᵃ Governatore, 1497-1502, fol. 90 v°.

Le Fort Saint-Ange.

1487. 22 octobre. Flor. 27 de carl. 10 pro flor. Dominico de Morco pro integra satisfactione reparationis fabricæ muri orti castri Sancti Angeli. — Ibid., fol. 164.

1497. 20 mars. Flor. 100 de carl. x magistro Petro de Senis et Romulo scarpellinis pro parte eorum salarii et mercedis laborerii facti in castro S. Angeli. — A. S. V., vol. 527, fol. 176.

La Fontaine Trevi.

1485. 4 décembre. Solvit flor. 200 pro reparatione fontis Trivii.
— A. S. V., vol. 512, fol. 175.

II

LES EXPROPRIATIONS SOUS ALEXANDRE VI[1]

Tassa della ruina de Sancto Stati (*sic*) alla dohana.

Die xxii junii 1499.

Nobiles viri D. Franciscus Mustianus, caputregio regionis Sancti Eustachii, Evangelista de Rubeis et Stephanus Bubalus de Cancellariis, magistri ædificiorum et stratarum Urbis, D. Camillus de Beneinbene, Joannes Franciscus de Mutis et D. Marcus de Tebaldis, offitiales dicti D. Francisci Mustiani, caputregionis et per eum electi et deputati, magister Tomas Materatius, [et] Philippus de Stateris submagistri, congregati in unum in ecclesia Sancti Eustachii de Urbe ad infrascriptam taxam et declarationem faciendam infrascriptæ domus.

Primo.

In primis declaraverunt che se habia ad ruinare dalle fondamenta la casa de Santo Stati in nella strada denanzi alla dohana della grascia, dove sta el ferraro che li va la via intorno.

Restoro.

Insuper che se debia pacare allo capitulo et canonici de Sancto Stati per la ruina de dicta casa quale cum juramento maestro Thomao Matarazo e Filippo delle Statere submaiestri predicti l'ano extimata duc. trecento de carl perche decta casa a le mura vecchie et non rende de pesone (pigione) se non duc. vinti l'anno, extimata ut supra in duch. 300, bol.

Jettito.

Item la casa de Gasparre Paulo Stati debia pacare in nella dicta

1. Voy. p. 186.

ruina per miglioramento de soie case in tucto duc. ducento de oro de camera, videlicet de carlini, duc. 240, bol.

Item la casa et ponticha dove sta Tomasso Stringaro, duc. vinti, duc. 20, bol.

Item la casa dello forno acanto Selli debia buttar lo mignano.

Item la casa della barberia apresso ad quello fa le statere duc. dieci, duc. 10.

Item la casa del ferraro che fa le statere duc. dieci., duc. 10, bol.

Item la casa overo... de Ambroghi tesoriero della dohana della grascia duc. quaranta, duc. 40.

Item la dohana della grascia, duc. quaranta, duc. 40.

Item la parte de sopra alla detta dohana, duc. vinti, duc. 20.

Item la casa con tre pontiche delli heredi de Jordano de Grassis duc. trenta, duc. 30, bol.

Item la chiesia de Sancto Stati duc. trenta, duc. 30.

Item la casa dove habita Marino Angelo, duc. 15.

Item la dohana per terra duc. trenta, duc. 30.

Item la casa de Onorio de Jofe duc. vinticinque, duc. 25, bol.

Item la casa de Alexandro della Casa fa el fondico Marino Giglio duc. vinticinque, duc. 25.

Item la casa et fondico di Menico Jacovaccio duc. vinti, duc. 20.

Deputatio depositarii.

Li sopradicti signori offitiali ut supra coadunati deputarono Domenico Jacovaccio mercatante romano depositario de tucti denari se receperando et pacarando per la dicta ruina restoro et jettito.

Edif. publ., 1499, Maestri di Strada, fol. 26.

Tassa della ruina della strada di maestro Joan Angelo de Victorio.

Die xxii junii 1499.

Nobiles viri D. Franciscus Mustianus, caputregio regionis S. Eustachii, D. Evangelista de Rubeis et Stephanus Bubalus de Cancellariis, magistri ædificiorum et stratarum Urbis, D. Camillus de Beneinbene, juris utriusque doctor, Joannes Franciscus de Mutis et D. Marcus de Tebaldis, offitiales dicti d. Francisci caputregionis, et per eum electi et deputati, magister Thomas Mataratius et Philippus de Stateriis submagistri, congregati in ecclesia Sancti Eustachii de Urbe ad infrascriptam tassam et declarationem faciendam infrascriptarum domorum.

Ruina.

Item se debia ruinare lo portichale della casa de Mariano Stalle verso la piaza de Santo Stati.

Item se debia ruinare lo porticale della casa de Francesco Boccapadule.

Item se debia ruinare lo porticale delli heredi di Menico Stephanello.

Item se debia ruinare lo cantone della casa de maestro Joan Angelo de Valerio medico quanto sporta in fora della facciata della casa de Francesco Alberino ad lignola per directo insieme collo inchiostro de dicta casa de maestro Joan Angelo.

Restoro.

Item se debia restaurare alli heredi de dicto Mariani Stalla per la dicta ruina apprezata cum juramento per li sopradicti submaestri duc. cento vinti, duc. 120.

Item se debia restaurare alli dicti heredi de Menico Stephanello per la dicta ruina extimata ut supra duc. octanta, duc. 80.

Item se debia restaurare allo dicto Francesco Boccapadule per la dicta ruina extimata ut supra duc. cento, duc. 100.

Item se debia restaurare allo dicto maestro Joan Angelo per la dicta ruina de parte de casa et renclaustro extimata ut supra duc. centocinquanta, duc. 150.

Jettito.

Item debia restaurare la casa di mess. Antonio Bocchapadulo alla dicta ruina duc. dieci, duc. 10.

Item la casa de Nicolo de Horte (?) debia pacare duc. dieci, duc. 10.

Item la casa di messer Domenico da Tivoli duc. dieci, duc. 10.

Item la casa di Antonio Jannello per dentro e fora duc. trenta, duc. 30.

Item tucte le case de Francesco Alberino duc. octanta, duc. 80.

Item tucte le case de misser Carlo de Herulis duc. cento, duc. 100.

Item la casa de Sancta Maria de Monterone debia restaurare duc. vinti, duc. 20.

Item la casa delli Sassi duc. dieci, duc. 10.

Item la casa overo stalla della chiesia de Spoliti, duc. quindici, duc. 15.

Item la casa de misser Marcho de Tebaldis duc. quindici, duc. 15.

Item la casa de misser Baptista Brenda duc. trenta, duc. 30.
Item la casa ad canto della decta.
Item la casa de misser Michele da Casale, duc. octanta, duc. 80.
Item la chasa (o)vero granaro di Nicolo Dalotti cum potestate edificandi in avanti appresso alla casa di dicto misser Michele, duc. trenta, duc. 30.
Item tucte le case de misser Sinolfo cum dicta potestate edificandi nanti appreso alla casa del dicto misser Michele, duc. octanta, duc. 80.
Item la casa de mastro Francesco sartore duc. vinti, duc. 20.
Item la casa de Bernardo Spagnolo duc. quindici, duc. 15.
Item la casa de misser Berio Quatraoria duc. vinti, duc. 20.
Item la casa della nora de Francesco Leno, duc. vinti, duc. 20.
Item la casa de messer Francesco de Fatio duc. vinti, duc. 20.
Item la chiesa de Sancta Maria de Monterone duc. trenta, duc. 30.
Item la casa overo palazo dello cardinal de Spoleti duc. cento, duc. 100.

Deputatio Depositarii.

Li sopradetti signori offitiali existenti ut supra deputarono depositario lo nobile homo Juliano de Camerino bancherio de tucti denari se receperando et paccarando per la detta ruina, jettito et restoro.
Ed. publ. 1499, Maestri di Strada, fol. 28.

Tassa della ruina della piaza de Sancto Pentaleo.

Die xxii feb. 1499.
Nobiles viri Petrus de Costiariis, capud (*sic*) regio regionis Parionis, dominus Evangelista de Rubeis et Stephanus Bubali de Cancellariis, magistri ædificiorum et stratarum Urbis, Dominicus de Maximis, Cyriacus de Signorettis et Simon de Tordionellis, offitiales domini Petri de Costiaris capudregionis et per cum electi et deputati, magister Thomas de Materatiis et Philippus de Stateriis submagistri, congregati in unum ad infrascriptam taxam et declarationem faciendam in infrascriptis domibus, videlicet:

Ruina.

In primis declaraverunt che se debia ad ruinare una parte de una casa de una capella posta in nella chiesia de Santo Pietro, apresso ad S. Pantaleo et alla casa che fu de maestro Giorgio panattiere, cioe se debbia buttare dalla colonna della dicta casa cioe dove e rechiuso per insimo alla seconda colonna della dicta casa verso la casa del dicto maestro Georgio remanenti la prima colonna.

Restoro.

Item declaraverunt se li habia ad refare per restoro de la dicta ruina tucte le mura necessarie per insino alla summita del decto como al presente apare.

Jettito.

Item deputaverunt che lo forno che fu de mastro Georgio predicto per miglioramento de ipso [debia] per restaurare alla dicta ruina duc. dieci, duc. 10.

Item la casa de misser Andrea della Aquilla debia restaurare per lo dicto restoro duc. vinti, duc. 20.

Item la casa de misser Bertuado (?) juris utriusque doctor debia restaurare per la dicta ruina duc. dieci., duc. 10.

Item la casa de Richardo Mazatosta debia restaurare per la dicta ruina duc. dieci., duc. 10.

Item la casa delli heredi de misser Lorenzo Marcellino debia pacare per miglioramento della sua casa per restoro de dicta ruina duc. dieci, duc. 10.

Item la casa de madonna Maria moglie che fu de Johanni Toffia per miglioramento de dicta casa per ristoro de dicta ruina, duc. dieci, duc. 10.

Item la casa de Renso Signoretto per miglioramento de dicta casa debia pacare per restoro de dicta ruina duc. dieci, duc. 10.

Item la casa de Cyriacho Signoretto per miglioramento de dicta casa debia pacare per restoro de dicta ruina duc. cinque, duc. 5.

Item la casa de Bellavilla per miglioramento de dicta casa debia pacare per ristoro de dicta ruina, duc. dieci, duc. 10.

Item la casa de misser Antonio de Bellapanibus per miglioramento de dicta casa per ristoro de dicta ruina duc. quindici, duc. 15.

Deputatio Depositarii.

Li sopradicti offitiali existente ut supra deputarono lo nobile homo Juliano da Camerino bancherio depositario de tucti denari se pacarando e receperando in nella dicta ruina, restoro et jettito.

Edif. pub. 1499, Maestri di Strada, fol. 30.

Questi sonno li danari pacati per la Signoria de dicti signori maestri ad diverse persone delli duc. cento receputi per ipsi signori maiestri secondo apareno descripti in nel presente libro alle intrate foglio n° 23.

In primis ad maestro Naso (?) lombardo fornasciaro duc. sei incontanti in questo di 10 de jennaro 1499 per migliara tre de mattoni ad restaurare de duc. doi lo migliaro per lo amattonato di ponte Sant' Angelo duc. 6, bol.

Ad maestro Pietro Moricone muratore in questo di undici de jennaro duc. vinti per parte de suo lavoro in amattonato de dicto ponte duc. 20, bol.

Ad maestro Pietro predicto duc. quindici in questo di 19 decto per parte de suo lavoro de dicto amattonato de dicto ponte duc. 15, bol.

A Filippo delle Statere submaiestro de dicti signori maestri in questo di dicto del mese di jennaro carl. cinque, cioe carl. uno per registratione de dicto mandato in Camera apostolica, duc. 0, bol. 37 1/2.

A Pietro Moricone muratore predicto in questo di primo de febraro 1499 duc. trenta et bol. trenta octo per dicto ammatonato de dicto ponte per suo lavoro, duc. 30, bol. 38.

Ad misser Pietro de Costiari in questo di 22 de febraro 1499 duc. vinticinque quali sono per tanti haveva prestati ad maestro Pietro Muricone predicto per lo dicto amattonato nel tempo lui era maestro delle strade, duc. 25, bol.

Ad maestro Pietro Moricone predicto in questo di 20 di dicembre 1499 duc. tre per dicto amattonato de dicto ponte Sancto Angelo per suo lavoro, duc. 3, bol.

Ad maestro Pietro Moricone predicto in questo dicto carlini vinti cinque per lo amattonato facto in nella entrata de dicto ponte jonto alle cappelle per lo dicto maestro Pietro per suo lavoro, duc. 2, bol. 37.

Edif. pub., 1499, Maestri di Strada, fol. 33.

III

PERMIS D'EXPORTATION

Universis et singulis officialibus suis et S. R. E. tam Romæ quam alibi existentibus. Mandat pontifex ut extrahi permittant ex Urbe et Camerinum comportari quosdam sectos marmoreos et porfireos aliosque diversi coloris lapides ad usum pavimenti cujusdam capellæ, quam nob. vir Julius Cæsar de Varano, domicellus Camerinensis, pro sua devotione construi facit; dummodo iidem lapides non magni sint, sed minuti; non obstantibus prohibitionibus super hoc factis; concessimus nuper dilecto filio. Datum Romæ, die 7 junii 1488, anno quarto. — Brefs, n° 20, fol. 156 v°.

IV

INVENTAIRE DES TAPIS ET ORNEMENTS SACRÉS D'INNOCENT VIII, EN 1518 (voy. p. 129-134)

Tapeta empta tempore Innocentii octavi.

Tapete unum magnum cum tribus rotis magnis et alis parvis in fundo viridi, in tinello secreto.

Item aliud magnum simile in credentia secreta [deficit].

Item aliud magnum cum multis rosis et floribus.

Item aliud magnum cum multis rosis magnis et parvis in fundo viridi, habuit magnificus Laurentius (de Médicis) [deficit].

Item duo tapeta parva damaschina longa et stricta in modum banchalium, in fundo viridi.

Item duo tapeta pro tabula satis magna alba, habuit D. episcopus Sudertinus [deficiunt].

Item aliud tapete magnum cum XIIII ordinibus rosarum albarum, vetus et laceratum.

Item tapete unum maximum cum multis rosis et rotis.

Item tapeta quinque maxima damaschina pro pavimentis divisa quæ conjunguntur, cum rosis in medio et cum armis Innocentii in angulis, in totum peciæ decem.

Item tappeta (*sic*) sex parva pro fenestris (cet article a été ajouté après coup).

Item unum tapete maximum damaschinum pro pavimento cum una rota magna et duabus parvis, in fundo rubeo, cum armis Innocentii, ut supra.

Item aliud simile cum una rota magna et duabus parvis, in fundo rubeo, cum armis, ut supra.

Item aliud tapete maximum pro pavimento, ut supra, cum una magna (*sic*) in medio, in fundo albo [deficit].

Item aliud simile.

Item tapeta pro similibus pavimentis n° sex, in totum peciæ xii antiq., et unum incisum fuit per medium in camera reverendissimi cardinalis de Medicis et media pars deficit [deficit unum] (fol. xx).

Bona Forariæ quæ deficiunt sine spe recuperationis.

Item aliud pallium magnum brochati rubei circumdatum veluto viridi cum armis Innocentii in medio. Asserunt Capitulum Sancti Petri habuisse in obitu ejusdem Innocentii (fol. 49).

Item aliud simile in totum. Asserunt perditum in Sancto Petro eo anno quo dominus Alexander obiit.

Item aliud pallium damaschini violacei, circumdatum raso viridi cum armis D. Innocentii. Asserunt Capitulum Sancti Petri habuisse in obitu D. Julii II.

Item unum capitale factum tempore Innocentii octavi brochatelli damaschini. Asserunt deperditum.

Bona Forariæ mutuata et posita in diversis locis quæ poterunt recuperari.

Item pallium unum parvum damaschini rubei cum armis Innocentii. Est super sede Consitorii (fol. 50).

Bona quæ indigent reparatione.

Aliud (pallium) parvum damaschini albi temporis Innocentii, indiget ut supra (fol. 52 v°).

Panni lacerati et distributi de mandato S. D. N.

Item unus panus (*sic*) *David*, cum armis papæ Innocentii, duc. de k. 10.

Item unus panus *Salomonis* cum armis Innocentii k. 80 (fol. 57 v°).

V

LES POIDS ET MESURES DE ROME A LA FIN DU XVe SIÈCLE

Il me paraît intéressant de reproduire ici un document du temps relatif aux monnaies et aux mesures usitées à Rome vers la fin du xve siècle. Je l'emprunte à la *Summa de Arithmetica* de Luca Pacioli :

Costumi di Roma. — A Roma vi si fanno i pagamenti a fiorini di camera che sonno Romani, Milanesi, Angari, Genovini, Senesi et simili, e di questi si fanno i pagamenti alle lettere di cambi.

Vendevisi spetiarie accentinaia e altre cosse a uno peso che si chiama cantare, ch'è libre 160, e evi un altro cantare ch'è libre ducento cinquanta.

Vendevisi la mercantia a fiorini correnti che sempre vale soldi quarantasette e non calla, e non sale da pregio : ma si il fiorino di camera salgono e scendono

Panni lini e lani vi si vendono a canna, la quale e palmi otto del Regno.

Ancora un altra misura che si chiama braccia et e palmi tre e un terzo o piu che detta canna el detto braccio, fa in Fiorenza braccia uno e mezzo.

Grano vi si vende a rugghio, che fa in Genoa mine una e sette ottavi e in Fiorenza staia otto e tre quarti.

Libbre cento di Roma fanno in Fiorenza libre cento una in cento doi, in Vinegia fanno libre cento quatordeci in cento sedici, in Genoa fanno libre 110 in 111.

Risi vi si vendono a uno peso chel cento fa in Fiorenza libre 110.

Guado vi si vende a cantare, che libbre ducento cinquanta e torna in Genoa libbre ducento settanta.

Oro filato vi si vende al peso di Vinegia.

Trasi di Roma pelle agneline di doi sorte che l'una si chiama pelle macellesche et vendevisi tanto l'una delle bianche, e se sonno negre o peczate si da tre per doi bianche e l'altre pelle si chiamano bassette.

Vendevisi a migliaio e dassi cento dieci per centinaio, e tanto vale la bianca quanto la negra e piu s'apprezzano le negre che le bianche.

(*Summa de Arithmetica*; Venise, 1494; fol. 219 v°).

TABLE DES GRAVURES

DANS LE TEXTE

	Pages.
Armoiries d'Innocent VIII d'après le recueil de Panvinio.	13
Marque d'A. Fritag	19
Armoiries des Membres du Collège des Cardinaux pendant le pontificat d'Innocent VIII, d'après le recueil de Panvinio. — Promotions de Paul II	25
— Promotions de Sixte IV	27
— Promotions d'Innocent VIII	29
Le Palais du Vatican et la Basilique de Saint-Pierre à la fin du xve siècle d'après la Chronique de Schedel (Nuremberg, 1493)	67
Le Palais d'Innocent VIII et Saint-Pierre en construction, d'après une gravure du xvie siècle	71
Le Palais d'Innocent VIII et Saint-Pierre en construction, d'après la fresque de la Bibliothèque du Vatican	73
La Façade latérale du Palais d'Innocent VIII	76
Le Belvédère, d'après la Cosmographie de Sébastien Münster	79
Le Belvédère vers la fin du xviie siècle, d'après la gravure de Falda	81
Le Belvédère, d'après le dessin de Heemskeerk	83
Le Ciborium de la Sainte-Lance (Basilique du Vatican), d'après un dessin de Grimaldi	87
Fer à gaufres aux armes d'Innocent VIII (Musée du Louvre)	111
Armoiries d'Alexandre VI, d'après le recueil de Panvinio	139
Portrait d'Alexandre VI, par Le Titien (Musée d'Anvers)	141
Armoiries des Membres du Collège des Cardinaux pendant le pontificat d'Alexandre VI, d'après le recueil de Panvinio	147-149
Portrait de Jean de Candida, enfant, par un médailleur anonyme	175
Portrait de Jean de Candida, par un médailleur anonyme	175

TABLE DES PLANCHES TIRÉES A PART

                                                      Pages.

Plan de l'Appartement Borgia 189
Chapiteau à l'emblème des Borgia (Cathédrale de Città di Castello) . . 213
Détails du fourreau de l'épée envoyée au duc Bogislas 239
Détails du fourreau de l'épée envoyée au landgrave de Hesse 239
Armoiries de Pie III, d'après le recueil de Panvinio 269
Dalle funéraire du cardinal Fr. Piccolomini (Grottes du Vatican) . . . 271

TABLE DES PLANCHES

TIRÉES A PART

Rome à la fin du xve siècle. — Le Forum de Nerva. — Le « Pons Fabricius » (Ponte Quattro Capi) . . . . Frontispice
Médailles d'Innocent VIII, de Teodorina Cibo, de Peretta Usodimare, d'Ascanio Sforza et de Bart. della Rovere 16
Sceaux des Bulles pontificales de Sixte IV à Jules II 120
Rome à la fin du xve siècle. — Le Temple d'Antonin et Faustine. — La « Torre Milizia » 138
Médailles de G. des Perriers, du card. D. Grimani, d'Alexandre VI, de Camelio 144
Le Tombeau des frères Pollajuolo 172
Le Fort Saint-Ange au temps d'Alexandre VI 208
Le prétendu Tombeau d'Alexandre VI 264
L'ancien Tombeau de Pie III à Saint-Pierre 272
Le Tombeau de Pie III à S. Andrea della Valle 274

TABLE ALPHABÉTIQUE

DES ARTISTES ET DES MONUMENTS[1]

Agostino, A., 203.
Albericus Gabrielis, A., 50, 65.
Alberto, D., 258-259.
Albini. Voy. *Castiglione.*
Alessandro, A., 202.
— Br., 121, 124, 135.
Alfonso. Voy. *Séville, Tapia.*
Allarancia, A. (?), 93.
Allemagne. Voy. *Tedesco.*
Amandola, 99.
Ambrogio, P., 182, 194.
Amelia. Voy. *Lauro.*
Anastasio. Voy. *Florence.*
Ancône, 99.
Andrea, A. Voy. *Florence.*
— Br., 121.
— S., 55.
Angelico (Fra), P., 60.
Angelo, A., 160, 221.
— Voy. *Crémone.*
Antiquo, A., 165, 210.

Antonazzi (Nardo), O., 223.
Antonazzo, P., 34, 58, 59-60, 77, 178, 253-256.
Antonelli (Dom.), A., 49.
— (Giov. Dom.), A., 102.
— (Vinc.), A., 49.
Antonio, A. Voy. *Mellone.*
— Min., 182.
— O., 246.
— S., 172.
Arezzo, 99.
Argnano, 99.
Arizoni, A., 170, 226-227.
Ascoli, 169.
Aula (Bart. de), A., 51.
Avello (Gabr.), S., 174, 196, 198.
Avignon, 99, 214.

Baccio, A., 264-272, 276.
Bagnorea, 100, 214.

Baldassare, Br., 247, 256-258.
Baldo, A., 51, 133.
Baldini (Mariano), O., 105, 232.
Bartolo. Voy. *Florence.*
Bartolommeo, A., 272, 275.
— D., 252.
— O., 234.
Bartolommeo. Voy. *Aula, Baccio, Florence, Lombardotius, Venise.*
Bassiano, 227.
Basso, S., 93.
Battista (ser), O , 233.
Becchiante, S., 174.
Belfante, S., 174.
Bénévent, 60.
Beniforti, D., 204.
Benzo (Niccolò), D., 261-262.
Berardino, A., 168.
Bernardino di Piero, P., 59.

---

1. Les noms propres de personnes sont imprimés en caractères romains, les noms de lieux **en** italiques.
   Pour les prénoms, on a adopté, autant que possible, la forme italienne : il faudra donc chercher Augustin à Agostino, Jean ou Johannes à Giovanni, Pierre à Pietro. — Les artistes qui ne sont connus ou qui ne sont désignés d'habitude que par leur prénom, joint au nom de leur patrie, seront classés au nom de cette dernière. Ainsi : Florence (Antonio de), Sienne (Pietro de), etc.
   La lettre A placée à la suite d'un nom désigne la profession d'architecte (en y comprenant les charpentiers, les maçons et leurs congénères); la lettre S les sculpteurs (fondeurs de cloches, d'artillerie, etc.); la lettre P les peintres ; la lettre Br. les brodeurs ; la lettre O les orfèvres et leurs similaires ; la lettre D les artistes industriels divers.

Bernardo, A., 171.
— Tap., 247, 275-276.
Binasco (J. A. de), A., 169, 186.
Bologne (Alessandro de), A., 170, 202.
— (Giacomo de), bombardier, 57.
— (Giacomo de), P. Voy. Ripanda.
Bolsène, 100.
Bonbasano (Giac.), A., 52.
Bosii (Francesco), D. (?)., 121.
Bracciano, 156.
Bramante, A., 32, 78, 97, 145, 157-158, 161.
Bregno (Andrea), S., 53, 55, 106, 270.
Brescia. Voy. Graziadei.
Buccius, A., 171.

Camerino, 100, 287.
Campagnano (Paolo de), A., 50.
Campiano (Lazaro de), A., (?). 217.
Candia, 214.
Candida (Jean de), Méd., 155, 173, 175.
Canegio (Bernardo de), S., 173, 181.
Cantu (Giov.), A., 50.
Capponi (Luigi), S., 53-55.
Capranica, 100.
Caprarole, 100, 160, 215.
— (Cola de), A., 160-162, 216, 220.
Caradosso, O., 56, 145, 157, 235.
Caravagio (Eusebio de), A. S., 50.
— (Giovanni de), A., 168.
— (Pasquale de), A., 42, 50, 56, 95, 169.

Caravagio (Perino de), A., 161, 167, 216, 220, 221, 223, 228.
— (Pietro de), A. 167.
— Voy. en outre Donnasano, Graziadei et Scotto.
Carpio, 215.
Carrare(G.D.de).,S.,54,55.
Castel-Gandolfo, 143.
Castiglione (Girolamo de), S., 57.
Celleno, 100.
Cellini (B.), O., 105.
Centeno, 215.
Ceri, 169.
Cerretano (Al.), A., 48, 77, 159, 166, 191, 192, 200, 272, 276, 279-280.
Cervetri, 60, 143.
Césène, 216.
Ciampolinis (Michele de), O. (?), 246.
Città della Pieve, 100.
Città di Castello, 100, 146, 213.
Civitacastellana, 100, 143, 164, 167, 178, 216, 217.
Civitavecchia, 46, 49, 60, 100, 160, 217.
— Voy. aussi Robiano.
Colonella (Ch.). P., 62, 93.
Côme, 167.
— (Andrea de), A., 51.
— Voy. en outre Graziadei, Peregrini.
Conon (Sigismond), D., 195.
Corbolini, O., 104, 105, 232, 235.
Corchiano, 99.
Corneto, 100, 143, 154.
Crema (Pietro de), O., 108, 115.
Crémone (Agostino de), A., 169. 193, 203.
— (Agostino de), S., 176.
— (Angelo de), Br., 247-248, 272, 274.

Crémone (Lioue de), S., 176, 203.
Cristofano, A., 204.
Cristoforo, D., 210.
Cronaca, A., 164.

Dalmate (Giov.), S., 56.
Desiderio, A. Voy. Fantelli.
Dolce, A., 48, 65, 133.
Domenico, Br., 124, 135.
— (Antonio), S., 121, 174, 186-187, 207.
— di Bartolommeo, A., 171, 207-208.
Domini (Giov. de'), A., 52.
Donnasano (Jacopo), A., 161, 167, 216, 220.
Dulcibus. Voy. Dolce.
Duplessis (J.), A., 52.

Elbe (Ile d'), 143.
Empoli, 163.
Espagne. Voy. Séville, Tapia, Toledo.

Fabbri (Antonio de'). Voy. San Marino.
Fabriano, 218.
— (Geminiano da), S. (?), 204.
Fantelli (Des.), A., 160.
Federigo (Giov.), Br., 125, 133, 135, 136.
Felix (P.), A. (?), 227.
Ferrabosco, A., 75.
Ferrare (Giac. de), A., 52, 170.
— (Giov. de), A., 50.
— (Giovanni Maria de), O., 235.
Ficullo, 100.
Fidelo, Br., 248.
Fiesole (Mino de), S., 89.

DES ARTISTES ET DES MONUMENTS 295

Filippini (Hier.), B., 124.
Filippo, A., 165, 210.
Fiumicino, 218.
Florence, 32, 62, 100, 146, 162.
— (Anastasio de), A., 166, 225, 227.
— (Andrea de), A., 55, 157, 170, 211.
— (Antonio de), A., 48, 164, 197.
— (Antonio de), S., 172, 174, 197.
— (Baccio de), S., 57.
— (Bartolo de), O., 107, 114, 192, 196, 197, 198.
— (Bartolommeo), A., 165-166, 272.
— (Bartolommeo), D., 247, 258.
— (Bartolommeo), S., 173.
— (Basso de), S., 57.
— (Bastiano di Francesco), S, 273.
— (Cipriano de), A., 51, 171.
— (Domenico de), S., 57.
— (Filippo de), A., 165, 221, 223.
— (Francesco de), S., 174-175, 235.
— (Francesco di Giovanni), S., 273.
— (Giov. de), A., 48, 122, 138.
— (Giov. Batt. de), Br., 121, 135.
— (Giov. Federigo de), Br., 122, 133.
— (Giov. Franc. de), Br., 124.
— (Guglielmo di Bartolommeo), O., 106-107.
— (Hier. Filippi), Br., 121, 124, 135.
— (Leonardo de), A., 165, 189. Peut-être Fantelli.
— (Marco de). Voy. *Dolce*.

Florence (Masotto de), S., 173, 174.
— (Matteo de), A., 48.
— (Paolo de), S., 203.
— (Pippo de), A. Voy. *Filippo*.
— (Sancto di Giovani de), A., 157, 165, 170, 211.
— Voy., en outre, *Federigo*, *Geri*, *Majano*, *Magnolino*, *Pollajuolo*, *San-Gallo*, *Stagio*.
Foligno, 100.
— (Antonio Feliciano de), O., 232-234, 244.
— (Benedetto de), 233-234.
— (Bernardino di Viviano de), O., 232-234.
— (Gentile de), O., 218, 280.
— (Luca de), 233-234, 244.
— Voy. en outre *Orfini*.
Forli. Voy. *Melozzo*.
Fracasso, A., 170.
France. Voy. *Duplessis*, *Giliberto*.
Francesco. Voy. *Fracasso*.
— A., 48.
— S., 174, 193, 201.
Francia (Al.), S., 176.
Fritag, Impr., 19.
Frosino (Antonius de), A., 159, 200.

Galeazzo, S., 202.
Gallese, 101.
Gallo (Franc.), S., 174, 93, 194.
Garbo (Raffaellino del), P., 180.
Gargiolus (Bart.), A., 165.
Garofalo, P., 180.
Gênes (Damiano de), Min., 182.
Geri (Paolo de), S., 172, 203.
Ghirlandajo (D), P., 19.
Giacomo, A., 52, 166, 210.

Giacomo, O., 114, 233 (peut-être identique à Magnolini).
— P., 181.
Gigantibus (J. de), Min., 18, 63.
Giliberto, O., 235.
Giordano (Paolo di), O., 104.
Gioardi, S., 175.
Giorgio, S., 176, 285.
Giovanni, A., 259, 261.
— Br., 122, 248, 260-261.
— P. V., 63.
— S. (?), 202.
— Antonio. Voy. *Binasco*.
— Battista, Br., 121.
— Battista, P., 178.
— Franc., Br., 124.
— Giacomo, P., 63.
Giudice (Bat. del), O., 105.
Giuliano, A., 48.
— P.V., 182.
— S. (?), 202.
— Voy. *Dolce*.
Gradoli, 101.
Graziadei, A., 42, 47, 49, 101, 135, 162, 167, 169, 191, 194, 195, 209, 218, 221, 228.
Gregorio, Miniat., 63.

Incomorio. Voy. *Antonelli*.
Isola, 218.

Jacopo. Voy. *Giacomo*.
Janinus, A., 51.
Jesi, 47 101.
Joardi. Voy. *Gioardi*.
Juvanni, D., 204.
Juvenalibus (Mich. de), O., 105.

Landetajo (Cesare), Br., 248.
Lauro (Matteo de), P., 59-

TABLE ALPHABÉTIQUE

60, 137, 171, 178, 179, 217, 228, 256.
Leccia (Antonio de la), A. (?), 189.
Lelli (Antonio), P., 182.
Leo, A., 171, 193, 194.
Lignamine (Fil. de), Imp., 19.
Lippi (Filippino), P., 16, 32, 62, 180.
Lombardo (Giov.), D., 122.
Lombardotius (Bart.), A., 51, 65.
Lorenzo, A., 151, 202.
Lorette, 31.
Luchini (Bart.), A., 170, 220-221.
Lucques (Lor. de), A., 167, 203.
Lugnano, 101.

Magliana (La), 16, 101, 218.
Magnolino (G. de), O., 106, 109, 113, 119, 234.
Majano (Benedetto da), A., 31.
— (Giul. da), A., 31.
Mantegna (A.), P., 16, 61, 84, 108, 176.
Mantica (Ambrogio), O., 108, 114, 117, 118, 246.
— (Benedetto), O., 108.
Maracano (Pietro), A., 98, 168, 286.
Maratius. Voy. Mattarazzo.
Marcello, A., 171.
Marcon, A., 170.
Maria (Giov. della), P., 90, 235.
Mariano, P. V., 183.
Mariotto (Lor.), P., 181.
Martini, A., 203.
Marzano, 102.
Masotto. Voy. Florence.
Matrice (All. et Giul.), A. (?), 93.

Mattarazzo (Tom.), A., 49, 78, 90, 93, 160, 184, 209-210, 279, 281-284.
Mellone (Ant.), A., 159, 210, 221.
Melozzo, P., 31, 58.
Mentana, 102.
Michel-Ange, A., S., P., 145-146, 152, 155, 172, 270.
Michele, A., 171.
Micono (Cos.), O., 117.
Milan, 108, 146, 168.
— (Bastiano de), A., 168, 199.
— (Battista de), A., 168.
— (Bertello de), 203.
— (Francesco de), 168, 235, 258, 259.
— (Gabriele de), 198, 225.
— (Giovanelli de), 168, 225, 226, 227.
— (Giovanni Donato de), 199.
— (Giovanni Pietro de), 168.
— (Pietro de), O., 51, 56, 107, 113.
— (Roello de), A., 51, 65, 160, 279-280.
— (Stefano de), A., 51, 168, 187-189, 192-193, 196, 198.
Modène (Bernardino de), O., 235.
Mondolfo, 102.
Montalto, 219.
Montefiascone, 31.
Monticelli, 102, 219.
Moraccionus. Voy. Maracano.
Moricone. Voy. Maracano.
Moro (Dom. de), A., 50, 280.
Motta (Patritius de la), S., 175.
Muracione (Pietro). Voy. Maracano.

Naples, 32, 56.

Naples (Giov. Franc. de), A., 168, 170.
Nardo, P., 62.
Narni, 102, 219.
Naso (Il), A., 171, 272.
Nepi, 143, 161, 164, 167, 220.
Neronibus (Alessandro de), A. (?), 217.
Niccolò, A., 171.
— O., 108.
Novara (Lorenzo de), A., 50.

Offida, 47, 220-221.
Orfini (Emiliano), O., 104.
Orvieto, 24, 60, 102, 221.
— (Gasparri de), 202.
Osimo, 47, 49, 102.
Ostie, 20, 24, 102, 143, 164, 165, 167, 221, 224.

Pacchia (Gir. del), P., 180.
Padoue (Franc. de), A., 169, 224, 228, 280.
— Voy. aussi Mariotto.
Pantera (Giovanni), S., 174, 196, 198.
Paolo, P., 62, 181.
— S., 172, 176, 228.
Papia (Al. de), O., 119.
Pavie (Antonio de), A., 169.
Peregrini (Fr.), A., 169.
Pérouse, 102, 224.
— (Bernardino de), P., 59.
— (Guasparrino de), A., 49.
Pérugin (Le), P., 16, 24, 32, 58, 59, 145, 178, 256.
Peruzzi (Bald.), A., 178.
Pesaro (Filippo de), P. V., 51, 63.
Pescia (Pier-Maria de), O., 235.
Pietrasanta (Giac. et Lor. de), A., 46-47, 77, 94, 100, 136, 166, 191, 217, 251.

DES ARTISTES ET DES MONUMENTS

(P. 46, ligne 13, au lieu de 1490, lisez 1495).
Pietro, A., 171, 192, 210.
— Br., 121, 128, 137, 204, 259.
— O., 110, 137, 197, 230.
— di Mariano, D., 259
— Lucio, A., 274.
— Paolo, O. Voy. *Rome*.
— Paolo, P. V., 183.
Pinturicchio, P., 16, 31, 6, 59, 84, 145, 151, 177-178, 208, 233, 270.
Piombino, 224.
Pise (Francesco de), A., 166.
— (Rainerio de), A., 51, 166, 195, 202-204.
Pistoja, 103.
Plaisance (Alberto de), A., 168, 196-199.
Pollajuolo (Ant. del), S., 16, 20, 53, 54, 60, 77, 89, 106, 146, 156, 172, 194.
Pontelli (Baccio), A., 31, 47, 101, 102, 165.
Porto, 46, 221, 224.
Porto Ercole, 161.
Proceno, 103, 225.

Rainerio, D., 202-203.
— O., 105, 233.
Raphaël, P., 83, 106, 262.
Ridolfo, Br. (?), 252.
Rimini, 103.
Ripanda (Giac.), P., 181.
Robbia (les della), S , 54, 83-84.
Roberti (Erc. de'), P., 181.
Robiano (Laz.), A., 49, 160.
Roello. Voy. *Milan*.
Romano (Francesco), A., 189.
Rome.
Saint-Pierre et le Vatican, 16, 18, 20, 21, 23, 33, 34, 36, 43, 48, 49, 51, 52, 54, 58, 59, 61, 62, 63, 69, 70, 75, 77, 78, 84-86, 90, 119-121, 127, 136, 138, 144-146, 153, 155, 158-159, 162, 164-166, 168, 169, 171-174, 177, 180, 182, 189-191, 193-200, 210, 223, 227, 234, 243, 262-265, 271-274.
Rome. — ÉGLISES DIVERSES.
— Sainte-Agathe, 32-33.
— Sainte-Agnès hors les Murs, 34, 53.
— Saint-André della Valle, 23, 273-274.
— Saints-Apôtres, 201.
— Saint-Augustin, 33, 48, 51, 62, 63, 92, 100, 143, 166, 168, 170-172, 176, 178, 179, 181-183, 201.
— Sainte-Balbine, 92.
— Saint-Benoît, 169.
— Saint-Blaise della Pagnotta, 49, 62, 93.
— Sainte-Catherine, 50.
— Saint-Clément, 54, 55.
— Sainte-Croix en Jérusalem, 35, 93.
— Saint-Étienne des Hongrois, 93, 94.
— Saint-Étienne-le-Rond, 33, 94.
— Saint-Eustache, 32, 210, 281-286.
— Saint-Grégoire, 55.
— Saint-Jacques au Corso, 55.
— Saint-Jacques des Espagnols, 204.
— Saint-Jean de Latran, 34, 55, 94, 98, 145, 146, 205, 273-274.
— Saint-Jean des Florentins, 95.
— Saint-Julien des Flamands, 95.
Rome. — Églises diverses.
— Saint-Laurent hors les Murs, 34.
— Saint-Laurent in Lucina, 33.
— Sainte-Marie dell'Anima, 146, 153, 205.
— Sainte-Marie de la Consolation, 161.
— Sainte-Marie-Majeure, 53, 89, 124, 145, 146, 163, 206.
— Sainte-Marie sur Minerve, 32, 53, 54, 62, 151.
— Sainte-Marie in Monserrato, 53, 146, 206, 263, 266.
— Sainte-Marie in Monterone, 283-284.
— Sainte-Marie nouvelle, 174.
— Sainte-Marie de la Paix, 32, 34, 44, 50, 56, 95.
— Sainte-Marie du Peuple, 16, 21, 31, 33-35, 49, 53, 92, 95, 155, 210.
— Sainte-Marie de la Piété, au Campo Santo, 205.
— Sainte-Marie du Transtévère, 206.
— Sainte-Marie in Via Lata, 16, 92, 96, 206.
— Saint-Mathieu, 48.
— Sainte-Monique, 179.
— Saint-Nicolas in Carcere, 179, 206.
— Saint-Pantaléon, 284-285.
— Saint-Paul hors les murs, 34.
— Saint-Pierre-ès-Liens, 172.
— Saint-Pierre in Montorio, 146, 206.
— Sainte-Praxède, 33, 96.
— Quatre Saints Couronnés, 54.
— Saint-Roch, 207.

TABLE ALPHABÉTIQUE

Rome. —Églises diverses.
— Saint-Sauveur delle Capelle, 236.
— Saint-Sauveur in Saburra, 207.
— Saint-Sauveur in Thermis, 34, 35, 53.
— Saint-Triphon in Posterula, 207.
— La Trinité des Monts, 146, 207.
Monuments antiques.
— Arc de Domitien, 35.
— Basilique de Constantin, 19.
— Capitole, 19, 57, 60, 96, 171, 207-208, 280.
— Château Saint-Ange, 23, 24, 35, 43, 50, 52, 96, 135, 145, 159, 164, 165, 167-168, 170, 173, 177, 182, 185, 199, 208-210, 221, 253-254, 275, 279, 280.
— Cirque de Flaminius, 44, 66.
— Colisée, 17, 174.
— Fontaine Trevi, 96, 281.
— Forum de Nerva, frontispice.
— Panthéon, 68, 78.
— Pasquin, 32.
— Ponts, frontispice, 22, 44, 50, 51, 96, 98, 185-188, 279-280, 286.
— Portes, 19, 96-97, 165, 188, 279.
— Temple d'Antonin et Faustine, 138.
— Théâtre de Pompée, 23, 44.
— Thermes, 32.
— Torre Milizia, 138.
— Voie Appienne, 19.
Palais et Édifices divers.
— Domus Egicti, 90.
— Hôpital de la Consolation, 55.

Rome. — Palais et édifices divers.
— Hôpital des Allemands, 33.
— Hôpital des Espagnols, 48.
— Hôpital de Saint-Jacques, 55.
— Palais d'Aragon, 33.
— Borgia, 22.
— Caraffa, 212.
— Castellani, 212.
— Cesarini, 212.
— de la Chancellerie, 24, 97, 152, 157, 158.
— du Conservatoire, 208.
— Farnèse, 154.
— Giraud, 146, 154, 157, 167.
— des Hongrois, 212.
— du Latran, 46.
— Madame, 32.
— Orsini, 97.
— Riario, 50.
— de Saint-Apollinaire, 24.
— des Saint-Apôtres, 24.
— de Saint-Laurent in Lucina, 35.
— de Saint-Marc. 21, 23, 36, 60-61, 70, 154, 185.
— de Saint-Marcel, 23.
— San Severino, 33.
— Scossa-Cavalli, 31.
— de Spolète, 284.
— Tor del Soldano, 98.
— Tor di Nona, 98, 146, 210.
— Trivulce, 153.
— Turci, 212.
— de Venise. Voy. *de Saint-Marc*.
— Université, 44, 98, 144-145, 210.
— Villas du Quirinal, 32.
Rues et Places.
— Campo de' Fiori, 22, 23, 44, 65, 160.

Rome. — Rues et places.
— Navone, 98, 250.
— Saint-Laurent in Damaso, 97.
— Sainte-Marthe, 90.
— Rues diverses, 23, 36, 44, 51, 65, 146, 184, 185, 186.
— Transtévère, 168-169.
Artistes de Rome.
— (Antonio de), A., 159.
— (Giuliano de), D., 63.
— (Franc. de), A., 189.
— (Gian Cristoforo de), S., 22, 54-55.
— (Pietro Paolo). O., 104, 233, 236.
Romolo, S., 173, 210, 280.
Ronciglione, 103.
Rosetti, S., 57.
Rovello. Voy. *Milan*.
Ruella. Voy. *Milan*.

Saba, O., 105.
Salone, 153.
San Gallo (Les), A., 31, 47, 114, 145-147, 157, 161-164, 216, 220.
San Gemignano, 103.
San Marino (Antonio de), O., 105, 106, 107, 209.
— (Antonio de), A., 187, 209-210.
Sansovino (Andrea), S., 22, 55.
Santes Voy. *Florence*.
Sancto.
Sasso (Bac.), Br., 251.
— (Giuliano), Br., 259.
Sassoferrato, 225.
Scotto (Jacopo), A., 161, 167, 216, 220.
Sebastiano (Fra), Br., 247, 248.
Serbaldi. Voy. *Pescia*.
Serdenti. Voy. *Lauro*.

DES ARTISTES ET DES MONUMENTS 299

Sermoneta, 166, 225, 226, 227.
Séville (Alf. de), Br., 119-120, 246-247.
Sienne, 23, 55, 277.
— (Giovacchino de), Min., 18, 63.
— (Pietro de), P., 62, 135, 173, 276.
— (Pietro de), S., 280.
— Voy. en outre, *Bernardino di Piero*.
Simone, A., 171.
— (di Giovanni), O., 104.
Sinibaldi (Fr.), A. (?), 93.
Spello, 103.
Sperandio (Médail.), 31.
Sperlino (Johannes de), P., 181, 194, 195.
Spezia (Galeazzo della), S., 173.
Spolète, 103, 283-284.
Stagius ou Stasii (Giov.), A., 50, 52, 166.
Stefano, A., 187, 201, 204, 207.
— Br., 121, 129.
Straper (Arnoldo), Tap., 122.
Subiaco, 22, 227.
Sutri (Angelino de), O., 232, 237, 238, 241-246.
— (Domenico de), O., 232, 237, 241, 243-244.
Sutri (Evangelista de), P., 62, 179.

Sutri (Hieronimo de), O., 103-104, 113.
— (Minicho de), O. Voy. *Sutri (Dom de)*.
— (Matteo de), A., 160, 199.

Tagliacarne. Voy. *Pescia*.
Tapia (Alfonso), O., 91, 108, 109, 119, 120, 235, 260.
Tedesco (Fed.), Br., 121-122.
— (Giov.), D., 208.
— (Giov.), P., 181.
— (Luca), A., 51.
Terni, 227.
Terracine, 103.
Titien (Le), P., 140-141.
Tivoli, 143, 153, 167, 176, 228-229.
— (Alessandro de). Voy. *Cerretano*.
— (Antonio de), A., 272, 276.
Tocco (Egidio de), A., 50, 279-280.
Tolède (G. F. de), O., 108.
Tolfa, 103.
Tommaso, A., 171, 193.
Torrigiano, S., 172.
Toscanella, 103.
Turin, 31.
Turini (Pietro), 62, 180.

Unterperger, P., 84.

Valle (Livino de), Tap., 121.
Vasciano, 229.
Vecchio (Pietro), O., 104.
Velletri, 103.
Venise (Aloysius de), A., 57.
— (Bart. Tomm. de), O., 108, 234.
— (Giorgio de), A., 203.
Vicovaro, 229.
Vigevano (Fr. de), A., 50.
Villa (Ippolito de), P., 181.
Villefranche. Voy. *Duplessis*.
Viterbe, 63, 103, 105, 162, 199.
— (Angelo de), A., 162, 198, 199.
— (Antonio de), O., 162, 180.
— (Danesio de), A., 162, 198.
— (Giov. Bat.), A., 230.
— (Niccolò de), S., 229.
— (Pietro Domenico de), A., 162, 198.
— Voy. *Giudice*.
Vitorchiano, 103.
Vitruve, A., 31, 43-44.
Vittorio (?), A., 204.
Viviano (Bernardo di). Voy. *Foligno*.
Volterra (Pietro de), P., 178.

TABLE DES MATIÈRES

	Pages.
Préface	1

INNOCENT VIII

Notice préliminaire	13
Appendice à la Notice préliminaire. — Documents sur l'état des Finances d'Innocent VIII	38
Chapitre Ier. — Notices sur les principaux Artistes du règne d'Innocent VIII. — Les Architectes	46
Les Sculpteurs	53
Les Peintres	58
Chapitre II. — Travaux exécutés à Rome. — Organisation du service de la Voirie. — Le Palais et la Basilique du Vatican	
Les « Magistri viarum » et les Travaux d'édilité	64
Le Palais du Vatican	69
Description du Palais d'Innocent VIII, par Pasquale Adinolfi	75
La Villa du Belvédère	77
La Basilique de Saint-Pierre. — Le Ciborium de la Sainte-Lance	85
Le Tombeau d'Innocent VIII	89
La Fontaine de la place Saint-Pierre	90
Chapitre III. — Travaux exécutés à Rome (suite). — Travaux exécutés au dehors	
A. Les Églises de Rome	92
B. Les Monuments antiques	76
C. Les Édifices civils	97
D. Travaux exécutés au dehors de Rome	99

TABLE DES MATIÈRES

	Pages.
Chapitre IV. — L'Orfèvrerie. — L'Atelier monétaire de Rome	104
Chapitre V. — La Tapisserie et la Broderie. — Le Mobilier et le Costume. — Les Fêtes.	
La Tapisserie et la Broderie	121
Le Costume	132
Le Mobilier	132
Les Fêtes	133

ALEXANDRE VI

Notice préliminaire	139
Chapitre Iᵉʳ. — Notice sur les principaux Artistes du règne d'Alexandre VI. — Les Architectes	157
Les Sculpteurs	172
Les Peintres	176
Chapitre II. — Travaux exécutés à Rome. — Places et rues. — Ponts. — Portes et Murs. — Le Palais et la Basilique du Vatican.	
Les « Magistri viarum » et les Travaux d'édilité. — Les Ponts	184
Le Pont Saint-Ange	167
Le Ponte Molle	188
Les Portes et les Murs	188
Le Palais du Vatican	189
L'Appartement de César Borgia	192
La Basilique du Vatican	194
La Fontaine de la Place Saint-Pierre	196
Le Corridor entre le Palais du Vatican et le Fort Saint-Ange	199
Chapitre III. — Travaux exécutés à Rome (suite). — Les Églises. — Les Monuments antiques. — Les Édifices civils	
A. Les Églises	201
B. Les Monuments antiques	
Le Capitole	207
Le Fort Saint-Ange	208
C. Les Édifices civils	210
Chapitre IV. — Travaux exécutés au dehors de Rome	214
Chapitre V. — L'Orfèvrerie, la Broderie, la Tapisserie	231
L'Orfèvrerie	231
Les Épées d'honneur	241

TABLE DES MATIÈRES 303

	Pages.
Ouvrages divers.	245
La Broderie et la Tapisserie.	246
CHAPITRE VI. — Les Fêtes.	249
Les Fêtes du couronnement.	251
Les Funérailles d'Alexandre VI. Son Tombeau.	262
Fêtes diverses.	267

PIE III

Notice préliminaire.	269
Fêtes du couronnement et Funérailles.	273
Description de la Sépulture de Pie III.	277

APPENDICE

I. Les Monuments antiques de Rome.	279
Les Portes.	279
Les Ponts.	279
Le Capitole.	280
Le Fort Saint-Ange.	280
La Fontaine Trevi.	281
II. Les Expropriations faites sous Alexandre VI.	282
III. Les Permis d'Exportation.	287
IV. Inventaire des Tapis et Ornements sacrés d'Innocent VIII.	287
V. Les Poids et Mesures de Rome à la fin du xve siècle.	289
TABLE DES GRAVURES DANS LE TEXTE.	291
TABLE DES PLANCHES TIRÉES A PART.	292
TABLE ALPHABÉTIQUE DES ARTISTES ET DES MONUMENTS.	293

ANGERS, IMP. DE A. BURDIN, 4, RUE GARNIER.

ERNEST LEROUX, ÉDITEUR
28, RUE BONAPARTE, 28

INSTITUT DE FRANCE

FONDATION EUGÈNE PIOT

MONUMENTS ET MÉMOIRES
PUBLIÉS PAR L'ACADÉMIE DES INSCRIPTIONS ET BELLES-LETTRES

Sous la direction de MM. Georges PERROT et Robert DE LASTEYRIE
Membres de l'Institut

Avec le concours de M. Paul JAMOT
Secrétaire de la Rédaction

Publication de grand luxe

TOMES I A V, ACCOMPAGNÉS DE NOMBREUSES PLANCHES EN HÉLIOGRAVURE ET HÉLIOCHROMIE
Prix de souscription : Paris, 32 fr. — Départements, 35 fr. — Étranger, 36 fr.

Le tome IV est en cours de publication.
Le tome V, sous presse, contient la description complète du TRÉSOR DE BOSCO REALE, par M. Héron de Villefosse, membre de l'Institut.

BIBLIOTHÈQUE NATIONALE

CATALOGUE DES BRONZES ANTIQUES
DE LA BIBLIOTHÈQUE NATIONALE

Publié sous les auspices de l'Académie des Inscriptions et Belles-Lettres
Par Ernest BABELON, membre de l'Institut
Conservateur du Département des Médailles et Antiques
et J. Adrien BLANCHET,
Sous-bibliothécaire au même Département.

Un beau volume grand in-8 de 808 pages, illustré de 1100 dessins. 40 fr.

CATALOGUE DES CAMÉES
DE LA BIBLIOTHÈQUE NATIONALE

PUBLIÉ SOUS LES AUSPICES DE L'ACADÉMIE DES INSCRIPTIONS ET BELLES-LETTRES

Par Ernest BABELON, membre de l'Institut
Conservateur du Département des Médailles et Antiques

Un fort volume grand in-8 et un album de 76 planches en un carton. 40 fr.

Angers. — Imprimerie de A. BURDIN, rue Garnier, 4.

www.ingramcontent.com/pod-product-compliance
Lightning Source LLC
Chambersburg PA
CBHW070619160426
43194CB00009B/1310